Kuno Füssel
Marx und die Bibel

Kuno Füssel

MARX UND DIE BIBEL

Voraussetzungen, Inszenierung und Konsequenzen einer produktiven Begegnung

EDITION EXODUS
Luzern 2022

Gewidmet Maria, Michael und Odilo
in Dankbarkeit für ein wunderbares Geschenk

Lektorat: Odilo Noti
Umschlag: Bernard Schlup, Bern
Satz: atelier hupa, CH-4462 Rickenbach
Druck: PBtisk a.s., CZ-261 01 Příbram 1
ISBN 978-3-905577-88-4

INHALT

VORWORT

Marx und die Bibel. Sind dies nicht Positionen zweier Weltanschauungen, wie sie gegensätzlicher nicht gedacht werden können?

Und war Marx nicht erwiesenermaßen Atheist? Die Antwort kann getrost offen bleiben. Bekannte, an Marx geschulte und eher als atheistisch einzustufende Literaten wie Bertolt Brecht schätzten die Bibel sehr. Das darf auch für Marx gelten, wie nachzuweisen ist.

Marx war Journalist, Essayist, Philosoph und Ökonom, aber war er etwa zusätzlich noch Theologe? – Jedenfalls verstand er nicht nur etwas von der Bibel, sondern er konnte auch die Trinitätstheologie und sogar die christologische Lehre von der Inkarnation fachgerecht einordnen und verwenden.

Als von den staatlichen Organen seiner Zeit verfolgter Jude stand er zwangsläufig in der Tradition des Exodus, des Auszugs und Weiterzugs, der ihn über Paris und Brüssel ins Exil nach London, aber nicht ins Gelobte Land führte.

Es gibt also genügend Anlässe nachzuforschen, ob nicht die biblischen Schriften des Volkes Israel und ihre Rezeption durch die messianischen Gemeinden des Jesus aus Nazareth, abgekürzt Bibel genannt, doch einige Relevanz besaßen für das Handeln, Denken und Schreiben dieses revolutionären Geistes, der aus einer jüdischen Familie in Trier stammte, zu der viele Rabbiner zählten. Wurde er in einem solchen Kontext nicht notwendigerweise konfrontiert mit dieser reichhaltigen Tradition voller Widersprüche, Offenbarungen, Hochstimmungen und Niederlagen und dem immer wieder gewagten Neubeginn? Und wie hat er sich dazu verhalten? – Sicher nicht in der Form des Verdrängens oder Verschweigens oder Ablehnens des oft Gehörten.

Doch genau dies wurde ihm durchgängig in der einschlägigen Literatur, sowohl von Bewunderern als auch Gegnern, ohne weitere Belege fast durchgängig attestiert.

Die Alternative zum einfachen Akzeptieren dieser Einschätzung ist banal, denn sie heißt: Nachschauen und suchen, wo die Bibel bei ihm zu Wort kommt. Besonders erfreulich ist es dann, wenn man überraschend oft fündig wird. Damit aber entsteht auch die weiterführende Frage, in welcher Form und mit welcher Intention denn der Rückgriff auf die biblische Tradition stattgefunden hat.

Meine These ist klar und eindeutig: Bei Marx hören wir die Artikulation der Bibel durch eine unmissverständliche Stimme, die sich in die Tradition der Propheten seines Volkes kongenial einfügt. Und das heißt genauer: Wie die pfingstlichen Feuerzungen ist sie scharfsinnig und spitz in der Form ihrer Rede, sie benennt die Verhältnisse präzise, anprangernd und unversöhnlich, was die Hinnahme des Unrechts angeht, so wie einst Amos, Jesaja und Jeremia es taten, und sie durchschaut die Geschichte und die Gegenwart der Vergangenheit immer auf das Ende hin, denkt also eschatologisch, wie die Apokalypse des Johannes.

Diese Erkenntnisse enthalten aber auch zwei zusätzliche Konsequenzen: Erstens ermöglichen sie eine Neubewertung der unbestreitbaren und bei der Rezeption von Marx immer wieder in den Vordergrund gerückten Religionskritik im Sinne einer positiven Weiterentwicklung. Und zweitens bestätigen sie erneut die Richtigkeit einer sinnvollen und produktiven Rezeption der Grundideen von Marx zur Formulierung einer befreienden politischen Theologie.

Andernach, im Advent 2021
Kuno Füssel

TEIL I: ENTSCHEIDENDE PHASEN UND BEZUGSPUNKTE IN LEBEN UND WERK VON KARL MARX

1. Vom getauften Juden zum radikalen Religionskritiker. Wandlungen eines prophetischen Geistes

1.1 Kapitalismuskritik, Religionskritik und der Humanismus der Praxis. Ein Orientierungsrahmen

Walter Benjamin hat im Jahre 1921 das Fragment «Kapitalismus als Religion» verfasst und damit die bis heute intensiv diskutierte These aufgestellt, dass der Kapitalismus nicht nur religiöse, traditionelle Elemente in sich aufgenommen hat, sondern essenziell und funktional als Religion auftritt.[1]

Er nennt zunächst drei Züge, die den Kapitalismus als Religion kennzeichnen. Der Kapitalismus ist: «Erstens eine reine Kultreligion, vielleicht die extremste, die es je gegeben hat … ein zweiter Zug des Kapitalismus … die permanente Dauer des Kultus …» Drittens: Dieser «Kultus verschuldend. Der Kapitalismus ist vermutlich der erste Fall eines nicht entsühnenden, sondern verschuldenden Kultus.»[2]

Benjamin ergänzt dann seine Charakterisierung noch durch einen vierten Zug: «Darin liegt das historisch Unerhörte des Kapitalismus, dass Religion nicht mehr Reform des Seins, sondern dessen Zertrümmerung ist.»[3] – Wenn Benjamin Recht hat, dann muss Kapitalismuskritik gleichzeitig auch als Religionskritik (und darin inbegriffen als eine Kritik der den Kapitalismus stützenden religiösen Bewegungen) betrieben werden.

Karl Marx hatte schon vorher durch sein Werk gezeigt, wie von einer radikalen Religionskritik – auf der Basis einer Kritik der politi-

1 Das ITP in Münster hat aus Anlass der 100-jährigen Wiederkehr der Verfassung dieses Fragments eine Publikation mit internationaler Beteiligung vorgelegt; vgl. Füssel, K./Ramminger, M. (Hg.): Kapitalismus: Kult einer tödlichen Verschuldung. Walter Benjamins prophetisches Erbe, Münster 2021.

2 Benjamin, W.: Kapitalismus als Religion, in: Gesammelte Schriften, Bd. VI, Fragmente etc., 2. Auflage, Frankfurt 1986, S. 100.

3 Ebd. 101.

schen Ökonomie – zu einer fundamentalen Kapitalismuskritik fortgeschritten werden muss. Einer ausführlicheren Darstellung seiner Religionskritik im Folgenden vorgreifend, sei hier bereits ihre Pointe zitiert. Für Marx endet die Kritik der Religion mit der Lehre, «dass der Mensch das höchste Wesen für den Menschen sei, also mit dem kategorischen Imperativ, alle Verhältnisse umzuwerfen, in denen der Mensch ein erniedrigtes, ein geknechtetes, ein verlassenes, ein verächtliches Wesen ist»[4]. Marx verknüpft hier auf denkbar knappe Art die Theorie (Lehre) mit der Praxis (Handlungsimperativ). Dies sind die beiden tragenden Pfeiler eines «Humanismus der Praxis»[5].

In beiden Fällen, bei Marx und bei Benjamin, wird sichtbar, dass Religionskritik und Kapitalismuskritik nur zwei Seiten einer Medaille sind, nämlich der Kritik einer Wirklichkeit, die «umgestoßen werden muss».

Die programmatische Sentenz von Marx verlangt eine weitere inhaltliche Entfaltung. Diese sollte auf jeden Fall auf die drei folgenden Fragestellungen eingehen:

1) Ins Auge springt förmlich die Frage, die uns im Blick auf die geschichtliche und politische Wirkung von Marx und seinem Schaffen «als revolutionärem Gesamtkunstwerk» mindestens genau so intensiv bewegt, wie die Frage nach seinem Religionsverständnis und der Intention seiner Religionskritik: Wo liegt die tiefste Wurzel dafür, dass Marx nicht nur die Ursachen von Entfremdung und Ausbeutung gründlich erforschte, sondern mit aller Entschiedenheit für die Erniedrigten und Unterdrückten Partei ergriff und den Kampf um ihre Selbstbefreiung konkret mit organisierte? In letzter Instanz dürfte es weder die Revolutionsbegeisterung seiner Zeit noch seine nicht zu negierende streitlustige Emotionalität gewesen sein, obwohl dies sicher Einflussfaktoren waren. Ebenso wenig dürften es das später als Folge seiner vielen Aktivitäten erlittene Elend und die Verfolgungen gewesen sein, die ihn zu dieser Entschiedenheit führten, denn diese war ja schon gegeben. Aber woher kam diese dann?

2) Dann etwas knapper formuliert, weil später ausführlicher zu behandeln: Welches Religionsverständnis hatte Karl Marx?

4 So lautet die programmatische Formulierung von Marx in seiner «Einleitung zur Kritik der Hegelschen Rechtsphilosophie», in: MEW 1, S. 385.

5 Diese Kennzeichnung übernehme ich von Franz J. Hinkelammert, der sie in seinen Veröffentlichungen der letzten Jahre geprägt hat; vgl. u. a. Hinkelammert, F. J.: Die Dialektik und der Humanismus der Praxis. Mit Marx gegen den neoliberalen kollektiven Selbstmord, Hamburg 2020.

3) Worin liegen Eigenart und Stoßrichtung seiner Religionskritik?

Wenden wir uns zur Beantwortung der aufgeworfenen Fragen der Biografie von Marx und seinem intellektuellen Werdegang zu.

1.2 Der junge Marx – Einflüsse und Prägungen

Karl Marx wurde am 5. Mai 1818 als Sohn des Ehepaares Heinrich Marx, der davor Heschel Marx Levi Mordechai hieß, und seiner Frau Henriette, geb. Presburg aus Nijmegen, in Trier geboren.[6] Beide Eltern waren jüdischen Glaubens und entstammten angesehenen rabbinischen Familien. Sein Onkel Samuel Marx war Vorsteher der jüdischen Kultusgemeinde in Trier.[7] Der Vater konvertierte, wahrscheinlich am Ende des Jahrzehnts, zum protestantischen Glauben, um so seine Zulassung als Rechtsanwalt und später seine Tätigkeit als Justizrat in Trier ausüben zu können.[8] Nach der Niederlage Napoleons wurde beim Wiener Kongress (1814/1815) das Rheinland und damit auch Trier der preußischen Herrschaft unterstellt. Juden war es damit, anders als unter Napoleon, nicht gestattet, öffentliche Ämter und Regierungsbetätigungen auszuüben. Die Kinder der Familie wurden erst 1824, kurz vor der Einschulung des Sohnes Karl, protes-

6 Hingewiesen sei auf folgende neuere Biografien und Werküberblicke zu Karl Marx: Sperber, J.: Karl Marx: Sein Leben und sein Jahrhundert, München 2013; Neffe, J.: Marx. Der Unvollendete, München 2017; Steinfeld, Th.: Herr der Gespenster. Die Gedanken des Karl Marx, München 2017; Stedman Jones, G.: Karl Marx. Greatness and Illusion, London 2016 (dt. Ausgabe: Karl Marx. Die Biografie, Frankfurt a. M. 2017). Insbesondere den Trierer Kontext sehr informativ einbringend ist die reich bebilderte Einführung zu K. Marx von Bruno Kern, der bereits von 2015–2017 drei weitere, später zu erwähnende Bücher zu Marx veröffentlicht hat, vgl. Kern, B.: Karl Marx. Ökonom – Redakteur – Philosoph, Wiesbaden 2018. Immer noch berücksichtigt werden sollte: Mehring, F.: Karl Marx – Geschichte seines Lebens, Leipzig 1918 (Neuausgabe 1967). Zeitgerecht zum 200-Jahr-Jubiläum des Geburtstags von Marx am 5. 5. 2018 hat Michael Heinrich eine wegweisende Studie, Bd. I einer zweiteiligen Arbeit, veröffentlicht, in welcher die frühen Phasen der Lebensgeschichte von Marx detailliert erfasst und analysiert werden; vgl. Heinrich, M.: Karl Marx und die Geburt der modernen Gesellschaft. Biografie und Werkentwicklung, Bd. I: 1818–1841, Stuttgart 2018.

7 Über die Herkunft von Marx und die Abstammungsverhältnisse seiner beiden Ursprungsfamilien hat Heinz Monz eine auch von den vorher genannten Darstellungen nicht übertroffene, weil alle derzeit verfügbaren einschlägigen Quellen auswertende Publikation vorgelegt. Vgl. Monz, H.: Karl Marx. Grundlagen der Entwicklung zu Leben und Werk, Trier 1973, hier besonders S. 214–296. Monz hat in der Folgezeit noch neun weitere Publikationen, besonders auch zum familiären und bildungsmäßigen Umfeld von Marx, veröffentlicht, von denen vor allem die letzte Veröffentlichung aus dem Jahre 1995 wichtige Erkenntnisse für unsere Thematik «Marx und die Bibel» liefert; vgl. Monz, H.: Gerechtigkeit bei Karl Marx und in der Hebräischen Bibel. Übereinstimmung, Fortführung und zeitgenössische Identifikation, Baden-Baden 1995.

8 Auch Monz konnte das genaue Datum wegen einer unklaren Aktenlage nicht ermitteln.

tantisch getauft. Die Mutter, die wohl am längsten die Konversion hinausgezögert hat und auch vorher als die wichtigste Bewahrerin des jüdischen Lebens in der Familie gelten darf,[9] vollzog den Schritt als letzte. Der intelligente und aggressive Marx wird sich ein Leben lang darüber geärgert haben, denn das Zwanghafte der Religionszugehörigkeit war ihm durchgehend verhasst.

Es ist mit guten Gründen davon auszugehen, dass Karl Marx als jüdisches Kind in den Umgang mit der hebräischen Bibel und in die für die jüdischen Festtage wichtigen Texte so eingeübt war, wie es bei jüdischen Familien Tradition war. Nicht mehr und nicht weniger. Zu überwältigend ist die Präsenz von Rabbinern in den Ursprungsfamilien beider Elternteile.[10]

In der Literatur über die Kindheit und Jugend von Marx gibt es eine heftige Kontroverse über seine Beherrschung der hebräischen Sprache bzw. über das Vorhandensein der für eine exegetische Benutzung der hebräischen Bibel notwendigen Minimal-Kenntnisse, gerade weil bei Marx keine exegetischen Bibelkommentare seiner Zeit zitiert werden.[11] Michael Heinrichs ist zuzustimmen, wenn er im Stile einer vorsichtigen Abwägung der historischen Belege zumindest eine erkennbare Beeinflussung des Denkens und der Einstellungen sowie der Urteile von Marx durch seinen jüdischen Ursprung für gegeben hält.[12] Für die bei unserer Analyse seines Umgangs mit der ganzen Bibel, also vor allem auch mit den Schriften des so genannten Alten Testaments, bestimmende Untersuchungsintention, ist die philologische Seite der Fragestellung sekundär, primär ist, dass Marx «Mose und die Propheten» im jüdischen Sinne verstanden hat.

Dass er auch mit dem christlichen Teil der Bibel, mit dem so genannten Neuen Testament, sehr gut umgehen konnte, wird schon 1835 durch seinen Abituraufsatz im Fach Religion exakt belegt. Die Arbeit hatte den Titel: «Die Vereinigung der Gläubigen mit Christo nach Joh. 15,1–14»[13]. Diese Abiturarbeit enthält bereits die markante Opposition zwischen Gesellschaft und Gemeinschaft, die bis hin zu

9 Vgl. Monz: Gerechtigkeit bei Karl Marx, a.a.O. 139–142.

10 Vgl. hierzu die Darstellung von Monz: Gerechtigkeit bei Karl Marx, a.a.O. 128–146.

11 Buchbinder, R.: Bibelzitate, Bibelanspielungen, Bibelparodien, theologische Vergleiche und Analogien bei Marx und Engels, Berlin 1976, S. 30 f., bietet dazu einen das Pro und Contra bilanzierenden Überblick, bei dem herauskommt, dass die Befürworter der Kenntnisse ebenso wie die Bestreiter auf Spekulationen und Interpolationen zurückgreifen müssen. Strittig ist z. B., ob Marx, trotz einer fehlenden Hebräisch-Note im Abiturzeugnis, nicht doch am fakultativen Hebräisch-Unterricht seines Gymnasiums teilgenommen hat.

12 Vgl. Heinrich: Karl Marx und die Geburt der modernen Gesellschaft, a.a.O. 129.

13 MEW 40, S. 589–601 (vgl. die Ausführungen in Kap. 7.1).

seinen Explikationen des Verständnisses von Kommunismus wegweisend wird.

Die Frage, welche Bibelausgaben Marx benutzt hat, soll hier kurz beantwortet werden, da sie mancherlei abwegigen Spekulationen das Wasser abgräbt.[14] Er besaß eine Ausgabe der Lutherbibel von 1816 und wohl auch deren Ausgaben von 1856 und 1872. Der junge Marx besaß ebenfalls eine griechische Ausgabe des Neuen Testaments von 1820. Es gibt einige, wie wohl seltene, von Marx ausdrücklich gekennzeichnete Zitate aus der Vulgata, so insbesondere die bekannte, später behandelte und kommentierte Collage zweier Stellen aus der Apokalypse des Johannes (vgl. Kapitel 7.2). – Kehren wir zu der zweiten und dritten Ausgangsfrage zurück.

1.3 Die Frage nach dem Religionsverständnis

Welches Religionsverständnis hatte K. Marx? Hier soll vorerst, ohne dass ich auf die vorliegende, sehr ausgedehnte Literatur eingehe, nur auf Folgendes aufmerksam gemacht werden: Erstens verstand er vor dem Hintergrund seiner Erfahrungen in jungen Jahren und der Konversion seiner Familie (zwar zwangsweise verursacht) zum Protestantismus, zu dem er sich noch in späten Jahren durch die Äußerung, dem evangelischen Glauben anzugehören, bekannte,[15] unter Religion in erster Linie das Christentum, natürlich repräsentiert durch die beiden Konfessionen Protestantismus und Katholizismus. Zweitens musste er, ebenfalls durch die eigene Lebenserfahrung bedingt, Religion, ohne hier eine Rangordnung vorzunehmen, mit dem Judentum identifizieren. Dies belegt, dass er von Anfang an Religion als eine empirische, durch die Lebensverhältnisse der Menschen gegebene Größe, und nicht als theoretisch-spekulatives Gebilde betrachtete, was sich noch einmal bestätigt, wenn man seine späteren Äußerungen zum Islam mit einbezieht:

> Der Koran und die auf ihm fußende muselmanische Gesetzgebung reduzieren Geographie und Ethnographie der verschiedenen Völker auf die einfache und bequeme Zweiteilung in Gläubige und Ungläubige. Der Ungläubige ist «harby», d. h. der Feind. Der Islam ächtet die Nation der Ungläubigen und

14 Vgl. hierzu Buchbinder: Bibelzitate, a.a.O. 34–36.

15 Noch in einem offiziellen Gesuch an die preußische Regierung aus dem Jahre 1861 findet sich dieses Bekenntnis, das man nicht dem stets aufmüpfigen Marx als puren Opportunismus oder gar Lüge unterstellen sollte (vgl. MEW 15, S. 635).

schafft einen Zustand permanenter Feindschaft zwischen Muselmanen und Ungläubigen.[16]

Das klingt, trotz der erkennbaren, auch bei anerkannten Religionswissenschaftlern damals und heute auftretenden Pauschalisierung, wie ein aktueller Kommentar zu neueren Tendenzen im Islam. Anschaulicher Gegenstand seiner Analyse und seiner Kritik waren also die drei Weltreligionen seines europäischen und vorderasiatischen Kulturraumes. Afrika und Lateinamerika kamen später in den Blick.

Welches begrifflich philosophische Verständnis von Religion Marx in Folge der Begegnung mit der Hegel'schen Philosophie, auch mit Feuerbach, zur gedanklichen Erfassung und Verarbeitung der empirischen Größe Religion entwickelte und dabei seine ursprünglichen Erfahrungen theoretisierte, wurde vor allem in einer dem Verhältnis von Marxismus und Christentum zumindest aufgeschlossenen, bisweilen sogar freundlich gesinnten, meist theologisch ausgerichteten Literatur behandelt. Stellvertretend sei hier die Arbeit von Johannes Kadenbach erwähnt, der in einer gründlichen und immer noch lesenswerten Studie, auch wenn sie methodologisch und von der Verwendung der Kategorien her kritisiert werden muss, das Religionsverständnis von Marx darlegt. Wie viele Studien aus dieser Zeit, hingewiesen sei auch auf Wieland Zademach, leidet die Arbeit von Kadenbach an einigen Stellen an antikommunistischen Ressentiments, die sich dann wieder bei der Marx unterstellten, methodologischen Unterscheidung von Wesen und Funktion von Religion niederschlagen.[17]

Kadenbach resümiert ein erstes Ergebnis seiner Studien zum Religionsverständnis von Marx in einer sehr apodiktischen Begrifflichkeit, die mehr ein traditionelles Vokabular der klassischen Metaphysik und darin eine christliche Philosophie als den kategorialen Rahmen von Marx selber widerspiegelt:

16 MEW 10, S. 170.

17 Vgl. Kadenbach, J.: Das Religionsverständnis von Karl Marx, München, Paderborn, Wien 1970; Zademach, W.: Marxistischer Atheismus und die biblische Botschaft von der Rechtfertigung des Gottlosen, Düsseldorf 1973. Verwiesen sei hier auch auf weitere Veröffentlichungen der damaligen Zeit wie jene von Werner Post und Heinz-Horst Schrey. Wieder andere wie Marcel Reding betonten dagegen, dass die Religionsfeindschaft von Marx vor allem seiner Empörung über das politische Versagen des Christentums, insbesondere gegenüber der Situation der arbeitenden Klasse, herrührte. Diese Richtung stützt sich dabei nicht grundlos auf Texte von Marx, etwa seinen Angriff auf die «sozialen Prinzipien des Christentums» in seiner Abrechnung mit der reaktionären Zeitung «Rheinischer Beobachter» von 1847 (vgl. MEW 4, S. 200).

> Folgende Einsichten der Religionsdeutung, zu denen Marx während seiner religiös-geistigen Entwicklung gelangt, übernimmt er in sein endgültiges Religionsverständnis: Die Religion muss auf Grund des Seinsmonismus gedeutet werden. Sie resultiert aus nur einem Prinzip, und sie ist die bloße Reduplikation dieses Prinzips. Als unvollkommene Denkform steht die Religion in einem feindlichen Gegensatz zur Philosophie, der die philosophische Überwindung der Religion fordert.[18]

Doch in seinem zweiten Durchgang ändert Kadenbach seine Perspektive und seinen kategorialen Rahmen, was auch eine entsprechend neue Gewichtung mit sich bringt:

> Das eigene Religionsverständnis spricht Marx in doppelter Weise aus, durch seine Definition der Religion und durch sein Urteil über die Religion. Die Definition der Religion ist dreiteilig. Nach Marx ist die Religion eine «Theorie», eine «Ideologie» und ein «Phänomen» ... Die Beurteilung der Religion zerfällt in eine Bewertung des religiösen Denkens und in einen religionswissenschaftlichen Entwurf. Die Bewertung der Religion richtet sich nach den Prinzipien dialektischen Denkens. Sie versucht zu differenzieren, wenngleich sie doch negativ endet.[19]

Es würde sich lohnen, die in der Darstellung von Kadenbach keineswegs gehässig verlaufende Schilderung der Bewertung der Religion durch Marx selber wieder metatheoretisch genauer zu analysieren. Das ist jedoch nicht meine vordringliche Aufgabe. Aber ein kleiner anekdotischer Beitrag zur Milderung der meist als vernichtend referierten Kritik von Marx am Christentum soll an dieser Stelle erwähnt werden. Seine Tochter Eleanor Marx-Aveling teilt im Zusammenhang mit der sprichwörtlichen und auch von seinen Gegnern nicht bestrittenen Kinderliebe ihres Vaters das Diktum mit, dass er zu sagen pflegte: «Trotz alledem, wir können dem Christentum viel verzeihen, denn es hat gelehrt, die Kinder zu lieben.»[20]

Leider blieb bei der Arbeit von Kadenbach eine Untersuchung der Verwendung der Bibel durch Marx fast völlig unbeachtet. Dies scheint seinen Grund darin zu haben, dass Kadenbach Marx eine buchstabengetreue Auffassung der Heiligen Schrift und eine entsprechend naive Inspirationstheorie unterstellt.[21] Demgegenüber

18 Kadenbach: Das Religionsverständnis, a.a.O. 76.

19 Vgl. ebd. 129.

20 Marx-Aveling, E.: Karl Marx. Lose Blätter, aus: Mohr und General. Erinnerungen an Marx und Engels, Berlin 1964, S. 275.

21 Vgl. Kadenbach: Das Religionsverständnis, a.a.O. 209.

lässt sich im Verlauf unserer Darstellung des Umgangs von Marx mit der Bibel zeigen, dass Marx nicht nur eine profunde Bibelkenntnis hatte, sondern auch über einen literaturwissenschaftlich und exegetisch sensiblen Zugang zur Textauslegung allgemein verfügte, was auch bei seinem Umgang mit der klassischen Literatur seiner Zeit und der Antike (vgl. insbesondere Shakespeare) zu beobachten ist. Unterstellt wird hier meinerseits, dass Marx auch die Bibel zumindest als ein beachtenswertes Stück Weltliteratur angesehen hat, wozu viele ihrer christlichen Rezitatoren niemals in der Lage waren. Entsprechend nachvollziehbar ist, dass seine Bibellektüre und ihre Ergebnisse wiederum Rückwirkungen auf Form und Intention seiner Religionskritik hatten.

1.4 Die zwei Phasen der Religionskritik von Marx und die Konturen seiner frühen Religionskritik

1.4.1 Die zwei Phasen

Marx fand in Philosophie und Theologie seit jeher nicht so sehr wegen seiner Kritik der politischen Ökonomie, sondern wegen der Radikalität seiner seit Mitte der vierziger Jahre des 19. Jahrhunderts pointiert formulierten Religionskritik eine besondere Aufmerksamkeit. Es lassen sich in ihr zwei Phasen unterscheiden, die oft dem so genannten «jungen Marx» und dem «reifen Marx» zugeteilt werden. Dies ist meiner Meinung nach aber eine eher abwegige Terminologie, denn nicht die entwicklungspsychologischen Stadien, sondern die Methode und die Kontextualität sind maßgebend, wobei die ebenfalls gebräuchliche Unterscheidung zwischen den «Frühschriften» und den späteren Schriften zur Kritik der politischen Ökonomie schon besser passt. Knapp und vielleicht auch anfechtbar gesagt: Es geht einerseits um eine Kritik, die sich aus der Negation der Hegel'schen Philosophie heraus an Feuerbach orientiert, und andererseits um eine Kritik, die auf der in den ökonomischen Schriften entfalteten und erprobten materialistischen Methode aufbaut. Zwischen beiden gibt es einen epistemologischen Schnitt, jedoch keinen völligen Bruch, womit die Behauptung von Louis Althusser von der *rupture épistémologique* zu relativieren ist. Es gibt einen Paradigmenwechsel und einen Wechsel des Denkstils, welche den Charakter gerade auch der empirischen Analysen und Tatsachenbehauptungen determinieren.[22] Auffallend ist, dass aber explizit methodologische Reflexionen seiner theoretischen Arbeit bei Marx erst in den ökonomischen Schriften stattfinden.[23]

Für beide Phasen gilt: Marx beschäftigt sich in seiner Religionskritik nicht in erster Linie mit vordergründigen Fragen wie jenen, dass Religion offensichtlich ideologisches Bewusstsein ist oder als solches notwendig überwunden werden sollte, oder sogar damit, ob die Religion wegen ihrer Vernebelung der Gehirne auszurotten ist, worauf sich später ein stalinistischer Marxismus-Leninismus einschwor. Damit sei nicht bestritten, dass Marx sehr gehässige Bemerkungen über die negativen Wirkungen von Religion, besonders in Form des staatstragenden Christentums, formuliert hat. Es geht ihm aber vor allem wissenschaftlich darum zu erklären, unter welchen «jedesmaligen wirklichen Lebensverhältnissen» die Menschen ihre religiösen Vorstellungen entwickeln, was also die geschichtlichen und gesellschaftlichen Ursachen für die religiösen Phänomene sind. Marx hat selber den Unterschied zwischen seiner frühen philosophisch argumentierenden Kritik der Religion und dem theoretischen Status einer Kritik der Religion als materialistischer Theorie in der oft zitierten Fußnote im I. Band des «Kapital» auf den Punkt gebracht:

> Es ist in der Tat viel leichter, durch Analyse den irdischen Kern der religiösen Nebelbildungen zu finden, als umgekehrt, aus den jedesmaligen wirklichen Lebensverhältnissen ihre verhimmelten Formen zu entwickeln. Die letztere ist die einzige materialistische und daher wissenschaftliche Methode.[24]

Marx hat selbst keine ausführlich entfaltete Form dieser Religionskritik vorgelegt. Ich interpretiere seine Fetischismustheorie als erste Annäherung an diese erstrebte Form. Aber eine Konsequenz sei an dieser Stelle bereits formuliert: Die eigentlich materialistische Form der Marx'schen Religionskritik unterstellt, dass die Religion als ein Phänomen verstanden wird, welches zum Gegenstand wissenschaftlicher Erforschung mit Hilfe der üblichen Methoden gemacht wer-

22 Vgl. hierzu die wissenschaftstheoretischen Arbeiten von Ludwik Fleck: Denkstile und Tatsachen, Frankfurt a. M. 2011.

23 Vgl. dazu den methodologischen Anhang zur Interpretation des Werkes von Karl Marx, in Kapitel 11, S. 187 ff.

24 MEW 23, S. 393, FN 89. Im Anhang wird die Stelle in vollem Umfang zitiert.

den muss.[25] Dies ist alles andere als das Projekt einer feindseligen Vernichtung der Religion, zu der es in Verfälschung des Erbes von Marx in Ost und West gemacht wurde.

1.4.2 Konturen der frühen Religionskritik

Wenden wir uns der Phase der Religionskritik in den «Frühschriften», mangels eines besseren Ausdrucks, zu. Dabei soll auch die Beantwortung der bereits gestellten Frage nach dem Religionsverständnis von Marx nicht vergessen werden.

Bevor Marx die zu geflügelten Worten gewordenen Sentenzen in der «Einleitung zur Kritik der Hegelschen Rechtsphilosophie» formulierte, hatte er bereits in der Vorrede (vom März 1841) zu seiner Doktor-Dissertation über die «Differenz der demokritischen und epikureischen Naturphilosophie»[26] erste religionskritische Äußerungen zu Papier gebracht, die sich jedoch noch an der Phase der Götterkritik in der griechischen Philosophie orientierten und erheblich vom zwei Jahre später aufgestellten «kategorischen Imperativ» unterschieden. Das Bekenntnis des von ihm bewunderten Prometheus, «des vornehmsten Heiligen und Märtyrers im philosophischen Kalender», welches lautet: «Mit einem Wort, ganz hass' ich all' und jeden Gott», identifiziert er in seiner Vorrede als ein Bekenntnis, das sich auch die Philosophie zu eigen macht, als «ihren eigenen Spruch gegen alle himmlischen und irdischen Götter, die das menschliche Selbstbewusstsein nicht als die oberste Gottheit anerkennen»[27].

Diese Formulierung bleibt noch Hegels Ansatz verpflichtet, dass im menschlichen Selbstbewusstsein mit seiner reflexiven Struktur auch die Grund-Struktur der Weltwirklichkeit überhaupt gegeben ist, die dann in dem zu sich selbst gekommenen absoluten Geist vollendet zum Ausdruck kommt. Sein Kontakt mit sozialen Problemen (vgl. die Beschäftigung mit dem Elend der Moselbauern und den Holzdiebstahlgesetzen) und mit frühsozialistischen Denkern wie Henri Saint-Simon, vor allem aber die Bekanntschaft mit Moses

25 Vgl. hierzu die wegweisenden Überlegungen von Per Frostin, die dieser 1978 vorgelegt und damit auch die Bewegung der «Christen für den Sozialismus» theoretisch nachhaltig beeinflusst hat; Frostin, P.: Materialismus – Ideologie – Religion. Die materialistische Religionskritik bei Karl Marx, München 1978.

26 Veröffentlicht in: MEW Erg. 1, S. 260–373.

27 Ebd. 262.

Hess (1812–1875) und über ihn mit sozialistischen Bestrebungen bringen ihn schnell dazu, Hegel «vom Kopf auf die Füße zu stellen» und das menschliche Selbstbewusstsein durch den «geknechteten und beleidigten Menschen» zu ersetzen. Auch seine Religionskritik ist damit in eine neue Phase getreten.

Der Marx der folgenden Jahre (ab 1842) entwickelt das Verständnis von Kritik seiner früheren linkshegelianischen Freunde weiter und stellt fest, dass die Kritik der Religion im Wesentlichen beendet sei. Damit spielt er auf Ludwig Feuerbach und seine Schrift «Das Wesen des Christentums» an, worin Gott als menschliche Projektion enttarnt wird. Religion wurde von Feuerbach als Musterbeispiel eines Abstraktionsprozesses begriffen, durch den der Mensch sich selbst entfremdet wird, was in der Religionskritik von Marx zugespitzt, aber ausdrücklich auf den Bereich der Gesellschaft ausgedehnt wurde.

1.4.3 Eine Zwischenüberlegung

Wenn Religion nicht bleibend und unausweichlich diesem Verdikt verfallen soll, dann muss sie ihre Fähigkeit unter Beweis stellen, das wahre Wesen des Menschen aus dieser Entfremdung zurückzuerobern. Feuerbach behauptete, dass alle Abstraktionen, deren höchste «Gott» heißt, sich wieder zurück übersetzen lassen müssen in natürliche und geschichtliche Phänomene, aus denen sie sich herleiten.

Was ist jedoch diese Revision selbst wieder anderes als ein Produkt des menschlichen Denkens, das seine eigene Abstraktionsbewegung reflektiert und so erkennt, wie dieses Denken funktioniert? Und woraus folgt, dass das Abstraktionsergebnis zu negieren bzw. sogar zu bekämpfen ist?

Mit solchen Fragen hat sich Marx allerdings nicht begnügt, denn er sieht in der «Kritik der Religion … die Voraussetzung aller Kritik»[28]. Da sie aber auf die umfassende Emanzipation des Menschen zielt, treibt sie über sich selbst hinaus:

> Die Kritik des Himmels verwandelt sich damit in die Kritik der Erde, die Kritik der Religion in die Kritik des Rechts, die Kritik der Theologie in die Kritik der Politik.[29]

28 Marx, K.: Zur Kritik der Hegelschen Rechtsphilosophie, MEW 1, Berlin 1972, S. 378.
29 Ebd. 379.

Dieser Umwandlung der Religionskritik in Gesellschaftskritik entspricht bei Marx die Historisierung und Soziologisierung der Auffassung vom Wesen des Menschen, das in der Religion in entfremdeter Gestalt erscheint:

> Aber der Mensch, das ist kein abstraktes, außer der Welt hockendes Wesen. Der Mensch, das ist die Welt des Menschen, Staat, Sozietät. Dieser Staat, diese Sozietät produzieren die Religion, ein verkehrtes Weltbewusstsein, weil sie eine verkehrte Welt sind.[30]

Es sind die Antagonismen der Gesellschaft, die sich in der Religion reproduzieren und artikulieren:

> Das religiöse Elend ist in einem der Ausdruck des wirklichen Elends und in einem die Protestation gegen das wirkliche Elend. Die Religion ist der Seufzer der bedrängten Kreatur, das Gemüt einer herzlosen Welt, wie sie der Geist geistloser Verhältnisse ist. Sie ist Opium des Volks.[31]

Sie stellt als verkehrte Widerspiegelung aber eine nur historisch, und nicht ontologisch notwendige Form des gesellschaftlichen Bewusstseins dar, die nur durch eine praktische Umwälzung der Verhältnisse aufgehoben werden kann.

Dieses Programm einer sich immer mehr differenzierenden historisch-materialistischen Religionskritik findet seine erste Ausführung in der zusammen mit Engels verfassten «Deutschen Ideologie» (MEW 3, S. 9–530). Später aber wird es weiterentwickelt und auch transformiert im Kontext der Analysen des Waren- und Kapitalfetischismus im «Kapital».

Aber auch für die Religionskritik selbst ergibt sich eine Präzisierung ihres Selbstverständnisses. Religionskritik hat sich selbst nach Maßgabe des historisch-materialistischen Grundgedankens zu reflektieren; sie ist Intervention in einem bestimmten geschichtlich determinierten Feld und verkündet keinen Kanon zeitlos gültiger Aussagen, muss sich also immer auch ihrer eigenen Zeitabhängigkeit bewusst bleiben. Wenn sich die ökonomische Basis und der ideologische Überbau ändern, ändert sich auch das Verhältnis von Religion und Gesellschaft.

30 Ebd. 389; vgl. auch die 4. Feuerbachthese, in: MEW 3, S. 6.
31 Ebd. 378.

1.5 Berührungen mit der Theologie

Theologische Fragestellungen und Probleme kommen im Werk von Karl Marx durchgehend vor, wobei auffällt, dass insbesondere zentrale dogmatische Konzeptionen wie Christologie (Inkarnationslehre) und Trinitätstheologie zur Verdeutlichung und weitergehenden Erschließung politischer und ökonomischer Sachverhalte herangezogen werden. Woher kommt diese Nähe zur Bibel und einer biblisch begründeten Theologie?

Enrique Dussel geht (im Anschluss an Heinz Monz und Reinhard Buchbinder) davon aus, dass Marx als Schüler am Gymnasium während eines zweijährigen Unterrichts in evangelischer Religionslehre mit Auffassungen des schwäbischen Pietismus, die nicht in allem mit denen des preußischen Protestantismus identisch waren, in Kontakt gekommen ist. Dies hat sich mit Sicherheit später bei seinen Studien als Student fortgesetzt. Die entsprechende Denkweise trat, allerdings nur in philosophischer Verkleidung, bei Hegel, Schelling und anderen auf. Eines sei hier hervorzuheben, dass diese weltberühmten Schüler des Tübinger Stiftes auch selbst sicher nicht unbeeinflusst waren vom schwäbischen Pietismus.

Dussel untermauert seine Argumentationslinie mit einem Verweis auf die von Ernst Benz aufgezeigte Nähe von Marx zu bestimmten Auffassungen, und zwar bis in wörtliche Formulierungen hinein, des Pietisten Friedrich Christoph Oetinger.[32] Hier sei ein Verweis auf Engels gestattet, bei dem die Rückgriffe auf den Pietismus häufiger und ausführlicher sind als bei Marx.[33]

Dussel vermutet daher bei dem Studenten Marx ein positives, vor allem über Hegel vermitteltes Verhältnis zum schwäbischen Pietismus und dessen Betonung des Vorrangs der Glaubenspraxis gegenüber einer eher spekulativen und abstrakten Theologie. Auffallend ist weiterhin, dass Marx den englischen Puritanismus und den holländischen Protestantismus scharf kritisiert, nicht aber den schwäbischen Pietismus.[34]

Es ist also nicht erstaunlich, wenn in vielen Argumentationen von Marx theologische Positionen eingearbeitet werden, ohne dass er

32 Vgl. Dussel, E.: Las metáforas teológicas de Marx, Estella (Navarra) 1993, S. 12; dieses Werk wurde nicht auf Deutsch publiziert.

33 Vgl. Buchbinder: Bibelzitate, a.a.O. 247–265.

34 Vgl. Grundrisse, 143 (vgl. hierzu später auch die Ausführungen in Kap. 7.3).

dabei auch deren traditionelle Deutung explizit gutheißen oder gar übernehmen muss:

> Wir sind der Überzeugung, und zwar in jeder Hinsicht, dass Marx aus dem deutschen Pietismus sowohl seine Auffassung vom Antichrist wie der Priorität der Praxis geschöpft hat; gleiches gilt auch dafür, wie die Pietisten sich einem katholischen König und Hegel einem nicht verfassungsgemäßen Monarchen (dem preußischen Lutheraner) widersetzten; in gleicher Weise wird Marx einen Anfangsvorbehalt gegenüber einem lutherisch geprägten Staat gehabt haben (in seiner Zeit als politischer Kritiker und Journalist in Deutschland); danach wird er seine Kritik der politischen Ökonomie des Kapitals (beginnend 1843 in Paris, danach fortgesetzt in Brüssel und schließlich in London theoretisch und systematisch ab 1857) weiterentwickeln.[35]

Ich möchte keinesfalls Karl Marx in einen Kryptotheologen verwandeln, erst recht nicht für den Katholizismus reklamieren, wie es unser Freund José P. Miranda in seinem Werk *Marx y la Biblia* bisweilen getan hat. Aber eine historisch gesicherte, pikante Episode gibt doch zu denken und wird meist in der Literatur ausgeklammert. Bruno Bauer, damals noch mit Marx befreundet und Privatdozent an der Universität Bonn, die übrigens im Geburtsjahr von Marx von Preußen gegründet wurde, machte diesem den Vorschlag, sich in Bonn zu habilitieren und einen Lehrstuhl in der theologischen Fakultät anzustreben. Das Projekt schlug fehl, vor allem auch, weil Bauer von der preußischen Regierung wegen des Vorwurfs, er sei Atheist, mit einem Berufsverbot belegt wurde – bis heute eine gängige Praxis der Herrschenden. Wir wollen hier nicht irreführenden Fantasien darüber nachhängen, was wohl ein Theologieprofessor Marx in Bonn angestellt hätte.

Vielleicht wäre er trotzdem und ähnlich wie bei Bauer durch ein Berufsverbot zu entsprechender Berühmtheit gelangt und im Laufe seines weiteren Auftretens auch zu einem der prominentesten Religionskritiker aller Zeiten geworden.

1.6 These über die Wurzeln der Radikalität von Karl Marx

Kehren wir nach all dem zur eingangs gestellten Frage nach den tiefsten Beweggründen der revolutionären Entschiedenheit von Marx

35 Vgl. Dussel: Las metáforas teológicas, a.a.O. 13.

zurück. Nicht unterschlagen werden darf dabei eine Einschätzung, die Monz vorgelegt hat, der vor allem die Trierer Zeit von Marx dank seines minutiösen Durchforstens der Archive mustergültig aufgearbeitet hat. Demnach bleibt festzuhalten, dass Kindheit und Jugendzeit, und damit wohl sein gesamtes Leben, von der religiös und politisch angespannten Atmosphäre seiner Heimatstadt Trier geprägt wurden:

> Die Nöte und Bestrebungen der Zeit hatten in Trier einen ganz besonderen Niederschlag gefunden. Das geistige und soziale Bild der Stadt bot keine bürgerlich gesättigte und rückständige Atmosphäre, sondern eine bis zum Revolutionären reichende Stimmung und Auffassung. So kann man auch sagen, Karl Marx war beeinflusst vom aufsässigen Geist der Trierer, beeinflusst vor allem von der Not des hier lebenden Volkes.[36]

Dies steht nicht im Widerspruch zu meiner These, denn ich glaube, dass die Trierer Erfahrungen die bereits gegebene jüdische Sensibilität von Marx für die Demütigung der «kleinen Leute» und die Ausgrenzung von Minderheiten nur gestärkt und empirisch untermauert hat.

Also wagen wir die folgende These: Die tiefsten Wurzeln seiner Radikalität sitzen im Wissen um die Verfolgung und Diffamierung seines Volkes durch die Jahrtausende, die kein Jude vergessen kann, selbst wenn er wie Marx in seinem schwierig zu kommentierenden Aufsatz zur Judenfrage[37] sehr gehässige und abschätzige Bemerkungen über das Wesen der jüdischen Religion und deren Funktion von sich gegeben hat. Aber die Fähigkeit zur Selbstkritik, die seit den Tagen der großen Propheten Israels nicht nur kritische, sondern bisweilen auch vernichtende Formen annahm, gehört zu den herausragenden und unbestreitbaren Qualitätsmerkmalen des Judentums, verglichen mit den großen Weltreligionen und anderen Weltanschauungen.

Diese kritische Distanz löscht die Erinnerung nicht aus, vor allem verhindert sie nicht eine gründliche und oft leidvolle Beschäftigung mit den eigenen Traditionen, deren Aneignung im Judentum neben der treuen Feier des Sabbats vor allem über die regelmäßige Lesung der heiligen Schriften in der Familie und in der Synagoge stattfand.

36 Monz: Gerechtigkeit bei Karl Marx, a.a.O. 391. Dieser Einschätzung von Monz darf ich mich an dieser Stelle als 1941 in Trier geboren und in der Gegend aufgewachsen mit Begeisterung anschließen. Man verzeihe mir diese Emotionalität.

37 Marx, K.: Zur Judenfrage, in: MEW 1, S. 347–377.

Dass Marx als Spross einer jüdischen Familie mit etlichen Rabbinern unter den direkten Vorfahren mit der Bibel in intensiven Kontakt kam, dürfte demnach eine Binsenwahrheit sein, auch wenn diese sich nicht auf Schritt und Tritt in den einschlägigen Zeitzeugnissen widerspiegelt.

2. Wie oft und wo hat Karl Marx die Bibel zitiert? – Ein überraschendes Ergebnis

2.1 Die Forschungssituation

Im Anschluss an die obige These und die ihr zu Grunde liegenden Einblicke in die grundlegenden Phasen der Entwicklung der Persönlichkeit und des Denkens von Marx ist die Frage fast schon müßig, in welcher Form seine unbestreitbaren Kontakte mit der Bibel und der prophetischen Tradition Israels, einschließlich der messianischen Schriften des Neuen Testaments, sich auch textmäßig in seinen Veröffentlichungen belegen lassen, wie oft und wo die Bibel zitiert wird oder in welchen beiläufigen Anspielungen und verdeckten Vergleichen sie eine Rolle spielt. Aber wenn diese Vermutung verifiziert oder falsifiziert werden soll, müssen wir uns trivialerweise auf die Suche begeben.

Man sollte jedoch das Rad nicht neu erfinden, wenn dieses schon da ist und, wenn auch selten, um im Bild zu bleiben, benutzt wird. Das heißt: Wir haben zu fragen, ob es einschlägige Untersuchungen und entsprechende Erkenntnisse gibt. Der Index zu den verschiedenen Sammlungen der Werke von Marx und Engels (MEW und MEGA) gibt nur spärliche Antworten. Es ist nachvollziehbar, dass die entsprechenden Herausgabegremien der Werke bei den Zentralkomitees der kommunistischen Parteien und in deren wissenschaftlichen Akademien hier keinen Forschungsschwerpunkt sahen und dass auch der Vatikan nicht sonderlich motiviert war, sich einen entsprechenden Überblick zu verschaffen. Es genügte, dass die freimütig geäußerte Wertschätzung für Marx seitens des berühmten Trierer Jesuiten Oswald von Nell-Breuning, des Ghostwriters der Sozialenzyklika *Quadragesimo anno* von Pius XI., nicht zu verheimlichen war, aber eine noch breitere öffentliche Zustimmung wurde schlicht als unerwünscht angesehen.

Anlässlich der Vorbereitungen auf das Herannahen des 200. Geburtstages von Marx am 5. Mai 2018 wurde die oben gestellte Frage in meinen Freundeskreisen laut, denn linke Christinnen und Christen suchten einen Punkt, von dem aus sie bei den Jubiläumsfeierlichkeiten einen für sie charakteristischen Beitrag, über die gängigen Verweise auf die lateinamerikanische Theologie der Befreiung und ihre Marxrezeption hinaus, leisten konnten. Sinnvoller Weise begann die Suche bei den lateinamerikanischen Autoren und führte zu einem, wenn auch kargen Ergebnis.

Die bereits 1972 erschienene Publikation von José P. Miranda hat als erste unser Thema «Marx und die Bibel» in die theologische Debatte eingeführt, ist aber schwerpunktmäßig philosophisch und theologisch konzipiert und weniger an der Beschäftigung mit exemplarischen Bibelstellen und ihrer Auslegung orientiert.[38]

Enrique Dussel hat 1993, wie bereits erwähnt, eine eigene, umfassende und weiterführende Publikation vorgelegt, wobei er auf sorgfältige Studien eines unter Marxologen relativ unbekannten Autors zurückgreifen konnte.[39] Es waren aber auch da schon fast zwanzig Jahre vergangen, seitdem dieser deutsche Autor, Reinhard Buchbinder, die Ergebnisse der erfolgreichen Durchführung seiner Suche als Doktorarbeit an der Universität Bonn dokumentiert und publiziert hatte. Es ist die meines Wissens immer noch einzige umfangreiche Bestandsaufnahme zur Verwendung der Bibel bei Marx und Engels in deutscher Sprache.[40] Bei dieser Studie von Buchbinder handelt es sich um eine profunde germanistische Arbeit, die ein ausgezeichnetes textanalytisches Fundament für eine darauf aufbauende exegetische Weiterarbeit und theologische Reflexionen bietet, womit der Autor auch schon selbst ansatzweise begonnen hat. Ähnlich wie bei Dussel ist diese Arbeit auch für meine Beschäftigung mit dem Thema eine unverzichtbare Hilfe geworden. Franz Segbers hat als konstanter Teilnehmer im genannten Diskussionsfeld sich ebenfalls seit einigen Jahren der Problematik «Marx und die Bibel» angenommen und neben Vorträgen jüngst einen speziell die Gerechtigkeitsthematik in den Fokus setzenden Essay veröffentlicht.[41]

38 J. P. Miranda, Marx y la Biblia, Salamanca 1972.

39 Dussel, Las metáforas teológicas, a.a.O. 1993.

40 Im vorangehenden Abschnitt wurde bereits mehrfach auf dieses Werk von Buchbinder Bezug genommen: R. Buchbinder, Bibelzitate, Bibelanspielungen, Bibelparodien, theologische Vergleiche und Analogien bei Marx und Engels, Berlin 1976.

41 Vgl. Segbers, F.: Mit der Bibel und Karl Marx auf der Suche nach Gerechtigkeit, in: Jahrbuch der religiösen Sozialistinnen und Sozialisten, Bd. 1, 2022.

2.2 Ein erster Überblick zu einigen Schwerpunktstellen

Vor der detaillierten Beschäftigung sei ein erster Verweis auf die Vielfalt der im Werk von Marx und Engels verwendeten Texte der hebräischen Bibel und des Neuen Testaments gestattet, die im Folgenden immer zusammen als «Bibel» bezeichnet werden. Unterstrichen werden soll, dass das Ziel unserer Suche nicht in erster Linie der Nachweis einer vielleicht unerwarteten Mannigfaltigkeit von Bibelzitaten, Anspielungen und Übernahmen von Einzelbegriffen ist, sondern es geht vor allem um die Ermittlung der Funktionsweise der Bezugnahmen auf die Bibel. Natürlich benötigt man dazu erstmals die Fundstellen und Einblick in die Kontexte. Ich werde mich bei der Bestandsaufnahme auf die Werke von Marx beschränken und klammere die Texte von Engels aus, die nicht in Kooperation mit Marx verfasst wurden, wie etwa seine Schriften «Der deutsche Bauernkrieg», «Das Buch der Offenbarung» und «Zur Geschichte des Urchristentums».[42] Es wird aber eine Ausnahme gemacht bei der Behandlung der von beiden zusammen verfassten Parodie auf das Werk von Max Stirner, worin allein schon über dreißig Bibelzitate vorkommen (vgl. Kapitel 6). Würde man das andere einschlägige Gemeinschaftswerk, die «Heilige Familie» auch hinzunehmen, würde sich die Zahl der Bibelzitate noch einmal gewaltig steigern.

Am bekanntesten dürfte das Zitat von Marx aus der Johannesapokalypse sein. Im ersten Band des «Kapital» kompiliert Marx zwei Zitate über das Tier aus dem Abgrund, wobei er zwei Stellen der Apokalypse miteinander verknüpft (Offb 13,17 und 17,13), um seine Konzeption des Waren- und Geldfetischismus zu verdeutlichen.[43]

Weniger bekannt dürfte sein, dass Marx sich nicht nur in den «Grundrissen»[44] von 1857, sondern noch an weiteren 14 Stellen (nach der Zählung von Dussel[45]) auf Mt 6,19–24 bezieht, wo es um das Sammeln von unverrottbaren Schätzen geht. Daran knüpft Marx seine Reflexion über Geld als unvergängliche Ware an. Wie Dussel, gestützt auf die breite Inventarisierung und Kommentierung durch Buchbinder, detailliert nachgewiesen hat, macht Marx an mehr als

42 Vgl. Engels, F..: Der deutsche Bauernkrieg, in: MEW 7, S. 327–413; ders., Das Buch der Offenbarung, in: MEW 21, S. 9–15; ders., Zur Geschichte des Urchristentums, in: MEW 22, 447–473.

43 Vgl. Marx, K.: Das Kapital I, MEW 23, S. 101; die zitierte Stelle der Johannesapokalypse kommt auch in den «Grundrissen» vor, S. 148, 867, 889, 895.

44 Vgl. Grundrisse, S. 142.

45 Vgl. Dussel: Las metáforas teológicas a.a.O. 200–206.

350 Stellen[46] seines Werkes metaphorische und begriffliche Anleihen bei fast allen Büchern der hebräischen Bibel, den Evangelien und den Paulusbriefen und der Johannesapokalypse, wenn es etwa um die Kennzeichnung des Wesens von Geld und Kapital als Mammon (vgl. Mt 6,24 und Lk 16,9.11.13) geht.[47]

In Ergänzung zu den bereits erwähnten Stellen sei besonders Mt 8,22 hervorgehoben, da Marx für diese Stelle eine besondere Vorliebe gehabt zu haben scheint, weil er sie öfters zitiert:

> Einer von seinen Jüngern sprach zu ihm: Herr, erlaube mir vorher [es geht um die Nachfolge, K. F.] hinzugehen und meinen Vater zu begraben. Jesus aber spricht zu ihm: Folge mir nach und lass die Toten ihre Toten begraben. (Mt 8,21–22)

Marx wusste, dass die Revolution wie die Nachfolge Jesu ist, denn sie duldet keinen Aufschub. Vor allem sollte man seine Kraft nicht dem zuwenden, was untergegangen ist, sondern in das investieren, was neu entstehen muss. Wer unter den politisch Engagierten versteht heute noch derartige biblische Parallelen?

Neben der Bezeichnung Mammon verwendet Marx vor allem auch die biblischen Namen Moloch und Baal, um wesentliche Eigenarten von Geld und Kapital sichtbar und durchschaubar zu machen. Auch das «Goldene Kalb» als Realsymbol für Götzendienst wird eingesetzt, um die Anbetung des Reichtums und die Stellung des Goldes als «König» in der Warenwelt zu unterstreichen. Eine genauere Bestandsaufnahme dieser Namensgebungen ergibt eine Liste von mehr als 20 Fundstellen in den gesammelten Werken (MEW).[48]

Der damit bereits angezeigten inhaltlichen Argumentation wenden wir uns im Kapitel über die fundamentale Kritik von Geld und Kapital unter Benutzung einer biblischen und theologischen Metaphorik ausführlicher zu.

46 Mehrfachnennungen von Bibelstellen wurden nicht substrahiert.

47 Vgl. Dussel: Las metáforas teológicas, a.a.O. 133–233.

48 Auflistung einiger ausgewählter Fundstellen: Mammon (MEW 8, S. 527; MEW 13, S. 107, 133, 203); Baal (MEW 11, S. 132); Goldenes Kalb (MEW 9, S. 325; MEW 13, S. 2, 84); Moloch (Grundrisse, S. 113; MEW 16, S. 11; MEW 40, S. 370).

3. Karl Marx – ein atheistischer Theologe des Exodus?

3.1 War Marx Atheist?

Von den Anhängern wie von den Gegnern von Marx wird selbstverständlich unterstellt, dass Marx ein Atheist war. Es bestand wenig Interesse daran zu klären, in welchem Sinne er es war oder wann und in welchem Sinne er es wurde. Eine Antwort auf diese Frage bedarf einer umfangreichen Analyse, zu der jedoch im Folgenden so viel beigetragen werden soll, dass eine Differenzierung möglich wird. Dies beginnt schon mit einer Relativierung des Atheismus-Verständnisses.[49]

Als Jude wird man ohnehin für das orthodoxe Christentum schnell zum Atheisten, so wie die frühen Christen in den Augen der römischen Behörden «Atheisten» waren. Als Beleg kann ein Zitat aus der ersten Apologie von Justin dem Märtyrer genommen werden, der die frühen Christen gegen den Atheismus-Vorwurf seitens der herrschenden Weltanschauung verteidigte:

> Daher heißen wir Gottesleugner. Wir gestehen zu, in Bezug auf derartige falsche Götter Gottesleugner zu sein, nicht aber hinsichtlich des wahren Gottes, des Vaters der Gerechtigkeit und Keuschheit und der übrigen Tugenden, der mit dem Schlechten nichts gemein hat.[50]

Justin polemisiert hier gegen die Verurteilung von Sokrates als Gottesleugner und Religionsfrevler, der seine Kritik gegen die Identifikation von bösen Dämonen als Götter gerichtet hatte.

Der Atheist leugnet angeblich die Existenz Gottes. Aber welcher Gottesbegriff wird dabei zugrunde gelegt? Wenn wir von der eingangs bereits zitierten Formulierung von Marx ausgehen, dass «der Mensch das höchste Wesen für den Menschen sei»[51], wozu Franz

49 Wer eine ebenso gelehrte wie auch gegenüber dem modernen Atheismus überaus faire Einführung in die Problematik sucht, sollte immer noch zum Artikel «Atheismus» von Karl Rahner im Lexikon «Sacramentum Mundi» greifen: Rahner, K.: Atheismus, SM I, Freiburg 1968, Sp. 372–383.

50 Justin, Apologie I, in: BKV – Frühchristliche Apologeten, 1. Band, Kempten u. München, 1913, S. 16.

51 Marx, K.: Zur Kritik der Hegelschen Rechtsphilosophie. Einleitung, in: MEW 1, S. 385.

Hinkelammert eine sehr überzeugende und diskussionswürdige Interpretation vorgelegt sowie weiterführende Schlussfolgerungen aufgezeigt hat,[52] liegt es natürlich nahe, davon auszugehen, dass Marx in der traditionellen Aussage «Gott ist das höchste Wesen für den Menschen» schlicht «Gott» durch «Mensch» ersetzt hat. Daraus könnte sehr schnell gefolgert werden, dass Marx Atheist war, was häufig auch geschieht.

Zur Strukturierung einer inhaltlichen Diskussion darüber, was a) Marx unter einem «höchsten Wesen» verstanden hat und ob er b) implizit auch auf die letzte der vier fundamentalen Fragen von Kant, «Was ist der Mensch?», geantwortet hat, möchte ich eine formallogische Überlegung zu Hilfe nehmen. Denn die Aussage von Marx lässt sich als eine Formel auffassen, in der die beiden Begriffe «Mensch» und «höheres Wesen» durch Variablen ersetzt werden können.

Wenn wir in der Aussage «Der Mensch ist das höchste Wesen für den Menschen» für «Mensch» die Variable x und für «höheres Wesen» die Variable y einsetzen, erhalten wir die Formel: «x ist y für x». Dann wird aber sehr schnell ein logisches Problem sichtbar. Das Problem entsteht dadurch, dass der Prädikator eine Relation ist, welche noch einmal das Subjekt enthält.

Bei dem Satz «Der Mensch ist das höchste Wesen für den Menschen» handelt es sich, sprachlogisch betrachtet, nicht um eine Definition des Menschen, sondern um eine erweiterte Aussage über den Menschen, also ein Urteil.

Bei dieser Urteilsbildung droht nun, logisch gesehen, doppeltes Ungemach, entweder eine so genannte scheinbare Tautologie, d. h. das wiederholende Wort weist auf ein wesentliches Bedeutungsmerkmal des wiederholten Wortes hin, oder eine Äquivalenz, d. h. Wortgleichheit bei sachlicher Verschiedenheit.

Die Relation R (y, x) = «y für x» wird verwendet als Prädikator für «x», d. h. «x ist R (y, x)». Ist dies zulässig, da x als Subjekt auch Teil des Prädikators ist?

Man kann die Formel auch umbauen: «‹x ist y› für x», dann wird die Identitätsbehauptung Id = ‹x ist y› mit x in der Relation R (Id, x) verknüpft, die Identität «x = y» gilt also nur für x. Das mag als for-

52 Vgl. mehrerer seiner Veröffentlichungen aus der letzten Zeit, insbesondere den Beitrag «Der Mensch als höchstes Wesen für den Menschen. Jenseits der Ethik der neoliberalen Religion des Marktes, in: Eigenmann, U./Füssel, K./ Hinkelammert, F. J. (Hg.): Der himmlische Kern des Irdischen. Das Christentum als pauperozentrischer Humanismus der Praxis, Luzern/ Münster 2019, S. 65–93.

mallogische Spitzfindigkeit erscheinen, doch damit wird aufgedeckt, dass in beiden Fällen das genannte Problem vorliegt, was aber nicht sein sollte, weil dann das Argument von Marx aus logischen Gründen untauglich erschiene.

Formallogisch lässt sich das Problem nicht ohne Weiteres lösen. Wir sind daher gezwungen, eine inhaltliche Überlegung zwischenzuschalten und zu sagen, dass x nicht x ist und also eine Indizierung mit x_1 und x_2 vorgenommen werden muss. Dann lautet die Formel: «x_1 ist y für x_2».

Eine erste Konsequenz aus «$x_1 = y$» ist, dass es keine Differenz zwischen x_1 und y gibt, d. h. wir müssten schreiben: *Der Mensch ist ein Mensch für den Menschen*, oder: Für den Menschen ist der Mensch immer ein Mensch und kein über ihm stehendes «höheres Wesen», was dann für alle Menschen gilt. Nun gibt es aber unbestreitbar erhebliche Unterschiede zwischen den konkreten Menschen und Situationen, in denen die Gefahr besteht, dass der eine Mensch für den anderen Menschen nicht als Mensch erscheint. Wir müssen daher sagen: Die Gattung Mensch ist als solche die inhaltliche Füllung der Variablen y, also jenes «höhere Wesen», das jeder Mensch anzuerkennen hat, um für sich selbst und die anderen ein Mensch zu sein. Es gilt dann: x_1 = «Mensch» als Gattungsbezeichnung; x_2 = «Mensch» als Individualbezeichnung.

Damit ist die Angelegenheit doch wieder ein Stück einfacher geworden als befürchtet und hat auch kontextuell nicht primär etwas zu tun mit einer Leugnung der Existenz oder Funktion Gottes, sondern nur, dass Gott und der Mensch verschieden sind und daher nicht gleichzeitig das «höchste Wesen» in Bezug auf den Menschen sein können.

Bleiben wir dabei, von x_1 und x_2 zu reden. Marx verlangt, «alle Verhältnisse umzuwerfen, «in denen der Mensch ein erniedrigtes, ein geknechtetes, ein verlassenes, ein verächtliches Wesen ist». Dieser Imperativ richtet sich an alle Menschen, unterscheidet aber zwischen denen, die erniedrigt sind, und denen, welche dies bewirken.

Gehen wir nun in der Interpretation unserer Basisformel einen Schritt weiter und setzen x_2 insbesondere gleich mit den erniedrigten Menschen, die sich fragen, wer für sie «das höchste Wesen ist», dann kommen sie zu dem Schluss, dass dies der Mensch in seiner unverletzbaren Würde ist, welche es zurückzuerobern gilt, weil dieses vollgültige Menschsein das Höchste ist, was der beleidigte und verachtete Mensch erstrebt.

Man könnte den kategorischen Imperativ dann auch anders formulieren und dabei, seinen Gehalt und seine Zielsetzung bei Marx ernstnehmend, verdeutlichen: *Alle Verhältnisse sind umzuwerfen, in denen der Mensch ein andere Menschen erniedrigendes und beleidigendes Wesen ist. Der Ausgebeutete muss dann gerade und ausdrücklich für den Ausbeuter zum «höchsten Wesen» werden, nicht umgekehrt.* Die «Internationale» interpretiert auf ihre Weise dieses Ergebnis und singt: «Es rettet uns kein höheres Wesen, kein Gott, kein Kaiser, noch Tribun. Uns aus dem Elend zu erlösen, müssen wir schon selber tun.» Das ist konsequent, denn das einzige «höhere Wesen» für den Menschen ist der freie und selbstbestimmte Mensch und sicher nicht die Kaiser und Tribunen, die es so gerne wären. Aber wenn der Ausbeuter im Ausgebeuteten sein eigenes höheres und nicht schäbig verräterisches Menschsein zu erkennen vermag, dann muss er aufhören, ein Ausbeuter zu sein, oder er verspielt sein Wesen als Mensch endgültig. Für Marx ist daher die Erhöhung der Erniedrigten die Befreiung aller Menschen in ihr eigentliches Menschsein. So befreit der kämpfende Arbeiter nicht nur sich selbst, sondern auch den Kapitalisten. Die Knechte werden keine Herren, sondern beide werden freie Menschen.

Mit einer solchen Auslegung der Formel von Marx bleibt diese jedoch kompatibel mit der jüdisch-christlichen Tradition, dass Gott will, dass der Mensch in Würde und Freiheit lebe. Seine letzte Garantie besteht darin, dass er selbst Mensch, aber nicht der Mensch Gott wird. Ohne auf die Attacke der Religionskritik antworten zu wollen oder zu müssen, hat daher die traditionelle Christologie sich eine gute Ausgangsbasis im kritischen Dialog dadurch geschaffen, dass sie die Inkarnation als eine zweifache aufgefasst hat: Gott wird Mensch in Jesus dem Christus, und dieser identifiziert sich mit den Geringsten, den Erniedrigten und den Sklaven, was in Phil 2,4–6 von Paulus herausgearbeitet und betont wird und was Marx, wie wir sehen werden, positiv aufgegriffen hat.[53]

Der entscheidende Schritt in der Konfrontation mit Marx liegt für den Theologen darin, die Ersetzung von «Gott» durch «Mensch» nicht einfach zu negieren, sondern «Gott» nicht essenzialistisch als «ein höchstes/höheres Wesen» zu begreifen. Vielmehr sollte «Gott»

53 Urs Eigenmann hat bei seiner Charakterisierung des «Humanismus» auf diese «Doppelinkarnation» aufmerksam gemacht, vgl. sein Vorwort, Anm. 20, zur zweiten, erweiterten und aktualisierten Auflage seines Buches: Das Reich Gottes und seine Gerechtigkeit für die Erde, Luzern 2022.

funktional[54] begriffen werden, wie es z. B. in der Exodus-Geschichte (siehe nächster Abschnitt) geschieht. Die Frage lautet dann nicht mehr, wer Gott «an und für sich» ist, sondern sie lautet: Wer erweist sich an mir als die Instanz, die mich aus der Sklaverei befreit, und daher mit dem «Namen» Gott auftritt?

Mir scheint die wichtigste Konsequenz der vorgenommenen Bearbeitung der Formel von Marx darin zu liegen, dass die metaphysische Konzeption jenes «höheren Wesens, das wir verehren», wie es Heinrich Böll[55] formulierte, dekonstruiert wird.

Der Gott des Exodus, an den die Juden glauben, ist kein «höheres Wesen», sondern derjenige, der aus der Sklaverei befreit. Der Gott des orthodoxen Christentums ist eine geschichtslose, ontologische Größe, wozu sich die Neuausgabe der Katholischen Einheitsübersetzung der Bibel (Ex 3,14) kommentarlos bekennt, wenn der Gottesname übersetzt wird mit: «Ich bin, der ich bin». Schlimmer kann ein Rückfall in überholte Positionen nicht ausfallen. Der Gott und Vater Jesu Christi wird von Jesus wohl anders verstanden, worin wir ihm folgen sollten.

Ob Marx ein Atheist wäre in dem Sinne, dass er auch diesen Schritt nicht mit vollziehen würde, ist zumindest in der Hinsicht eine offene Frage, als Marx ja dazu nicht befragt werden kann, wir also auf Schlussfolgerungen aus seinem dokumentierten Umgang mit der Tradition, hier der Bibel und des Judentums, angewiesen sind. In der abstrakt gestellten Atheismus-Frage gibt es allerdings eine deutliche Antwort.

Marx hat bereits in den «Pariser Manuskripten», im Rahmen seiner Diskussion der Abschaffung des Privateigentums als des wesentlichen Hindernisses für die Selbstwerdung des Menschen als eines gesellschaftlichen Wesens, zum Atheismus eine bemerkenswerte Aussage gemacht:

> Der Atheismus … hat keinen Sinn mehr, denn der Atheismus ist eine Negation des Gottes und setzt durch diese Negation das Dasein des Menschen; aber der Sozialismus als Sozialismus bedarf einer solchen Vermittlung nicht mehr; er beginnt von dem theoretisch und praktisch sinnlichen Bewusstsein des Menschen und der Natur als des Wesens. Er ist positives, nicht mehr

54 Diesen Vorschlag macht Ton Veerkamp in seinem Artikel «Gott» für das «Historisch-Kritisches Wörterbuch des Marxismus» (HKWM), hrsg. v. W. F. Haug: Veerkamp, T.: Gott, in: HKWM, Bd. 5 (2001), Sp. 917–931.

55 Vgl. Heinrich Böll, Dr. Murkes gesammeltes Schweigen und andere Satiren, Köln 1958.

> durch die Aufhebung der Religion vermitteltes Selbstbewusstsein des Menschen …[56]

Wer sich noch an die Wahlkampfparole erinnert «Freiheit statt Sozialismus», dem fällt hier die plakative Gegenparole ein: «Sozialismus statt Atheismus». Doch wenden wir uns etwas ernsthafter dem Anliegen von Marx zu. Es geht um den Gegensatz zwischen einer durch die Negation immer noch an das Negierte gebundenen Haltung einerseits und einer positiven in sich selbst stehenden und aus sich selbst lebenden Wirklichkeit andererseits. Doch woher kommt diese? Wie das Volk Israel aus Ägypten ausziehen musste, um nicht aus der Negation des Pharaos leben zu müssen, sondern mit Mose sich einer neuen, aber noch unbekannten Wirklichkeit anvertraute, so geht es auch hier um den Auszug aus den bestehenden Verhältnissen, also dem Kapitalismus, der ja der eigentliche Gegensatz zum Sozialismus ist. In der Argumentation liegt eine die Interpretation erschwerende Analogie vor, denn wenn wir Ägypten an die Stelle des Kapitalismus setzen, dann würde die Rolle des Pharaos im Kapitalismus durch den christlichen «Gott» übernommen, was die Situation des biblischen Exodus in einer Umkehrung spiegeln würde. Aber gerade deswegen ist der Gott des Exodus nicht nur der Gegenspieler Pharaos, sondern auch das Gegenteil des von Marx hier unterstellten christlichen Gottesverständnisses.

Doch es bleibt trotz dieser Komplexitätssteigerung dabei: Handlungsleitend ist in dieser Gegensätzlichkeit das Prinzip «Exodus», das Marx, wenn auch notgedrungen, ein ganzes Leben lang gelebt hat.

Marx darf vor dem Hintergrund der bisher vorgelegten Informationen und Interpretationen, und dies keineswegs voluntaristisch, als ein prophetisch ausgerichteter Jude in der Exodus-Tradition eingestuft werden, dem es aber um die praktische Verwirklichung des menschlichen Wesens und nicht um eine abstrakte Diskussion der Frage nach Gott als eines übernatürlichen Wesens ging. Diese Charakterisierung ist nun genauer auf einen ihre Plausibilität verstärkenden biblischen Kontext zu beziehen. Die Frage, ob Marx Atheist war, wurde hier, wie ganz nebenbei, hinreichend relativiert, wenn auch nicht abschließend beantwortet.

56 Marx, K.: Ökonomisch-philosophische Manuskripte (1844), MEW, Erg. 1, S. 546.

3.2 Der biblische Exodus – die Befreiung aus der Sklaverei

Marx kennt und akzeptiert aus der biblischen Tradition die klare prophetische Opposition zwischen einem Unterdrückergott, der Unterwerfung und Opfer fordert, und einem Gott, der Befreiung, Leben in Würde und Selbstbestimmung ermöglicht und garantiert. Dies soll durch eine kurze Wiedergabe der Offenbarung des Gottesnamens bestätigt werden.

Was den Leuten um Mose beim historischen Exodus-Ereignis widerfahren ist, wird am dichtesten festgehalten in der Offenbarung des Gottesnamens (vgl. Ex 3,9–14). In dieser Textstelle des Buches Exodus wird eine Geschichte erzählt, die Jahwe selbst seinen Namen enthüllen, aber auch in eine Formel kleiden lässt, die den Namen teilweise wieder verbirgt.

> Gott rief dem Mose zu und sagte:
> Mose, Mose! Und er antwortete: Hier bin ich.
> Und Gott sagte:
> Ich bin der Gott deines Vaters. Siehe der Hilfeschrei der Israeliten ist zu mir gekommen; ich habe die Bedrängnis gesehen, mit der die Ägypter sie bedrängen.
> Nun aber: Geh du zum Pharao und befreie die Israeliten aus der Macht der Ägypter.
> Da sagte Mose zu Gott:
> Wer bin ich denn schon, dass ich einfach zum Pharao gehen und die Israeliten aus der Macht der Ägypter befreien kann?
> Und Gott sagte: Ich will doch bei dir da sein.
> Da sagte Mose zu Gott:
> Siehe, ich werde zu den Israeliten kommen und zu ihnen sagen: Der Gott eurer Väter hat mich zu euch gesandt!, da werden sie zu mir sagen: Was ist es um seinen Namen?, was soll ich ihnen dann antworten?
> Da sagte Gott zu Mose:
> Ich will bei euch da sein als welcher ich bei euch da sein will.
> So sollst du zu den Israeliten sagen.
> (Ex 3,9-14; Übersetzung von Erich Zenger)

Drei Dinge fallen vor allem auf an dieser kleinen, aber für das Volk Israel und seinen Gottesglauben doch so zentralen Geschichte.

Erstens erinnert sie an die Situation, in die hinein der Gottesname als Rettung und Unterpfand der Hoffnung offenbart wird. Gott hat den Hilfeschrei seines Volkes gehört und ist entschlossen, es aus der Knechtschaft des Pharaos zu befreien.

Zweitens gilt diese Zusage des «Ich bin da» für alle Zeiten. Mit der Beauftragung des Mose ergeht hier an alle, die im Namen Gottes auftreten, in Sonderheit dann auch an die Amtsträger in den christlichen Kirchen, der Auftrag, diese Botschaft der Hoffnung und der Befreiung gegenüber den Pharaonen und Machthabern in allen Systemen glaubhaft und mutig zu verkünden. Und deswegen hat etwa die für die lateinamerikanische Kirche so entscheidende Bischofsversammlung von Medellín (Kolumbien) 1968 sich gerade auf diesen Text berufen, um den Völkern Lateinamerikas neue Hoffnung zu schenken.

Drittens wahrt die kompliziert anmutende Formulierung des Gottesnamens die Souveränität und Freiheit Gottes. Es gibt keinen Automatismus der Befreiung aus der Not, so wünschenswert dies auch immer aus der Perspektive der Betroffenen erscheinen könnte. Gott selbst behält sich vor, wie, wann und gegenüber wem er sich als der rettende Gott zeigen wird. Dieser Grundzug des Gottesnamens wird auch noch an einer anderen Stelle des Buches Exodus sichtbar, wenn es heißt:

> Ich werde mich erbarmen als welcher und wem ich mich erbarmen werde, und ich will gnädig sein als welcher und wem ich gnädig sein werde. (Ex 33,19)

Gott kann nicht, auch nicht durch gute Werke, zum Ausgießen seiner Gnade gezwungen werden. Diese Erkenntnis ist bitter und hat nicht zuletzt nach der Shoa und insbesondere der Unausdenkbarkeit der Gräuel von Auschwitz auch viele Juden ihren Glauben an diesen Gott in Frage stellen oder sogar verlieren lassen. In diesem Gottesnamen herrscht also eine kaum auszuhaltende Spannung von Zuverlässigkeit und Unverfügbarkeit.

Zwei weitere Aspekte ermöglichen es, diese Spannung besser auszuhalten: Zum einen ist es die Ausschließlichkeit, mit der nur von diesem Gott und keinem anderen Heil zu erhoffen ist. Dies wurde schon in der Form klar, mit der der Anspruch des Dekalogs begründet wird. Neben diesem Gott kann es keine weiteren Götter geben. Diese Grundentscheidung wird Israel und allen, die in seiner Tradition stehen, abverlangt. Sodann ist die Zusage seines rettenden Nahe-Seins keinen räumlichen und zeitlichen und auch keinen institutionellen Grenzen unterworfen. Sie gilt damals und heute, in Israel und bei allen Völkern, vor dem Tod und nach dem Tod.

Diese Grundlinie gilt auch für die verschiedenen Akzentsetzungen der Marx'schen Religionskritik, die sich von Anfang an als ein Humanismus der Praxis inszeniert. Die Kritik der Religion richtet sich zwar gegen Religion als illusorische Verzeichnung der Wirklichkeit bzw. ihre phantasmagorische Reproduktion, wie Marx sagt, weit mehr jedoch gegen Religion als eine entfremdende und unterdrückerische Praxis, als Aufrechterhaltung ausbeuterischer Verhältnisse, die sie nicht nur ideologisch rechtfertigt, sondern praktisch auch am Leben erhält. Die Praxis der Religion als Teil einer verkehrten Welt macht daher eine praktische Überwindung dieser Form von Religion notwendig.

Es lassen sich hier zwei Fragen anschließen: 1) Hat Marx nur diese Ausformung von Religion in seiner Kritik gemeint und ihre Abschaffung gefordert? 2) Ist eine gegenteilige Form von Religion denkbar und entwickelbar, nämlich Religion als richtiges Bewusstsein richtiger, statt verkehrter gesellschaftlicher Verhältnisse?

Wer die im Folgenden belegte und durchgearbeitete Aufnahme einer großen Zahl biblischer Texte durch Marx genau liest, wird feststellen, dass Marx, obwohl er nirgendwo explizit einen positiven Gottesbegriff vorgelegt hat, dennoch dem Gottesverständnis auf der Basis des Exodus eine Verifikation durch die Praxis, getreu seinen Feuerbach-Thesen, zugesteht, wie er ja auch eine entscheidende Differenz sieht zwischen Praxis und Verkündigung des Evangeliums durch Jesus und seine messianische Bewegung einerseits und ihrer späteren Verkehrung, die mit der Hellenisierung der theologischen Reflexion beginnt, andererseits. Mit der Konstantinischen Wende wird diese staatstragend. Urs Eigenmann[57] hat sie deshalb in den Gegensatz «Imperialisierung des Christentums statt Christianisierung des Imperiums» gekleidet. Marx bedient sich nicht dieser Begrifflichkeit, da sie zu seiner Zeit noch nicht im theologischen Diskurs üblich war. Daher formuliert Marx seine Wahrnehmung des Gegensatzes zwischen «Kirche» und «Reich Gottes» zeitgemäß als radikale Religionskritik. Diese darf, hier noch etwas ungeschützt, als negative Theologie eingestuft werden, was spätestens dann plausibel wird, wenn wir die auf der Basis der Fetischismusanalyse ermöglichte Götzenkritik als Erneuerung der Gottesrede in der Theologie der Befreiung behandeln.

57 Vgl. Eigenmann, U.: Von der Christenheit zum Reich Gottes. Beiträge zur Unterscheidung von prophetisch-messianischem Christentum und imperial-kolonisierender Christenheit, Luzern 2014.

TEIL II: KARL MARX UND DIE LEKTÜRE DER BIBEL

4. Die Bibel als Subtext. Explizite und implizite Verwendung von Bibelzitaten

4.1 Introitus

Durch seinen häufigen Rückgriff auf biblische Texte, indem er diese durch Zitate und Anspielungen als Mittel der Charakterisierung, als Verstärkung autoritativer Argumentation und zur Illustration von philosophischen, politischen und ökonomischen Sachverhalten einsetzt, macht uns Marx darauf aufmerksam, welch ungeheurer Schatz an erleuchtenden Metaphern, aber auch an analytischem Scharfsinn und politischer Wegweisung in den biblischen Texten gespeichert ist. Diese Schätze gilt es zu heben.

4.2 Die Bibel als Mittel der Illustration

Marx hat in seiner Arbeit zu den «Klassenkämpfen in Frankreich 1848–1850»[1] mehrfach Bibelanspielungen auf Napoleon den III. vorgenommen. In seinem Bericht über die Wahl von Louis Bonaparte zum Staatspräsidenten (10. Dezember 1848), die er gegen den französischen General Louis-Eugène Cavaignac gewann, schreibt Marx:

> Saulus Cavaignac schlug eine Million Stimmen, aber David Napoleon schlug sechs Millionen. Sechsmal war Saulus Cavaignac geschlagen.[2]

Marx benutzt hier den Text aus 1 Sam 18,7, um eine so genannte «Typos-Antitypos-Korrespondenz» herzustellen.[3] König Saulus entspricht General Cavaignac, David Louis Bonaparte. Man könnte hier allerdings auch von einer Analogie zwischen den beiden Polen spre-

1 Vgl. MEW 7, S. 9–107.
2 MEW 7, S. 44.
3 Vgl. Lausberg, H.: Handbuch der literarischen Rhetorik, München 1960, S. 446.

chen. Man sollte den biblischen Text genau lesen, um das Zahlenspiel von Marx zu verstehen.

Marx wird nicht müde, gegen Napoleon III. biblische Beispiele zu bemühen. Marx karikiert die Pläne von Louis Bonaparte, die französische Krone aus den Händen des Papstes Pius IX. zu erhalten, wiederum durch Verwendung biblischer Worte:

> Nachdem er den Hohepriester Samuel in den Vatikan wieder eingeführt, konnte er hoffen, als König David die Tuilerien zu beziehen. Er hatte die Pfaffen gewonnen.[4]

Marx spielt offensichtlich auf die Stelle 1 Sam 16,13 an, wo Samuel David zum König salbt. Auch hier benutzt Marx, wie schon bei der vorherigen Anspielung die bereits erwähnte Typos-Antitypos-Korrespondenz: Samuel entspricht Papst Pius IX. und David entspricht Louis Bonaparte. Marx stellt überdies Louis Bonaparte auch noch als eine anmaßende Karikatur von Mose dar.[5]

4.3 Die Bibel als Verstärkung autoritativer Argumentation

Marx verwendet eine Aussage des Petrus aus der Apostelgeschichte (Apg 5,29) in einem Artikel der «Rheinischen Zeitung» vom 19. Mai 1842 («Debatten über die Pressfreiheit»), worin er schreibt:

> Der Schriftsteller betrachtet keineswegs seine Arbeiten als Mittel. Sie sind Selbstzwecke, sie sind so wenig Mittel für ihn selbst und für andere, dass er seine Existenz aufopfert, wenn's nottut, und in anderer Weise, wie der Prediger der Religion zum Prinzip macht: «Gott mehr gehorchen, denn dem Menschen», unter welchen Menschen er selbst mit seinen menschlichen Bedürfnissen und Wünschen eingeschlossen ist.[6]

Marx argumentiert mit diesem Bibelzitat zwar nicht ganz im Sinne der Verteidigungsrede des Apostels Petrus gegen den Hohenpriester, der ihm vorwirft ein strenges Gebot verletzt zu haben, überbietet diese Argumentation aber dadurch, dass er den tapferen Widerstand

4 MEW 8, S. 147.

5 MEW 8, S. 204; diese Hinweise verdanke ich Buchbinder, R.: Bibelzitate, Bibelanspielungen, Bibelparodien, theologische Vergleiche und Analogien bei Marx und Engels, Berlin 1976, S. 122–124.

6 MEW 1, S. 71.

gegenüber einer anerkannten Autorität mit dem Gehorsam gegenüber dem absoluten Gebot der Wahrheit begründet.[7] Der Autor ist verpflichtet, selbst dann die Wahrheit zu sagen, wenn es ihn sein Leben kostet. Wo gibt es heute noch dieses Ethos, wo das Verlangen, dass ein Autor sogar zur Erfüllung seiner Aufgabe zum Martyrium bereit sein muss? Das hat ein angeblicher Atheist geschrieben, aber was sagen nun die «Gläubigen» aller Schattierungen, über ihre Verpflichtung gegenüber dem Wahrheitsgebot, nachdem durch so genannte *Fake News* der Unterschied zwischen Wahrheit und Lüge nahezu unkenntlich gemacht wurde?

4.4 Bibelzitate und Anspielungen als Mittel der Charakterisierung von Einzelnen, Gruppen und Klassen

4.4.1 Die Charakterisierung von Einzelnen

Oft wird behauptet, dass Marx nur im Frühwerk auf biblische und theologische Zusammenhänge zurückgegriffen hat. Um diese Ansicht zu widerlegen, habe ich besonders auf Fundstellen aus dem «Kapital» geachtet. Dies gilt auch für die folgenden Bibelanspielungen.

In seiner Parallele von dem Arbeiter und Esau, in der bekannten Geschichte aus dem Buch Genesis (Gen 27), schreibt Marx:

> Es kostet Jahrhunderte, bis der «freie» Arbeiter in Folge entwickelter kapitalistischer Produktionsweise sich freiwillig dazu versteht, d. h. gesellschaftlich gezwungen ist, für den Preis seiner gewohnheitsmäßigen Lebensmittel seine ganze aktive Lebenszeit, ja seine Arbeitsfähigkeit selbst, seine Erstgeburt für ein Gericht Linsen zu verkaufen.[8]

Die Parallelisierung zwischen dem Arbeiter und Esau soll hier nicht intensiver kommentiert werden, vor allen Dingen nicht der Vergleich zwischen dem «Gericht Linsen» und der «Arbeitsfähigkeit als eine vorhandene Größe». Hier ist nicht der Platz, um eine gründliche Exegese der unterschiedlichen Auffassung zwischen einer früheren Verwendung dieser Parallele in den Grundrissen (S. 214) und der eben zitierten Verwendung vorzunehmen.

7 Buchbinder hat weitere Belege angeführt, in denen nachgewiesen wird, wie Marx eine autoritative Argumentation durch Bibelzitate verstärkt; vgl. Buchbinder: Bibelanspielungen, a.a.O. 144–156.

8 MEW 23, S. 287.

4.4.2 Die Charakterisierung von Gruppen

In seinem Abschnitt über «den kapitalistischen Charakter der Manufaktur» im 12. Kapitel von «Kapital», Band I, behandelt Marx ausführlich die Arbeitsbedingungen des Manufakturarbeiters. Marx greift auf eine Analogie zwischen dem Verhältnis Israels zu seinem Gott (vgl. Ex 19,5 und Ps 135,5) und der Knechtschaft des Manufakturarbeiters gegenüber dem Kapital zurück:

> Wie dem auserwählten Volk auf der Stirn geschrieben stand, dass es das Eigentum Jehovas, so drückt die Teilung der Arbeit dem Manufakturarbeiter einen Stempel auf, der ihn zum Eigentum des Kapitals brandmarkt.[9]

Man könnte auch diese Bibelverwendung als Beispiel für eine Analogie verwenden. Ich unterlasse dies, weil Marx hier mehr unternimmt, als eine Analogie zu konstruieren, denn er erweitert die Situation des Manufakturarbeiters zu einer heilsgeschichtlichen Perspektive. Im Sinne meiner These, dass Marx in die Befreiungsgeschichte des Exodus einzuordnen ist, sei darauf hingewiesen, dass hier Arbeiter als Sklaven des Kapitals identifiziert werden. Es würde zu weit führen zu erläutern, welches brutale geschichtliche Feld das Stichwort «brandmarken» eröffnet. Was wurde den Unterdrückten aller Zeiten nicht alles «eingebrannt»? Die Sensibilität von Marx kann an dieser Stelle nicht hoch genug gelobt werden.

4.4.3 Die Charakterisierung von Klassen

Ein Bibelhinweis zur Charakterisierung der Arbeiterklasse, die aus der Knechtschaft befreit wird, findet sich wiederum in der schon zitierten Arbeit über die «Klassenkämpfe in Frankreich 1848–1850». Marx beantwortet eine für die marxistische Revolutionstheorie wichtige Frage, wie ein Sieg der Revolution innerhalb eines einzigen Landes möglich sein kann. Noch komplizierter wird das Ganze, weil Marx das Verhältnis von Klassenkrieg und Weltkrieg diskutiert. Aber es geht hier nicht um diese Thematik, sondern um den Bibelbezug:

> Die Revolution, die hier nicht ihr Ende, sondern ihren organisatorischen Anfang findet, ist gleich den Juden, die Moses durch die Wüste führt. Es hat

9 MEW 23, S. 382.

> nicht nur eine neue Welt zu erobern, es muss untergehen, um den Menschen Platz zu machen, die einer neuen Welt gewachsen sind.[10]

Das Besondere dieser Bibelanspielung besteht darin, dass sie sich nicht auf eine einzelne Bibelstelle bezieht, sondern die gesamte Geschichte des Exodus in Erinnerung ruft. Hierbei ergeben sich zwei Bezugspunkte: Zunächst soll darauf hingewiesen werden, dass auch das Proletariat viel Zeit braucht, um die Revolution durchzuführen, so wie Israel 40 Jahre brauchte, um das Gelobte Land zu erreichen. Zweitens kann hier entgegen der Marx wegen seiner Äußerungen zur «Judenfrage» vorgehaltenen antijudaistischen Attitüde attestiert werden, dass die Juden auf ihrem Weg ins Gelobte Land das historische Vorbild der Proletarier sind, die eine neue und bessere Welt erreichen wollen.

10 MEW 7, S. 79.

5. Besondere Argumentationsformen

5.1 Die Analogie

An einigen allgemeinen Beispielen lässt sich verdeutlichen, wie und weshalb Marx seine eigenen Auffassungen mit Vergleichen und Analogien aus dem biblischen Diskurs zu versinnbildlichen und zu erläutern versucht.

Ein besonders gutes Beispiel finden wir im 24. Kapitel des ersten Bandes von «Das Kapital», «die so genannte ursprüngliche Akkumulation»:

> Diese ursprüngliche Akkumulation spielt in der politischen Ökonomie ungefähr dieselbe Rolle wie der Sündenfall in der Theologie. Adam biss in den Apfel, und damit kam über das Menschengeschlecht die Sünde. Ihr Ursprung wird erklärt, indem er als Anekdote der Vergangenheit erzählt wird. In einer längst verflossenen Zeit gab es auf der einen Seite eine fleißige, intelligente und vor allem sparsame Elite und auf der anderen faulenzende, ihr alles und mehr verjubelnde Lumpen. Die Legende vom theologischen Sündenfall erzählt uns allerdings, wie der Mensch dazu verdammt worden sei, sein Brot im Schweiß seines Angesichts zu essen; die Historie vom ökonomischen Sündenfall aber enthüllt uns, wieso es Leute gibt, die das keineswegs nötig haben. Einerlei. So kam es, dass die ersten Reichtum akkumulierten und die letzteren schließlich nichts zu verkaufen hatten als ihre eigene Haut. Und von diesem Sündenfall datiert die Armut der großen Masse, die immer noch, aller Arbeit zum Trotz, nichts zu verkaufen hat als sich selbst, und der Reichtum der wenigen, der fortwährend wächst, obgleich sie längst aufgehört haben zu arbeiten.[11]

Der erste Satz des zitierten Textes formuliert eine Analogie, die sich als Verhältnisgleichung darstellen lässt, die vier verschiedene Elemente A, B, C, D umfasst: A : B [erstes Analogat] = C : D [zweites Analogat]; A = ursprüngliche Akkumulation, B = politische Ökonomie, C = Sündenfall, D = Theologie.

11 MEW 23, S. 741 f. Buchbinder hat diese Stelle ausführlich kommentiert; vgl. ders.: Bibelzitate, a.a.O. 136–139 u. 348; vgl. hierzu auch die Kommentierung dieser Analogie bei Franz Segbers: Mit der Bibel und Karl Marx auf der Suche nach Gerechtigkeit, in: Jahrbuch der religiösen Sozialistinnen und Sozialisten, Bd. 1/2022, S. 7–10.

Seine Verwendung dieser Analogie wird auch im weiteren Text entfaltet. Direkt nach der Analogie geht Marx auf die Sündenfallgeschichte Gen 3,1–24 ein, wobei er die traditionelle Deutung der Erbsünde ohne weiteres übernimmt. Nach Darstellung und Deutung des biblischen Sündenfalls wechselt Marx unvermittelt in eine Darstellung des ökonomischen Sündenfalls, wie er seiner Theorie der ursprünglichen Akkumulation zugrunde liegt. Gemeinsam ist dem biblischen und dem ökonomischen Sündenfall, dass sie sich zwar in der Vergangenheit ereignet haben sollen, aber eine bleibende Wirkung auf die gegenwärtigen Verhältnisse ausüben. Ein Unterschied besteht aber darin, dass beim biblischen Sündenfall ein Individuum verantwortlich gemacht wird, beim ökonomischen Sündenfall dagegen zwei äußerst gegensätzliche Gruppen auftreten. Ein weiterer, wesentlicher Unterschied besteht in den Folgen des biblischen und des ökonomischen Sündenfalls. Während nach der Erzählung («Legende») der Bibel die Menschen zu Arbeit verdammt werden, geht die ökonomische «Historie» davon aus, dass nicht alle Menschen von dieser Verdammnis betroffen sind. Hiermit wird die Analogie in ein asymmetrisches Verhältnis übergeführt. Der ökonomische Sündenfall führt zur «Armut der großen Masse» und «dem Reichtum der Wenigen». So entsteht eine neue Verhältnisgleichung zwischen «Armut» und «Reichtum» sowie der «großen Masse» und den «Wenigen». Die Folgen des ökonomischen Sündenfalls formuliert Marx in zwei spiegelbildlich angeordneten Sätzen: Die Privilegierten («sparsame Elite») akkumulieren ihren Reichtum, die meisten aber haben nur sich selbst zu verkaufen, während der Reichtum der Reichen ohne eigene Arbeit weiterwächst.

Klar erkennbar ist, dass Marx die Analogie des Sündenfalls nutzt, um das Verhängnis der ursprünglichen Akkumulation durchschaubarer und verständlicher zu machen. Ob Marx die traditionelle Theologie der Erbsünde für richtig gehalten hat, muss hier nicht diskutiert werden, da es darauf nicht ankommt. Jedenfalls kannte er sie und nahm sie als illustrierende Erklärungshilfe durchaus ernst. Daher muss ich an dieser Stelle dem von mir sehr geschätzten, einzigartigen katholischen Sozialisten Wilhelm Hohoff widersprechen, wenn er schreibt:

> Marx war nahezu auf allen Gebieten des menschlichen Wissens zu Hause; allein das weite und reiche Gebiet der katholischen Philosophie und Theologie blieb ihm sein Leben lang eine völlige terra incognita.[12]

Diese Aussage wird des Weiteren widerlegt durch den mehrfachen Rückgriff von Marx auf die Trinitätstheologie und die Christologie. Die Trinitätstheologie dient Marx als Modell, um den Zusammenhang von Wert und Mehrwert in der Kapitalbildung zu verdeutlichen (vgl. Kapitel 9.2.4). Die Christologie und ihr Kernstück, die Lehre von der Inkarnation, wird von Marx genutzt, um verschiedene Funktionen des Geldes zu charakterisieren (vgl. unten 5.3). Dabei kommt es, verteilt über das ganze Werk, zu einer fast inflationären Verwendung des Begriffes «Inkarnation», wobei aber nicht immer klar ist, ob seine christologische Referenz beibehalten wird. Kommentatoren und politische Anhänger von Marx mühen sich dabei oft erkennbar damit ab, «Inkarnation» durch eine entsprechende deutsche Vokabel wie «Verkörperung», «Einfleischung» und manchmal – etwas theologischer – auch «Menschwerdung» zu ersetzen.[13]

5.2 Die Inversion

Marx verwendet oft die im rabbinischen Judentum, aber auch bei Jesus von Nazareth beliebte Methode der Inversion als Doppelspiegelung. Was damit gemeint ist, soll an der Verwendung der Stelle des Philipperbriefes von Paulus (Phil 2,6–7) verdeutlicht werden. In den «Grundrissen» greift Marx in seiner Kritik des Geldes als göttlicher Macht auf die genannte Stelle des Paulusbriefes zurück. Orthodoxe Marxisten haben dies nicht bemerkt, weil sie sich nicht genügend in der Bibel auskennen, die Gegner von Marx würden ihm so eine profunde Kenntnis der Bibel erst gar nicht unterstellen.

Marx schreibt in den «Grundrissen»:

> Aus seiner Knechtsgestalt, in der es [das Geld, K. F.] als bloßes Zirkulationsmittel erscheint, wird es plötzlich der Herrscher und Gott der Welt der Waren. Es stellt die himmlische Existenz der Ware dar, während sie seine irdische darstellen.[14]

12 Hohoff, W.: Die Bedeutung der Marxschen Kapitalkritik, Paderborn 1908, S. 20.
13 Diesen Hinweis verdanke ich Buchbinder: Bibelzitate, a.a.O. 329.
14 Marx, K: Grundrisse der Kritik der politischen Ökonomie (Rohentwurf 1857–1858), S. 133.

Marx nutzt offensichtlich die Aussage von Paulus, die wir hier aber um die nächsten Verse ergänzen:

> V. 5 Seid so unter euch gesinnt, wie es der Gemeinschaft im Messias Jesus entspricht.
> V. 6 Er, der in göttlicher Gestalt war, hielt es nicht für einen Raub, Gott gleich zu sein,
> V. 7 sondern entäußerte sich selbst, nahm Knechtsgestalt an und ward den Menschen gleich und seiner Erscheinung nach als Mensch erkannt.
> V. 8 Er erniedrigte sich selbst und war gehorsam bis zum Tode, ja zum Tod am Kreuz.
> V. 9 Darum hat ihn auch Gott erhöht und hat ihm einen Namen gegeben, der über allen Namen ist.[15]

Wir haben hier ein gutes Beispiel dafür, wie gekonnt Marx für sich das so genannte Neue Testament nutzt. Er begreift das Geld als «Inversion Christi» und setzt damit die bereits in der Apokalypse des Johannes erkennbare Identifikation des Geldes mit dem Antichrist fort. Während Christus eine gottähnliche Gestalt hatte, sich dieser aber entäußerte, um die Gestalt eines Sklaven (Knechtsgestalt) anzunehmen und damit nicht nur den Menschen allgemein, wie es hier heißt, sondern der untersten Klasse von ihnen ähnlich zu werden, durchläuft das Geld genau den umgekehrten Prozess. Es tritt zunächst als reines Tauschmittel in der unterwürfigen Gestalt des Dieners auf, um sich dann zum Herrscher über die Welt aufzuschwingen. «Geld regiert die Welt», das ist ein bis heute gültiger Spruch.

Christus erniedrigt sich, das Geld erhöht sich: Das ist die komplette Verkehrung, die erste Inversion.

Die zweite Inversion bestünde darin, diese erste wieder umzukehren. Das aber führt Marx nicht näher aus, obwohl er uns vielleicht nahelegt, es selbst zu tun, d. h. die Selbsterhöhung des Geldes zu vernichten und es vom «Herrn der Welt» wieder in ein reines Tauschmittel zu verwandeln, so dass der Messias die ihm zukommende Stelle einnehmen kann.

Ich stelle die erste Inversion noch einmal in einem kleinen Schema dar:

15 Geringfügig veränderte Übersetzung der Lutherbibel, K. F.

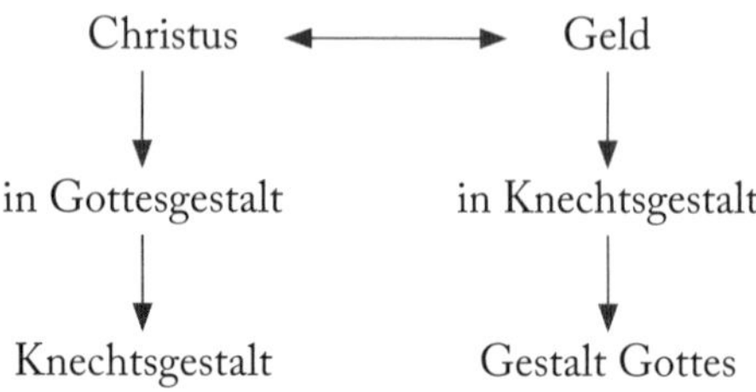

Die von Marx genial genutzte Stelle des Philipperbriefes enthält aber einige Probleme, was ihre Begrifflichkeit anbetrifft. Das griechische Wort *morphe* wird im Lateinischen mit *forma* und im Deutschen mit «Gestalt» übersetzt. Was bedeutet dies nicht nur theoretisch, sondern auch empirisch? Erforderlich wäre eine genauere philologische Arbeit, die ich hier nicht leisten kann. Unabhängig davon aber gilt: Die Gestalt ist nicht das Wesen, das Sein ist nicht das, als was es erscheint. Zugespitzt: Der Messias ist kein Sklave, das Geld ist kein Gott. Aber in den gesellschaftlichen Verhältnissen sieht es manchmal ganz anders aus.

Ein weiterer Beleg für die durchgängige Verwendung der Inversion als rabbinischer Diskursstrategie (da sind Jesus und Marx gelehrige Schüler der Rabbinen) lässt sich bei der Erzählung von der so genannten Tempelreinigung (Joh 2,13–22) durch Jesus erbringen. Jesus sagt: Ihr habt aus dem Haus meines Vaters eine «Markthalle» gemacht, bei Markus wird der aggressivere Ausdruck «Räuberhöhle» benutzt (Mk 11,17), und Martin Luther wirkt schon ganz moderat, wenn er schreibt: «ein Kaufhaus», ein Ausdruck, durch den der Warentausch implizit als Wirtschaftsbasis bejaht wird.

Jesus wirft kurzerhand die Verkäufer mit ihren Tieren und die Geldwechsler mit ihrem Geld aus dem Tempel, beseitigt also die konstitutiven Elemente des Marktes. Er wird von den Anwesenden nach der Legitimation seines Handelns gefragt und gibt eine provozierende Antwort: «Reißt diesen Tempel nieder und in drei Tagen werde ich ihn wieder aufrichten» (Joh 2,19). Es vollzieht sich folgende Inversion: Jesus will nicht den Tempel beseitigen, sondern genau die Verkehrung des Tempels in eine Markthalle rückgängig machen, indem er die Markthalle wieder durch ein Gotteshaus ersetzt und damit den Tempel seiner wahren Bestimmung zuführt. Dazu muss der Tempel nicht niedergerissen, aber er muss von Grund auf gereinigt werden. Dies ist die erste Ebene. Die Antwort Jesu spielt aber gar nicht auf das Problem der Zerstörung des Tempels an, das auf der Ebene der Erzähler, der Evangelisten, als historisches Faktum bekannt war, auf der Ebene der Erzählung aber nicht vorausgesetzt werden konnte. Er ersetzt den realen Tempel metaphorisch durch seinen Leib, der nach dem «Abriss» der Hinrichtung durch die Auferstehung wieder in drei Tagen «aufgerichtet» wird. Dies ist die zweite Ebene. Wir können also wiederum von einer doppelten Inversion sprechen.

Marx interessiert sich jedoch nicht für diese Inversionen. Er benutzt die biblische Geschichte von der Tempelreinigung für eine Anspielung, wenn er in einem Brief an Engels vom Januar 1857 über Pierre-Joseph Proudhon bemerkt:

> Proudhon gibt jetzt zu Paris eine «ökonomische Bibel» heraus. Destruam et aedificabo. Den ersten Teil hat er, wie er sagt, ausgeführt in der «Philosophie de la misère».[16]

Marx bezieht sich offensichtlich auf die Erwähnung der Geschichte der Tempelreinigung in der Stelle der Vulgata-Übersetzung des Matthäusevangeliums (26,60–61), wo es heißt: *Novissime autem venerunt duo falsi testes et dixerunt: Hic dixit: Possum destruere templum Dei et post triduum reaedificare illud.* Es liegt damit nicht nur eine der wenigen ausdrücklichen Benutzungen der Vulgata durch Marx vor, sondern er benutzt die Stelle auch zu einer Kritik an Proudhons Vorgehensweise. Er greift mit seiner Titulierung des neuen Werkes von Proudhon[17] als «ökonomische Bibel» auch auf seine spöttische Charakterisierung von Proudhons «Philosophie de la misère» aus dem Jahre 1847 zurück:

> Das Werk des Herrn Proudhon ist nicht ganz einfach eine Abhandlung über politische Ökonomie, ein gewöhnliches Buch, es ist eine Bibel: «Mysterien», «Geheimnisse, dem Busen Gottes entrissen», «Offenbarungen», nichts davon fehlt.[18]

Marx setzt hier keineswegs die Bibel herab, sondern nutzt den Vergleich bloß zur Formulierung einer polemischen Zurückweisung der Ansprüche von Proudhon, von dem er sich absetzen möchte, da er

16 MEW 29, S. 93.
17 Gemeint ist das Werk: Proudhon, P. J.: Manuel du spéculateur à la bourse, Paris 1857.
18 MEW 4, S. 66.

in ihm einen ernsthaften Konkurrenten um die Deutungshoheit bei der Definition einer kommunistischen Veränderung der Gesellschaft erblickte.

5.3 Die metaphorische Transformation

Bei der Entfaltung seiner Geldtheorie im 2. Kapitel von «Zur Kritik der politischen Ökonomie»[19] nimmt Marx Kategorien der Christologie zu Hilfe, um das Geld als Gott der Warenwelt darzustellen, wobei ihm das Gold auf seinen Thron verhilft, auf dem es von den Menschen angebetet wird, womit das Geld vom Gott der Warenwelt zum Gott der Menschen aufsteigt. Die Argumentationsform lässt sich als metaphorische Transformation begreifen. Sehen wir uns den ganzen Kontext der Darlegung an:

> Wenn also die Waren in ihren Preisen das allgemeine Äquivalent oder den abstrakten Reichtum, Gold, repräsentieren, repräsentiert das Gold in seinem Gebrauchswert die Gebrauchswerte aller Waren. Gold ist *daher der materielle Repräsentant des stofflichen Reichtums* ... Es ist zugleich der Form nach die unmittelbare Inkarnation der allgemeinen Arbeit und dem Inhalt nach der Inbegriff aller realen Arbeiten. Es ist der allgemeine Reichtum als Individuum. In seiner Gestalt als Mittler der Zirkulation erlitt es allerlei Unbill, wurde beschnitten und sogar zum bloß symbolischen Papierlappen verflacht. Als Geld wird ihm seine goldene Herrlichkeit zurückgegeben. Aus dem Knecht wird es der Herr. Aus dem bloßen Handlanger wird es zum Gott der Waren.[20]

Eine linguistische Schwierigkeit dieses Textes und damit auch seiner Interpretation liegt in der lexematischen Konvergenz zwischen den Wörtern «Geld» und «Gott», die beide, aber auch ungetrennt und in einem (Konvergenz), grammatisch durch das neutrale Pronomen «es» vertreten werden. So entsteht die Situation, dass nicht nur das Attribut «Gott der Waren» für beide gilt, sondern auch die vorher gebrauchten drei biblischen bzw. theologischen Größen (Inkarnation, Mittler, Herr), die als isolierte an sich nicht typisch biblisch wirken würden, dies aber in diesem Kontext tun, durch den sie als auf beide zutreffend aufgeführt werden.[21]

19 Marx, K.: Zur Kritik der politischen Ökonomie, in: MEW 13, S. 3–160; ebd. 103.

20 Ebd. 103.

21 Wertvolle Anregungen habe ich für die Analyse dieser Marxpassage durch die Lektüre der Ausführungen von Buchbinder: Bibelzitate, a.a.O. 329–333, erhalten.

Die erste und auffällige Kennzeichnung des Goldes benutzt den theologischen Begriff «Inkarnation», der aber metaphorisch eingesetzt wird. Das Gold ist die Inkarnation der allgemeinen und realen Arbeit, eine Bestimmung, die dann auch für das Geld gilt. Die Wirkungsweise dieser Metapher ähnelt einem Weberschiffchen, das zwischen zwei Enden hin und her saust. Das wird vor allem deutlich, wenn man als Text auch die «Grundrisse» von Marx berücksichtigt[22]: Das Geld «inkarniert» sich in Gold und Silber, die Edelmetalle sind ihrerseits wiederum «Inkarnationen des Geldverhältnisses»; das Geld ist eine «spezifische Inkarnation der Arbeitszeit», wohingegen die Waren auch «Inkarnationen des Geldes» sind.

Auch die zweite Charakterisierung des Geldes als «Mittler der Zirkulation» wirkt für sich eher wie eine rein technische Angabe, gewinnt aber ihr hohes theologisches Gewicht, wenn wir auch bei ihr den Kontext erheblich erweitern und die häufige Thematisierung der Mittlerfunktion des Geldes in den entsprechenden Abhandlungen von Marx, wie etwa in den «Grundrissen» [23], mit in Rechnung stellen. Dass hier nicht etwa eine nur vermutete Parallele zwischen der Mittlerrolle Christi zwischen Gott und Mensch im Heilsgeschehen und dem Geld als Mittler des Warenaustauschs (vgl. die bekannte Formel: Ware – Geld – Ware) vorliegt, wird überzeugend widerlegt durch einen Text, in dem Marx die Ausführungen von James Mill über die Vermittlerrolle des Geldes zustimmend zusammenfasst und dann ausdrücklich und ausführlich die Geld-Christus-Parallele zieht:

> Christus *repräsentiert* ursprünglich 1. Die Menschen vor Gott; 2. Gott für die Menschen; 3. Die Menschen dem Menschen.
>
> So repräsentiert das *Geld* ursprünglich seinem Begriff nach: 1. Das Privateigentum für das Privateigentum; 2. Die Gesellschaft für das Privateigentum; 3. Das Privateigentum für die Gesellschaft.
>
> Aber Christus ist der *entäußerte Gott* und der entäußerte *Mensch.* Gott hat nur mehr Wert, sofern er Christus, der Mensch nur mehr Wert, sofern er Christus repräsentiert.
>
> Ebenso mit dem Geld.[24]

22 Die Aussagen finden sich verstreut über das ganze Werk, in: Marx, «Grundrisse», a.a.O. 145; 90; 895; 941.

23 Vgl. «Grundrisse», a.a.O. 108, 112.

24 Marx, K.: Auszüge aus James Mills Buch …, in: MEW Erg 1, S. 446. Kadenbach zitiert diese Stelle (vgl. a.a.O. 6 und 251, FN 37) ohne weiteren Kommentar als Beleg für die Vorgehensweise von Marx, sein Religionsverständnis als Muster seiner Weltdeutung zu verwenden.

Knüpfen wir bei der Schlussbemerkung von Marx an. Die zweimalige Zuschreibung des Adjektivs «entäußerte» verweist wieder einmal auf die Kenosis-Theologie, die Marx nicht nur kannte, sondern für die er eine erkennbare Vorliebe hatte, denn sie ist uns eben erst bei der Behandlung der Stelle des Philipperbriefes begegnet und taucht verknappt auch an einigen anderen Stellen seines Werkes auf, wenn es um die «Knechtsgestalt» geht. Durch die Verdoppelung der Entäußerung wird das Wesen Gottes und das Wesen des Menschen in einem neuen Wesen zu einer neuen Einheit verbunden, die man in der klassischen Christologie als hypostatische Union bezeichnet.[25] Die «Repräsentation des Wertes» wirft eine eigene Problematik auf, deren adäquate Behandlung eine gründliche Befassung mit der Werttheorie von Marx erforderlich machen würde, was hier als bloßes Desiderat vermerkt sei.

Marx inszeniert in der vorangehenden Christus-Geld-Parallele keine formale Spielerei, obwohl man diesen Eindruck gewinnen könnte, wenn man z. B. diese Passage durch Einführung von Variablen und einer Verhältnisgleichung formalisiert.[26] Wichtiger ist die Erkenntnis der Parallelisierung der jeweils dreifachen Repräsentationsfunktion. Durch ein «aber» macht Marx darauf aufmerksam, dass Christus als Mittler eine besondere Qualität besitzt: Der Mittler selbst vereinigt als Gott-Mensch (Inkarnation!) bereits in sich die beiden Extreme, zwischen denen er vermitteln soll, nämlich Gott und Mensch. Mit einer lapidaren Bemerkung behauptet er, dass so etwas auch für das Geld gilt, ohne dies näher auszuführen. Bleiben wir bei einer strengen Parallele, dann müsste das Geld demnach in sich das «entäußerte Privateigentum» und die «entäußerte Gesellschaft» vereinigen. Hat das noch einen Sinn? Ersparen wir uns die Suche.

Es bleibt noch, auf die dritte Charakterisierung des Geldes einzugehen. Während *es* als «Mittler der Zirkulation» noch einige «Erniedrigungen» erlitt, gelangt es durch das Gold wieder zu seiner «goldenen Herrlichkeit»: «Aus dem Knecht wird es der Herr».

Die Nähe zur bereits behandelten Stelle des Philipperbriefes springt ins Auge, von der die eine Hälfte der «Inversion» – aus dem

25 Pflichtgemäß sei nur verwiesen auf die Festschreibung dieses theologischen Fachbegriffs auf dem Konzil von Chalcedon (451 n. Chr.); zur Einführung vgl. Rahner K./Vorgrimler, H.: Hypostatische Union, in: Kleines Theologisches Wörterbuch, 10. Aufl., Freiburg 1976, S. 198–199. Marx hat eine so verblüffende Kenntnis der klassischen Christologie, dass man scherzhaft fragen könnte, ob er in Bonn neben den Vorlesungen zur Jurisprudenz auch die theologische Fakultät aufgesucht hat.

26 Buchbinder hat sich diese Mühe gemacht, vgl. ders.: Bibelzitate, a.a.O. 387–388.

Knecht oder Sklaven wird ein Herr – im gleichen Sinne unverändert übernommen werden kann, wohingegen der davor erwähnte Abstieg des Goldes in die Niedrigkeit des Papiergeldes keine freiwillige «Selbstentäußerung» ist. Eine besondere Beachtung verdient aber die Erwähnung der Beschneidung, womit ein eigener biblischer Kontext einbezogen wird. Es wird jedoch eine negative Konnotierung vorgenommen, insofern das Geld/Gold «in seiner Würde» beschnitten wird. Dagegen hat die Beschneidung nach dem mosaischen Gesetz einen absolut positiven Charakter als *das* Identifikationsritual des Judentums. Eine rein technische Deutung, wie wenn wir von jemandem sagen, «seine Macht wurde beschnitten», also eingeengt, hilft hier nicht weiter, da sie die ganze Konstruktion an dieser Stelle sprengen würde. Wozu? Näher liegt es, die Parallele zu Christus weiterhin beizubehalten, d. h. von der Beschneidung Jesu, die bei Lk 2,21 berichtet wird, auszugehen, die dann aber so gedeutet werden könnte, dass der «Sohn Gottes» die Unterordnung unter das Gesetz auf sich nimmt, sich dem Ritual unterwirft, obwohl er es nicht nötig hätte. Aber auch hier fehlt auf Seiten des Geldes das Moment der Freiwilligkeit. Die Grundstruktur bleibt aber erhalten.

Indem Marx drei Kennzeichnungen für Jesus Christus (Inkarnation, Mittlerschaft, Herrlichkeit) konstruktiv in seine ökonomische Geldanalyse einbaut, überhöht er diese sogar, statt sie sie nur metaphorisch einzukleiden, denn es geht ihm ja erkennbar darum, das Geld/Gold als den «Gott der Warenwelt und der Menschen» zu enträtseln, aber auch zu entthronen.

Noch ein kurzes methodologisches Fazit: Die hier nachgezeichnete Argumentation bildet ein spezielles Modell der «metaphorischen Transformation». Bei der Parallelisierung des ökonomischen und des theologischen Gedankengangs ist noch eine Querverbindung erforderlich, denn bekanntlich schneiden sich Parallelen erst im Unendlichen. Diese Querverbindung wird geleistet durch den als Metapher fungierenden Begriff der «Inkarnation», verstärkt und erweitert durch die Rolle des «Mittlers», des berufenen Pendants zur Denkfigur der dialektischen Vermittlung.

6. Biblische Parodie als Entlarvung gegnerischer Positionen. Die Auseinandersetzung von Marx und Engels mit Max Stirner

6.1 Die Bibelparodie. Eigenart und Auftreten im Werk von Marx und Engels

6.1.1 Die Parodie – eine allgemeine Charakterisierung

Zum Begriff Parodie (die wörtliche Übersetzung von *paroidia* aus dem Griechischen heißt «Nebengesang» oder «Gegengesang») bietet das Duden-Fremdwörterbuch die folgende (hier gekürzte) Definition an: «1) komisch-satirische Umbildung oder Nachahmung eines meist künstlerischen, oft literarischen Werkes oder des Stils eines Künstlers ... 2) [komisch-spöttische] Unterlegung eines anderen Textes unter eine Komposition.»[27] Zur Anwendung des Begriffs in einer literarischen Textanalyse bedarf es allerdings weitergehender Bestimmungen, die operationabel sind.

In der Literaturwissenschaft und Linguistik herrscht weitgehende Einigkeit darüber, dass es sich bei der Parodie generell (also als Gattung bzw. Oberbegriff, *genus proximum*) um eine Nachahmung bzw. Imitation handelt, die aber gemäß bestimmter Unterscheidungsmerkmale, bei deren Festlegung die Auffassungen öfter auseinandergehen, in verschiedene Ausformungen (also Arten bzw. Unterbegriffe, *differentia specifica*) unterteilt werden kann.[28]

Reinhard Buchbinder gibt in seinem Überblick zur Literatur der Theorie der Parodie als Resümee drei Merkmale an, durch die Parodien als Teilmenge des Feldes der Imitationen unterschieden werden können: a) Komik, b) Kritik und c) Kontrast.[29] Daran schließen sich weitere Klassifizierungsversuche an, die bei Autoren wie Alfred Liede

27 Duden. Das große Fremdwörterbuch, 3. Aufl., Mannheim, Leipzig, Wien, Zürich 2003, S. 999.

28 Vgl. z. B. das Stichwort Parodie in Weimar K. u. a. (Hg.): Reallexikon der deutschen Literaturwissenschaft, Berlin, New York 2007, Bd. 3, S. 23 ff.; zur Unterscheidung von *genus proximum* und *differentia specifica* vgl. die Definitionslehre der elementaren Logik bei Czech, A.: Grundkurs der Logik, Bonn 1970, S. 34–36.

29 Vgl. Buchbinder: Bibelzitate, a.a.O. 200–203.

und Manfred Kaempfert zu vier Arten von Parodie führen: a) die artistische Parodie als spielerische Nachahmung, b) die kritische Parodie, die das Original angreift, c) die polemische und satirische Parodie, bei der der Angriff auf bestimmte Personen zum Hauptzweck wird, und d) die agitatorische Parodie, die das Original so umformt, dass es für die Propaganda nützlich wird.[30]

Eine weitere, sehr formalistische, oft von Linguisten bevorzugte Typologie bedient sich der Sprache der Mengenlehre, da sie die Relation zwischen der Parodie, dem Medium und dem Objekt der Parodie als Relation von Textmengen begreift und das Vorkommen von Schnittmengen als Hilfe zur Differenzierung nutzt.[31] Auf diesem Weg lässt sich eine Liste von sechs Typen erstellen. Als Beispiel sei der Typ P III b angegeben: Diese Parodie (P = Parodie) ist eine dreistellige Textrelation R (P, PM, PO) zwischen P = Parodie, PM = Parodiemedium und PO = Parodieobjekt (daher die III), bei der es drei (deswegen b) Schnittmengen gibt (es könnten auch zwei sein, dann läge Typ P III a vor oder vier, dann wäre es der Typ P III c; die drei Schnittmengen werden gebildet zwischen P (z. B dem Text von Marx) und PM (hier vor allem die Bibel), P und PO (z. B. das Werk von Marx und dasjenige von Max Stirner) sowie PM und PO (also Bibel und Stirner).[32] Auch wer die Mengenlehre in der Schule nur mit Skepsis aufnahm, wird bei etwas Übung die Vorteile dieser Typenermittlung kennen lernen können.

6.1.2 Das Spektrum der Bibelparodien

Zur Bearbeitung der Bibelparodien schlägt Buchbinder nach Durchsicht der die Besonderheiten der Bibelparodie behandelnden Literatur als praktikable Charakterisierungsgrundlage vor[33], drei Fragen zu stellen: a) Welche Vorlage wird zur Parodie genutzt? b) Welche Verfahren werden angewendet? c) Welche Tendenz herrscht vor?

Die Frage nach der Vorlage scheint bei der Bibelparodie schon durch den Begriff bereits geklärt, natürlich ist die Bibel die Vorlage.

30 Vgl. die Diskussion bei Buchbinder: Bibelzitate, a.a.O. 211 f.

31 Vgl. den exakten, durch Mengendiagramme veranschaulichten Überblick bei Buchbinder: Bibelzitate, a.a.O. 214–223.

32 Vgl. Buchbinder: Bibelzitate, a.a.O. 221. Ich habe diesen Typ ausgewählt, da er für die später folgenden Beispiele zutrifft.

33 Vgl. Buchbinder: Bibelzitate, a.a.O. 224, 233–235.

Aber ganz so trivial ist die Antwort nicht, denn es macht einen Unterschied, welche Textgattung der Bibel den Bezug für die Parodie darstellt, ob beispielsweise die Propheten, die Psalmen, ein Evangelium, die Apokalypse des Johannes oder ein Paulus-Brief genommen werden.

Bei den Verfahren lassen sich grob eine Nachahmung vorlinguistischer Elemente und Züge (etwa die Anwendung der Kursivschreibung), eine Nachahmung linguistischer Elemente, der wichtigste und vielfältig erweiterbare Teil des Verfahrens (etwa Ersetzung oder Hinzufügung von Wörtern, mit oder ohne Beibehaltung der Beziehung zu den übrigen Wörtern, also kongruente oder inkongruente Imitationen, wobei aber die unveränderten Wörter eine neue Funktion bekommen, wenn in einen tragischen Kontext komische Elemente eingebracht werden usw.) und schließlich die Nachahmung so genannter «supralinguistischer» Eigenheiten (wie Argumentationsweisen oder die Vorliebe für eine theatralische Inszenierung usw.).

Bei der Sortierung nach Tendenzen, was vielleicht das wichtigste Kriterium ist, lassen sich die bereits eingeführten Unterscheidungen zwischen einer artistischen, kritischen, polemischen und agitatorischen Parodie nutzbringend für die Analyse der Bibelparodien übernehmen. Bei rein artistischen Bibelparodien findet nur eine formale Nachahmung statt, etwa die Form eines Psalms oder einer Beschwörungsformel. Bei der kritischen Bibelparodie dient die Bibel als Medium nur dem Zweck, das Parodieobjekt, wie hier das Buch Stirners, anzugreifen oder gar zu destruieren. Dabei kommt es oft vor, dass die Bibel selbst nicht nur Medium bleibt, sondern zum eigentlichen Parodieobjekt wird. Ein bei Marx seltenes Beispiel hierfür liefert sein früher Entwurf zu dem jedoch missglückten, humoristischen Roman «Scorpion und Felix» (1836/37), worin er den Johannesprolog malträtiert.[34] Dies bleibt aber eine Ausnahme. Dagegen ist bei der polemischen und auch bei der agitatorischen Parodie die Bibel nur das Medium der Attacke oder der Wirkungsabsicht, sie wird also selbst nicht zum Objekt.

Nicht erfasst wird durch den vorgelegten Kriterienkatalog, dass die Bibel zumindest zur damaligen Zeit anderen literarischen Werken durch Bekanntheit, Bedeutung und Wirkung so stark überlegen war, dass sie schon deswegen beim Verfassen einer Parodie den Vor-

34 Vgl. den Kommentar von Buchbinder: Bibelzitate, a.a.O. 244–247.

zug bekam, was eben auch radikale Religionskritiker wie Marx und Engels zu nutzen wussten.

6.1.3 Bibelparodien im Werk von Marx und Engels – die Textlage

Mit den «Pariser Manuskripten» bzw. den «Ökonomisch-philosophischen Manuskripten» von Marx aus dem Jahre 1844 und dem Gemeinschaftswerk mit Engels, «Die deutsche Ideologie» aus den Jahren 1845/46, liegen zwei epochemachende Werke von Marx und Engels vor, die zu mancherlei Deutungen, Fehldeutungen und Kontroversen Anlass gegeben haben, was hier aber keinen Ausschlag gibt, da es um die Verfolgung eines speziellen Erkenntnisziels geht, nämlich die Untersuchung der Anwendung biblischer Parodien bei der Auseinandersetzung mit gegnerischen Positionen.

Zwischen diese beiden grundlegenden Werke reiht sich die Schrift «Heilige Familie»[35] von 1844/45 ein, worin Marx und Engels zusammen die bereits in den «Pariser Manuskripten» begonnene Kritik der Philosophie, insbesondere von Hegel und den Hegelianern, fortsetzen. Marx und Engels haben in den beiden Schriften «Die heilige Familie oder Kritik der kritischen Kritik. Gegen Bruno Bauer und Konsorten» und «Die deutsche Ideologie» durchgehend und intensiv von der biblischen Parodie Gebrauch gemacht, wobei die Form der polemischen Parodie eindeutig überwiegt.

Die Parodie auf Stirner finden wir in der «Deutschen Ideologie» als deren umfangreichsten Teil: «III. Sankt Max»[36]. Es geht dabei hauptsächlich um dessen Werk «Der Einzige und sein Eigentum». Mit einbezogen wird aber auch sein Aufsatz «Recensenten Stirners»[37]. Die Titelformulierung «Sankt Max» ist nicht nur auf die Spottlust von Marx und Engels zurückzuführen, sondern hat einen vielfach belegbaren Referenzpunkt in «einem geradezu inflationären Umgang mit den Wörtern ‹heilig›, ‹das Heilige›, ‹Heiligkeit›», wobei Stirner gegenüber diesen Stichworten mehrheitlich aggressiv und negativ eingestellt ist, da er im «Heiligen» eine bewusstseinsmäßige Blockade

35 Mit dem vollen Titel: Engels, F./Marx, K.: Die heilige Familie oder Kritik der kritischen Kritik. Gegen Bruno Bauer und Konsorten, in: MEW 2, S. 3–223.

36 «Die deutsche Ideologie» (MEW 3) ist in zwei Bände eingeteilt. Der Band I. «Kritik der neuesten deutschen Philosophie in ihren Repräsentanten Feuerbach, Bauer und Stirner» umfasst entsprechend die drei Teile: I. Feuerbach, II. Sankt Bruno und III. Sankt Max (S.101–472), wobei die Teile II und III nochmals zusammen als «Das Leipziger Konzil» etikettiert werden.

37 Stirner, M.: Recensenten Stirners, in: Wigand's Vierteljahresschrift 1845 (3. Band), S. 147–194.

der Entwicklung des bürgerlichen Subjekts zum «Groß-Ich» sieht, die aber durch «kritische Kritik» weggeräumt werden muss.[38]

Nicht berücksichtigt wird von mir bei den folgenden Ausführungen, weil ich mich auf die Attacke gegen Stirner konzentriere, das parodistische Feuerwerk, das in der «Heiligen Familie» gegen «Bruno Bauer und Konsorten» abgebrannt wird, da die Bezugnahme auf die darin behandelten einzelnen Publikationen etwas mühselig ist, obwohl andererseits die große Zahl parodistisch umgeformter Bibelzitate schon zu Beginn des ersten, von Engels beigesteuerten Kapitels[39] in der «Heiligen Familie», was sich dann durch das ganze Werk fortsetzt, eine fruchtbare Untersuchung verheißen würde. Eine ähnliche Beobachtung trifft auch zu für das von Marx stammende kleine Schlusskapitel: «Das kritische Jüngste Gericht», in dem neben der Anspielung auf die «Geheime Offenbarung» des Johannes auch eine Collage von Versen aus der Sequenz *Dies irae, dies illa* der Allerseelen-Messe eingebaut ist.[40]

Eine genauere Durchsicht des oben genannten Teils der «Deutschen Ideologie»[41] ergibt eine Liste von mindestens 32 Bibelzitaten. Vielleicht würden es noch mehr, wenn auch eher dezente Anspielungen ermittelt und überprüft würden. Für eine signifikante Analyse reicht der genannte Befund allemal.

Natürlich haben nicht alle Bibelzitate eine parodistische Funktion oder sind Teile von Parodien. Manche sind nur schmückendes Beiwerk und Untermalung oder dienen der Affirmation oder Kontrastierung einer in der Auseinandersetzung aufgestellten Behauptung. Dies trifft vor allem zu für die zehn Zitate aus der Briefliteratur (achtmal Paulus sowie der 1. Petrusbrief und der 1. Johannesbrief), so dass sie für eine ausführliche Analyse nicht besonders ergiebig sind. Das Gleiche gilt auch für die einzige Stelle aus der Apostelgeschichte (Apg 5,29). Vorherrschend ist der Bezug zu den Evangelien (12-mal)[42], es folgen noch vier Rückgriffe auf die Johannesapokalypse

38 Vgl. Buchbinder: Bibelzitate, a.a.O. 296; auf diese Stichworte wird im Folgenden mit Verweis auf die Quellen durchgehend Bezug genommen.

39 Vgl. I. Kapitel. Die kritische Kritik in Buchbindermeister-Gestalt, a.a.O. 9.

40 Siehe. MEW 2, S. 222–223; die Sequenz *Dies irae, dies illa* wird dem italienischen Franziskaner Thomas v. Celano (1190–1260) zugeschrieben, der sich als Biograf des heiligen Franz v. Assisi einen Namen gemacht hat.

41 MEW 3, S. 101–438.

42 Dabei wird wiederum die Vorliebe von Marx für das Matthäusevangelium sichtbar: Mt 6,19 (MEW 3, S. 103), Mt 8,32 (S. 120), Mt 8,10 (S. 146), Mt 6,75 (S. 227), Mt 7,1 (S. 320), Mt 20,1–16 und Mt 25,21 (beides S. 369). Es folgen noch aus den anderen Evangelien zweimal Johannes, zweimal Markus und einmal Lukas.

(oder «Geheime Offenbarung») und das Alte Testament (Exodus, Psalmen, Ijob). Die Überschrift des Kapitels «6. Das Hohe Lied Salomonis …» im Schlussteil von «St. Max»[43] sei ebenfalls mitgezählt, obwohl keine spezielle Stellenzuordnung vorliegt.

6.2 Der Ansatz des Werkes von Max Stirner: «Der Einzige und sein Eigentum»[44]

Die Basis des Buches von Stirner wird geliefert von einer bestimmten Spielart der Auffassung von Geschichte in der deutschen Philosophie seiner Zeit, die auf den Weg gebracht wurde durch die Philosophie Kants, während sie später von Hegel als ein umfassendes System entworfen wurde.[45]

> Zweifelsohne hat Hegel die These von der spekulativen Idee als treibender Kraft der Geschichte am vollendetsten durchtheoretisiert. Dies war nur in Deutschland möglich, einem Land, dessen spezifische sozialstrukturelle Gegebenheiten die Basis für die von Hegel auf den Punkt gebrachte Konsequenz der Philosophie waren: Er verwandelt nicht nur die ganze materielle Welt in eine Gedankenwelt …, sondern er suchte darüber den Produktionsakt dieser Gedanken darzustellen, als dessen Subjekt er den sich entäußernden Geist sah.[46]

Die Leistung von Hegel liegt darin, im Denken einen systematischen Zusammenhang hergestellt zu haben zwischen den Gegenständen dieses Denkens, Mensch, Natur, Gesellschaft und Geschichte, auch wenn die Herstellung dieses Zusammenhangs als Bewegung des absoluten Geistes erscheint. Insbesondere die «Phänomenologie des Geistes» hat «den begrifflichen Zusammenhang von ‹Geist› und ‹Geschichte› bleibend verändert: ‹Geist› ist seitdem als geschichtlich, wie auch umgekehrt ‹Geschichte› als geistig zu denken.»[47] Ebenso

43 MEW 3, S. 413ff.

44 Stirner, M.: Der Einzige und sein Eigentum, Leipzig 1845.

45 Die folgenden knappen Andeutungen zu Hegel dienen nur der Hinführung zu Stirner, wobei auch Feuerbachs Kritik an Hegel näher berücksichtigt werden müsste (vgl. Jaeschke, W.: Hegel-Handbuch. Leben – Werk – Schule, 3. Aufl., Stuttgart 2016, S. 488). Gleiches gilt für die Spaltung der Hegelschen Schule (vgl. Hegel-Handbuch, a.a.O. 474 f.) und den Streit um «Christlichkeit und Antichristlichkeit (vgl. Hegel-Handbuch, a.a.O. 477–481). Eine Einbeziehung der Kritik von Marx an Hegel bieten die Ausführungen des Kommentars der «Sozialistischen Studiengruppen» (SOST) zur «Deutschen Ideologie» von Marx und Engels; vgl. SOST: «Deutsche Ideologie». Kommentar, Hamburg 1981.

46 SOST: Deutsche Ideologie, a.a.O. 11.

47 Vgl. Hegel-Handbuch, a.a.O. 182.

liefert die «Phänomenologie» eine Rechtfertigung der Einheit von Denken und Sein als Voraussetzung des Systems. Die einzelnen Bereiche der Wirklichkeit werden dabei zu Inkarnationen der Logik ihrer gedanklichen Bestimmungen, d. h. auch was Gesellschaft ist, wird erfasst auf der Ebene ihrer gedanklichen Reproduktion.

Der moderne politische Staat wird entsprechend begriffen als Einheit von Allgemeininteresse und Einzelinteresse. Während Hegel noch versucht, die konstitutionelle preußische Monarchie als eine solche Synthese darzustellen, konzentriert Stirner seine Aufmerksamkeit auf die entwickelteren bürgerlichen Verhältnisse in Deutschland und nimmt ein selbstbewussteres Auftreten der Bourgeoisie gegen die feudalistischen Beschränkungen ihrer ökonomischen Interessen wahr, denen wiederum die gleichzeitig aufkommenden kommunistischen Strömungen im Proletariat gegenüberstehen. Stirner versucht daraufhin, das komplizierte Verhältnis des Gesamtaufbaus der bürgerlichen Gesellschaft auf einen Kern zurückzuführen. Diesen findet er im «Ich». Marx und Engels werden ihm vorwerfen, dass er dabei aber von jeglichem Vermittlungszusammenhang des «Ich» mit dem gesellschaftlichen Ganzen absieht und daher den Fehler begeht, eine illusionäre Befreiung des «Ich» unter der «Losung ‹Werde ein allmächtiges Ich› auszugeben, welche aber ein ohnmächtiges Moralpostulat bleibt, da es «durch bloße Änderung des Bewusstseins die Subsumtion der Individuen unter ein naturwüchsiges System gesellschaftlicher Arbeit aufzuheben»[48] versucht.

Im Mittelpunkt des Werkes von Stirner steht also diese Illusion – allerdings genährt von einem durch die veränderten gesellschaftlichen Verhältnisse gegebenen größeren Entwicklungsspielraum des bürgerlichen Subjekts. Eine solche Grundorientierung «reflektiert sich auch im Aufbau des Stirnerschen Buches, das ganz auf diese Bewegung des Subjekts konzentriert ist: Erste Abteilung: ‹Der Mensch› mit der Betrachtung des ‹Menschen der alten und neuen Zeit› einschließlich des politischen, sozialen und humanen Liberalismus. Zweite Abteilung: ‹Ich›, mit dem Schluss ‹Der Einzige›.»[49]

Das Wort «der Einzige», welches linguistisch gesprochen im Werk von Stirner die Funktion eines «Makro-Signifikanten» einnimmt, hat auch bei Stirner mehrere Konnotationen. Festzuhalten ist:

48 SOST: Deutsche Ideologie, a.a.O. 65.
49 SOST: Deutsche Ideologie, a.a.O. 44.

> Das Ich soll Herr über seine Eigenschaften durch bloße Änderung seines Bewusstseins werden. Herr über die Welt und damit wahrhaft *einzig* wird dieser «Einzige» dadurch, dass er die außer ihm existierenden Verhältnisse als «sein Eigentum» proklamiert und das heißt für Stirner: zu seinen Eigenschaften erklärt.[50]

Diese Aneignung der Welt bezieht sich auf alle ihre Subsysteme, Gedankenformen, Moral, Recht, Politik, Wirtschaft und Staat.

6.3 Die polemische Form der Parodie und ihre Anwendung auf Stirners Werk

6.3.1 Die Gesamtkomposition

Bereits für die soeben erwähnte Einteilung des Buches von Stirner ziehen Marx und Engels eine parodistische Parallele zur Bibel:

> «Das Buch» selbst teilt sich, wie das «weiland» Buch, in das Alte und Neue Testament, nämlich in die einzige Geschichte des Menschen (das Gesetz und die Propheten) und in die unmenschliche Geschichte des Einzigen (Evangelium vom Reiche Gottes). Das erste ist die Geschichte innerhalb der Logik, der in der Vergangenheit gebundene Logos, das zweite die Logik in der Geschichte, der freigewordene Logos, der mit der Gegenwart kämpft und sie siegreich überwältigt.[51]

Das Werk von Marx und Engels spiegelt also seinerseits die Grobeinteilung von Stirner wider: Der Teil «Altes Testament: Der Mensch» umfasst die Seiten 104–221, der Teil «Neues Testament: Ich» ist umfangreicher und umfasst, die Seiten 222–429 der «Deutschen Ideologie».[52]

Das Werk von Stirner wird «das Buch» genannt, um seinen Anspruch, ein der Bibel vergleichbares Werk geschrieben zu haben, zu karikieren. Die Bezeichnung «das Buch» wird von Marx und Engels dann durchgehend weiterverwendet.

Das womöglich irritierende Attribut «unmenschlich» in «unmenschliche Geschichte» entspringt nicht einer von Marx und En-

50 SOST: Deutsche Ideologie, a.a.O. 55.

51 MEW 3, S.103.

52 Zusätzlich gibt es noch eine kleinere Einleitung (S. 101–103) und einen «apologetischen Kommentar» am Schluss, der noch durch ein «Abschlussduett» von Bauer und Stirner abgerundet wird (S. 430–438), womit dann «das Konzil zu Ende ist».

gels vorgenommenen bloßen Umkehrung der «Geschichte des Menschen», sondern verweist auf entsprechende, von Marx und Engels scharf kritisierte Ausführungen von Stirner, in denen er den Unterschied zwischen dem Begriff des Menschlichen und dem wirklichen, faktisch auftretenden Menschen thematisiert:

> Mit dürren Worten zu sagen, was ein Unmensch sei, hält [fällt?, K. F.] nicht eben schwer; es ist ein Mensch, … welcher dem Begriffe des Menschen nicht angemessen ist.[53]

Bewusst verrätselnd wirkt dagegen die Verwendung des Begriffes *Logos*, weil hier eine Verquickung des Aufgreifens der Logos-Thematik im Prolog des Johannesevangeliums mit dem Opus magnum von Hegel «Wissenschaft der Logik» (oder auch den anderen logischen Schriften Hegels) vorgenommen wird, wobei aber ein zusätzlicher Wechsel im Parodiemedium vorliegt.

Nicht auf der Hand liegt, welche für die Parodie entscheidende Relation zwischen den Makrotexten, d. h. der Bibel als Ganzes (Altes und Neues Testament) und dem Werk von Stirner aufgestellt wird. Ich gehe jedoch davon aus, dass aus dem obigen Zitat eine Verhältnisgleichung abzuleiten ist: «Das Gesetz und die Propheten» (Altes Testament) verhalten sich zum «Evangelium vom Reiche Gottes» (Neues Testament) wie die «einzige Geschichte des Menschen» zur «unmenschlichen Geschichte des Einzigen». Der Hinweis auf die Stelle des Galaterbriefes (Gal 3,24) zu Beginn des Kapitels «Ökonomie des Alten Bundes»[54] greift den bei Paulus verhandelten Gegensatz zwischen dem Gesetz (Thora) als Zuchtmeister und seine Ablösung durch den Glauben an den Messias Jesus auf und betont auch die Einlösung der Verheißung (Altes Testament) durch die «Erfüllung der Zeit» (Neues Testament), ohne eine Entsprechung im Werk von Stirner direkt sichtbar zu machen. Naheliegend aber ist es, eine entsprechende Relation zwischen dem «Manne» und dem «Ich» zu sehen[55].

Dann würde gelten: AT : NT = Gesetz : Glauben = Mann : «Ich». Dies würde auch die Zweiteilung der Parodie noch einmal unterstreichen. Marx und Engels zielen wohl damit darauf ab, die Nich-

53 In MEW 3, S. 415, zitierte Stelle aus Stirners Buch (S. 232).

54 MEW 3, S. 113.

55 Vgl. MEW 3, S. 114.

tigkeit des «Glaubens» Stirners, der eben nicht mit dem Glauben bei Paulus zu verwechseln ist, offenzulegen:

> Der heilige Max bewährt hier wieder seinen riesenhaften Glauben, in dem er den Glauben an den von deutschen Philosophen zubereiteten spekulativen Inhalt der Geschichte weiter treibt als irgendeiner seiner Vorgänger.[56]

Dabei entfaltet er eine pompöse Begrifflichkeit, um trivialen Kategorien wie «Kind, Jüngling und Mann» eine neue Würde zu verleihen, was Marx und Engels durch Zuhilfenahme der Bibel parodieren.

6.3.2 Analyse der parodistischen Verwendung einzelner Bibelstellen

Für eine genauere Bearbeitung habe ich drei der von mir insgesamt ermittelten 32 Bibelzitate ausgewählt. Die Auswahl orientiert sich, was sich sofort anbietet, am Kriterium «Vorlage» aus dem dreigliedrigen Bewertungsraster (Vorlage, Verfahren, Tendenz). Dabei repräsentieren a) die Stelle Psalm 24,7–10, b) der Text aus dem 17. Kapitel der «Geheimen Offenbarung» (bzw. Apokalypse) des Johannes, c) der Prolog des Johannesevangeliums drei wesentliche Textgattungen der Bibel: die Psalmen, die Apokalypsen und die Evangelien. Leider ließ sich die Auswahl nicht durch die Briefliteratur komplettieren. Bezüglich der Briefliteratur wurde bereits oben darauf hingewiesen, dass der kontextuelle Wirkungsrahmen des jeweiligen Zitates zu eng gezogen ist, also z. B. die ohnehin gemachte Aussage durch die Bibelstelle nur verdeutlicht oder bestätigt wird, wie bei der Stelle 2 Kor 5,17[57]. Der allerdings brauchbare Hinweis auf Gal 3,24 wurde schon oben mit einbezogen. Auf den ersten Blick könnte eine Bevorzugung des Johannes bei der Berücksichtigung der Evangelien beargwöhnt werden. Dieser Verdacht lässt sich aber leicht entkräften, da im Werk vor allem von Marx eine erkennbare Vorliebe für den Johannesprolog, insbesondere Joh 1,1–18, vorliegt[58] und z. B. das ebenfalls sehr geschätzte Matthäusevangelium bereits bei den exemplarischen Bibelarbeiten (vgl. Kapitel 6) im Fokus stand.

Die Anwendung des Kriteriums «Tendenz» macht ebenfalls keine Probleme, da hier mit Buchbinder Konsens besteht, der überzeugend

56 MEW 3, S. 114.

57 Beginn des Kapitels «4. Die Neuen», in: MEW 3, S. 127.

58 Verwiesen sei z. B. auf MEW 2, S. 9; MEW 23, S. 169; MEGA I, 1.2, S. 77; MEW Erg 2, S. 68.

nachgewiesen hat, dass die biblischen Parodien bei Marx und Engels mehrheitlich polemischen Charakter haben, was insbesondere für die Auseinandersetzung mit Bauer und Stirner gilt. Wir können uns also auf die Anwendung des Kriteriums «Verfahren» konzentrieren.

6.3.2.1 Psalm 24,7–10

A) Text und Kontext

a) Der Bibeltext als parodistische Überschreibung

> 7a Machet die Tore weit
> 7b und die Türen in der Welt hoch,
> 7c dass der König der Ehren einziehe.
> 8a – Wer ist derselbe König der Ehren?
> 8b Es ist der «Feldherr», stark und mächtig,
> 8c «der Feldherr», mächtig im Streit.
> 9a Machet die Tore weit
> 9b und die Türen in der Welt hoch,
> 9c dass der König der Ehren einziehe.
> 10a – Wer ist derselbe König der Ehren?
> 10b Es ist der Herr Einzige,
> 10c Er ist der König der Ehren. (Ps[alm] 24,7–10)

Der von Marx und Engels zitierte Text ist der Lutherbibel entnommen, die Marx bekanntlich benutzt hat. Ich habe zusätzlich eine so in der Parodie nicht benutzte Durchnummerierung vorgenommen.

b) Der engere und weitere Kontext

Der zitierte Text beschließt die kurze Einleitung zu «III. Sankt Max», wonach dann der Hauptteil der Auseinandersetzung mit «Der Einzige und sein Eigentum» beginnt. Die Passage vor dem Psalm-Zitat ist als dessen engerer wie auch weiterer Kontext bei der Einstufung des Zitats auf jeden Fall zu berücksichtigen. Sie bezieht sich, als engerer Kontext betrachtet, vor allem auf die Replik Stirners gegenüber seinen drei Rezensenten Szeliga, Feuerbach und Hess.[59] Sie wird von Marx und Engels als «langer apologetischer Kommentar» bezeich-

59 Vgl. Stirner: Recensenten Stirners, a.a.O. 147–194.

net, wodurch sie eine auch theologisch übliche Form der Auseinandersetzung konnotieren. Der weitere Kontext wird gebildet von dem die gesamte Parodie durchziehenden polemischen Hinweis auf «das Buch» und der ständig wiederholten Kritik an der ausufernden Verwendung der Begrifflichkeit des «Heiligen» sowie der spöttischen Titulierung von Stirner als «Sankt Max» und «Sankt Sancho».[60]

B) Die Verfahrensweise

a) Vergleich mit dem Originaltext bei Luther

Eine geringfügige Abweichung bei Marx und Engels besteht in der Verwendung des Plurals «Ehren» statt des Singulars «Ehre» im Original, was aber nicht ins Gewicht fällt. Das Gleiche gilt für die Benutzung von «derselbe» statt nur «der».

Wie der weitere Vergleich zwischen Parodie und Original zeigt, behalten Marx und Engels die Kompositionsstruktur des Psalmabschnitts, die Verdoppelung von zweimal drei Zeilen, die jeweils eine Einheit bilden, als poetischen Kunstgriff bei. Dabei ermöglicht die von mir durchnummerierte Anordnung bei Marx und Engels eine Vervollständigung auf drei Zeilen gegenüber dem Original (V. 7a–8c, V. 9a–10b), das die doppelgliedrige Schlussantwort als eine Zeile schreibt: «Es ist der Herr Zebaoth, er ist der König der Ehren.»

b) Bestimmung des Verfahrens

Das Psalmen-Zitat unterscheidet sich aber in drei Zeilen in entscheidender Weise vom Original. Marx und Engels ersetzen zweimal den Begriff «der Herr» durch den Begriff «Feldherr» (V. 8b und 8c) und den «Herr Zebaoth» durch «der Herr Einzige» (10b).

Das angewendete Hauptverfahren besteht also in inkongruenten Wortersetzungen. Es fällt auf, dass «Feldherr» durch Anführungszeichen markiert ist, also bewusst hervorgehoben werden soll. Die Erklärung, dass JWHW als siegreicher König auch als Feldherr tituliert werden kann, scheidet daher aus. Buchbinder stellt folgen-

60 Es würde hier zu weit führen darzulegen, warum Marx und Engels ihren Gegner auch mit Sancho Pansa, dem Gehilfen von Don Quichote, identifizieren.

de Hypothese auf. Er nimmt eine Charakterisierung Stirners durch Bauer zu Hilfe, nach der Stirner sich gegenüber den Kritikern wie der Anführer eines Kreuzfahrerheeres verhält: «Max Stirner ist der Anführer und Heerführer der Kreuzfahrer. Zugleich der Tüchtigste und Tapferste von allen Kämpfern.»[61] Diese Hypothese ist umso wahrscheinlicher, je mehr die Ähnlichkeit des benutzten Vokabulars («tüchtig», «tapfer», «Kämpfer») mit dem des Psalms berücksichtigt wird. Leichter ist dagegen erkennbar, dass durch die Ersetzung von «Zebaoth» durch «der Einzige» die im Psalm insgesamt dem Gott Israels als Schöpfer und König gebührende Ehrung ironisch auf den «Einzigen» übertragen wird.

Die Wortersetzungen verändern also Adressat, Intention und Bedeutung des ursprünglichen Textes. Diese Veränderung kann noch besser verstanden werden, wenn wir einen Blick auf die Auslegung von Erich Zenger[62] werfen.

C) Ergänzung durch die fachlich-exegetische Auslegung

Nach Zenger besteht der Psalm 24 aus drei unterscheidbaren Teilen, von denen nur der dritte Teil (V. 7–10) durch die Parodie aufgegriffen wird. Teil 1 und Teil 3 machen Aussagen über JWHW als Schöpfer und König der Welt. Der dazwischen geschobene Teil 2 formuliert Aussagen über die Menschen seines Königreichs und den Ort, wo sie den Segen des Weltenherrschers empfangen. Die drei Teile werden durch die Vorstellung vereint, dass alles besiegelt wird durch den triumphalen Einzug von JHWH in sein Heiligtum. Nach Zenger widerspiegelt sich daher im Teil 3 ein «am Jerusalemer Tempel beheimateter kultischer Vorgang», von dem angenommen werden darf, «dass es in vorexilischer Zeit ein Fest der ‹Inbesitznahme des Zion als Thronbesteigung JHWHs› gegeben habe. Als Teil der Festfeier wird dann eine Prozession … angenommen, zu der eine Einzugsliturgie JHWHs in seinen Tempel gehört hätte … Ps 24,7–10 wäre dann entweder ein altes Fragment einer solchen Einzugsliturgie oder sei aus überliefertem Wissen um diese Liturgie heraus gestaltet.»[63] Es wäre völlig asynchron, Marx und Engels einen solchen exegetischen

61 Vgl. Buchbinder: Bibelzitate, a.a.O. 298.

62 Vgl. Zenger, E.: Psalmen, Auslegung in zwei Bänden, Bd. II, Freiburg, Basel, Wien 2011, S. 590–599.

63 Zenger: Psalmen, a.a.O. 592 f.

Erkenntnisstand anzudichten. Aber zumindest Marx dürfte durch seine Familie ein Wissen darum gehabt haben, welche Bedeutung für die Juden der Tempel und seine Feste hatten. Aber schlicht lachhaft ist es nur, wenn Stirner solche Kontexte für die Inszenierung seines «Einzelnen» vereinnahmt.

D) Fazit

Bezüglich der eingeführten Typologie kann dieser Parodie-Text dem Typ P III b zugeordnet werden, der bereits in Kapitel 6.1 näher erläutert wurde. Die Schnittmenge zwischen Parodie (P = Text von Marx und Engels) und Parodiemedium (PM = Bibel) ist offensichtlich. Es gibt aber auch eine nicht-leere Schnittmenge zwischen Parodiemedium (PM: Bibel) und Parodieobjekt (PO = Text von Stirner), insofern Stirner den Umgang mit dem Gottesnamen mit sich selbst in Verbindung bringt, wobei der «Einzige» die Stelle Gottes einnimmt.[64] Die Schnittmenge zwischen P und PO wird nur sichtbar, wenn wir den Kontext («das Buch als Heiliges») mit einbeziehen, was legitim ist, da diese Einbeziehung die Funktion des Psalm-Zitats verdeutlicht.

Der Vollständigkeit halber sei festgehalten, dass die Tendenz der Parodie polemisch ist, allerdings mit Berührungen zur kritischen Form, was bei der generellen Stoßrichtung von Marx und Engels Richtung Stirner nicht verwunderlich ist.

6.3.2.2 Offenbarung des Johannes, Kapitel 17,3.5.6

A) Text und Kontext

a) Der Text bei Marx und Engels

> 17,3 Und er brachte mich im Geist in die Wüste. Und ich sahe das Weib sitzen auf einem rosinfarbenen Tier, das war voll Namen der Lästerung –.
> 17,5 Und an ihrer Stirn geschrieben den Namen, das Geheimnis, die große Babylon –
> 17,6 und ich sahe das Weib trunken von dem Blute des Heiligen pp.
> Off[enbarung] Joh[annis] 17, V. 3, 5, 6.

64 Dies wird belegt durch eine von Buchbinder zitierte Stelle aus «Der Einzige» (S. 491); vgl. Buchbinder: Bibelzitate, a.a.O. 298.

Der Vergleich mit dem Text der Lutherbibel: Die drei Verse werden nicht vollständig zitiert. In Vers 3 wird «ein Weib» durch «das Weib» ersetzt, und statt «lästerliche Namen» (griech. *onomata blasphemias*) steht «Namen der Lästerung». Ungewöhnlich ist die Bezeichnung «rosinfarbenes Tier», denn in allen heutigen Bibelübersetzungen steht «scharlachrot» (lat. *coccinea*, griech. *kokkinos*).[65] In Vers 5 steht «den Namen» statt «ein Name» und «das Geheimnis» statt «ein Geheimnis». Zweimal wird also der unbestimmte Artikel «ein» in der Bibel durch den bestimmten Artikel «der» ersetzt. Ebenso steht «die große Babylon» statt «das große Babylon».

b) Der engere Kontext

Marx und Engels zitieren zunächst die drei Verse aus der «Offenbarung des Johannes» und verknüpfen dann das Zitat sofort mit der folgenden Parodie, die daher unbedingt mit dem Zitat zusammengelesen und bearbeitet werden muss:

> Der Apokalyptiker hat diesmal nicht genau geweissagt. Jetzt endlich, nachdem Stirner den *Mann* proklamiert hat, kann man es aussprechen, dass er so hätte sagen müssen: Und er brachte Mich in die Wüste des Geistes. Und ich sahe den Mann sitzen auf einem rosinfarbenen Tier, das war voll Lästerung der Namen -- und an seiner Stirn geschrieben den Namen, das Geheimnis, den Einzigen -- und Ich sahe den Mann trunken von dem Blute des Heiligen etc. Wir geraten also jetzt in die Wüste des Geistes.[66]

Diese «Wüste des Geistes» entfalten Marx und Engels in dem direkt folgenden Abschnitt, «A) Der Geist (Geistergeschichte)» – mit der ihnen eigenen Ironie.

65 Im Wörterbuch von Johann Christoph Adelung: Grammatisch-kritisches Wörterbuch der hochdeutschen Mundart, Erstausgabe 1811 (vgl. Digitale Bibliothek – Münchener Digitalisierungszentrum), findet man im Kapitel R, S. 1161–1162, einen Eintrag zum Stichwort «Rosinfarbe», wonach es sich, zusammen mit rosinfarben und Rosinroth, um drei Wörter handelt, die nur in Luthers Bibelübersetzung vorkommen und eine «hochrothe Farbe» bezeichnen.

66 MEW 3, S. 131.

c) Der weitere Kontext

Die zitierte Stelle stammt aus dem Abschnitt «Die Neuen»[67]. In diesem Abschnitt setzt sich Stirner auseinander mit dem Verhältnis des Christentums zur Welt des Geistes, wobei er einen Gegensatz bildet zu den Heiden der Antike, die er die «Alten» nennt, weswegen die Christen die «Neuen» heißen. Dieser Gegensatz wird bei Stirner verbunden mit einem Paulus-Zitat: «Darum, ist jemand in Christo, so ist er eine neue Kreatur; das Alte ist vergangen, siehe, es ist alles neu geworden» (2 Kor 5,17). Damit beginnt er den Abschnitt «die Neuen», was auch Marx und Engels bei ihrem gleichnamigen Abschnitt tun.[68] Das Zitat bei Stirner ist keineswegs christentumsfreundlich gemeint. Aber nicht deswegen wird die Zitierung durch Stirner von Marx und Engels heftig kritisiert, sondern weil er bei den Heiden wie den Christen den Umgang mit der Welt des Geistes falsch analysiert, da er das Verhältnis von gesellschaftlichem Sein und Bewusstsein idealistisch auf den Kopf stellt.

B) Ermittlung der Verfahren

a) Im Bibeltext gibt es rein grammatikalische Abänderungen durch Austausch der Artikel. Dieses Verfahren dient eindeutig der genaueren Identifizierung und Präzisierung. Im Falle Babylons wird durch Einsetzung von «die» eine Verschiebung von einer Sache, der Stadt Babylon («das»), zu einem Subjekt möglicher Handlungen bewirkt.

b) Nicht nur grammatikalische, sondern auch Sinnänderungen werden durch Wortumstellungen, in der Fachsprache *Commutatio* genannt,[69] bewirkt. Im Bibeltext, Vers 3 wird aus dem Adjektiv «lästerlich» durch die Genitivkonstruktion «der Lästerung» die Gewichtung von der Charakterisierung der Namen auf die blasphemische Handlung der Lästerung verschoben. Es geht also um mehr als um eine spielerische Wortumstellung. Marx und Engels benutzen dieses Verfahren, um Stirner «eine Lästerung der Namen» vorzuwerfen, wobei sie eine nochmalige Umstellung vorgenommen haben. Ihr Vorwurf hat allerdings einen überzeugenden Anhaltspunkt in einer Äußerung von Stirner im «Buch»:

67 MEW 3, S. 127–168.
68 MEW 3, S. 127.
69 Vgl. Lausberg: Handbuch, a.a.O. 395 ff.

> Ich begehe getrost die Sünde, welche dem Christen die ärgste scheint, die Sünde und Lästerung wider den heiligen Geist.[70]

Dies ist gleichzeitig ein Beleg dafür, dass sich bei Stirner seine Phobie gegenüber dem «Heiligen», hier in Verbindung mit der Kategorie «Geist», beständig nachweisen lässt. Darüber zeigt dies auch, dass es bei dieser Parodie (P: Text von Marx und Engels) eine Schnittmenge von Parodiemedium (PM: Bibel) mit dem Parodieobjekt (PO: Text von Stirner) gibt.

Eine spezielle Form der *Commutatio* liegt auch vor zwischen: «Und er brachte mich im Geist in die Wüste» (V. 1) und der späteren Formulierung: «Und er brachte Mich in die Wüste des Geistes», wobei das zusätzliche Detail der Großschreibung von «mich» als «Mich» nicht übersehen werden darf, weil mit diesem orthografischen Trick Marx und Engels leicht die Hypostasierung des «Ich» bei Stirner parodisieren können. Aus der virtuellen Versetzung des biblischen Sehers in die Wüste, wobei ja kein realer Ortswechsel vorgenommen wird, und aus dem Geist als Medium der Vision wird eine reale Versetzung des Autors Stirner in die von ihm selbst erzeugte «Wüste des Geistes», eine Genitivkonstruktion, die zeigt, wie sehr dieser Geist leer und trostlos ist – eben wie eine Wüste –, statt voller Visionen zu sein wie bei Johannes.

c) Eine identifizierende Ersetzung liegt vor, wenn an die Stelle «des Weibes» im Bibeltext im Kommentar von Marx und Engels «der Mann» tritt. Bereits die Kursivschreibung bei dem Verweis auf die «Proklamation des *Mannes*» durch Stirner zeigt, dass es sich hier nicht um die traditionelle Geschlechterdifferenz handelt. Dies erschließt sich jeweils aus dem Kontext des 17. Kapitels einerseits und der «Theorie» des Mannes bei Stirner andererseits.

Im 17. Kapitel bei Johannes wird die antichristliche Herrschaft des römischen Imperiums beschrieben, welches aber nicht unmittelbar von dem auf der Insel Patmos als Deportierter lebenden Johannes benannt werden darf, da seine Schreiben so die römische Zensur sicherlich nicht passiert hätten und er wohl auch eliminiert worden wäre. Daher verwendet er zur Codierung eine zweifach angewendete Zweistufensemiotik, in der das Weib als Hure die Machtmetropole Babylon symbolisiert und Babylon ein Symbol für Rom ist (erste Anwendung). Dieses selbst ist erneut ein Symbol der totalitären Macht, die ihrerseits

70 Buchbinder zitiert diese Stelle aus «Der Einzige», in seinem Buch: Bibelzitate, a.a.O. 301.

wiederum ein Symbol für den Antichrist und seine Herrschaft auf Erden ist (zweite Anwendung). Deren Wirken soll als antigöttliche Macht offenbart werden.[71] Die Rolle der Hure Babylon = Rom wird aber nun von Marx und Engels auf den «Mann» übertragen.

Der «Mann» bildet bei Stirner keinen Gegensatz zum «Weib», sondern zum idealistischen «Jüngling». Warum das so ist, muss genauer erklärt werden. – Stirner beschreibt die verschiedenen Lebensstufen, die er auch auf die Geschichtsepochen projiziert, als Selbstfindungsphasen des Individuums, wobei das «Geheimnis des Menschenlebens» sich darin enthüllt, «dass ‹das Kind› nur eine Verkleidung des ‹Realismus›, ‹der Jüngling› des ‹Idealismus›, ‹der Mann› der versuchten Lösung dieses philosophischen Gegensatzes war. Diese Lösung, diese ‹absolute Negativität›, kommt … dadurch zustande, dass der Mann … glaubt, die Welt der Dinge und die Welt des Geistes überwunden zu haben.»[72] Diese Überwindung gipfelt darin, dass nur der Mann zum Vertreter des von Stirner propagierten Egoismus werden kann, der bei ihm die antichristliche Rolle des römischen Imperialismus übernimmt.

Eine identifizierende Ersetzung liegt auch vor, wenn «die große (Hure) Babylon» durch «den Einzigen» ausgetauscht wird. Marx und Engels werfen mit dieser identifizierenden Ersetzung Stirner vor, dass seine «Theorie» des Mannes in der philosophischen und politischen Auseinandersetzung ihrer Zeit eine ähnliche Funktion ausübt wie einst der römische Imperialismus zur Zeit des frühen Christentums. Das ist natürlich sehr hoch gezielt, denn dem falschen Bewusstsein Stirners fehlt jede Ähnlichkeit mit der Macht des römischen Imperialismus. Aber gerade diese Unähnlichkeit nutzen Marx und Engels parodistisch nach dem Motto: «Je höher wir ihn stellen, desto tiefer wird er fallen!»

d) Eine *parodistische Deformation* (so der Fachausdruck) liegt schließlich vor im Schlussvers der Abänderung der Bibelstelle im Kommentar von Marx und Engels, wenn dort «von dem Blute des Heiligen» die Rede ist, statt «von dem Blute der Heiligen». Das ist mehr als der bloße Austausch eines Genitivs. Der von Marx und Engels als «Eiferer wider das Heilige»[73] titulierte Stirner säuft in seinem neurotischen Kampf gegen alles, was er als «das Heilige» ansieht, dessen Blut wie einst die Hure Babylon-Rom das Blut der Märty-

71 Vgl. hierzu meine Analyse des 17. Kapitels der Johannesapokalypse in: Füssel, K.: Im Zeichen des Monstrums. Zur Staatskritik der Johannes-Apokalpse, Freiburg/Schweiz 1986, S. 60–66.

72 MEW 3, S. 112.

73 MEW 3, S. 160.

rer. Diese aber waren reale Menschen und vergossen ihr Blut, während «das Heilige» bei Stirner ein blutleeres Gespenst ist. Mit dem Aufzeigen dieser Gedankenlosigkeit potenzieren Marx und Engels noch einmal ihre parodistische Attacke, den sogar dieses «Blutsaufen» bleibt, wie alles bei Stirner, eine komplette Illusion. Diese Sünde kann ihm sogar verziehen werden, denn er weiß nicht, was er tut, und das wiederum wissen Marx und Engels.

C) Fazit

Die hier besprochene Parodie P (Text von Marx und Engels, bestehend aus Bibelzitat plus Kommentar) verfolgt eindeutig eine polemische Tendenz, die sowohl die Vorgehensweise Stirners wie auch seine Intentionen betrifft. Die Parodie lässt sich wie bereits beim vorangehenden Beispiel dem Typ P III b zuordnen. Die Schnittmenge von Parodie (P: Text von Marx und Engels) mit Parodiemedium (PM: biblischer Text) ist durch die Aufnahme der Stelle aus Offb 17, 3.5.6 gegeben. Dass die Schnittmenge von PM mit Parodieobjekt (PO: Text Stirners) nicht leer ist, wurde oben unter b) nachgewiesen, und dass es ebenso eine Schnittmenge zwischen P und PO gibt, ist durch die, wenn auch konträre Behandlung der zentralen Kategorien «Geist», «das Heilige» usw. offensichtlich.

6.3.2.3 Der Prolog des Johannesevangeliums (Joh 1,1–12)

A) Text und Kontext

Marx und Engels zitieren zu Beginn des 3. Abschnitts im Teil «Neues Testament: ‹Ich›» unter der Überschrift «Offenbarung Johannis des Theologen oder ‹die Logik der neuen Weisheit›»[74] eine Kombination von wörtlichem Zitat, Auslassung und Abänderung der ersten zwölf Verse des Prologs des Johannesevangeliums. Für die Bearbeitung der Parodie ist es hilfreich, auch den ganzen Originaltext vor sich zu sehen. Etwas irritierend ist die von Marx und Engels gewählte Überschrift, da sie die Erwartung produzieren könnte, es handle sich um die Johannesapokalypse.

74 MEW 3, S. 253.

a) Der Text des Evangeliums (Lutherübersetzung, 1984): Joh 1,1–12 + [V. 13]

1 Im Anfang war das Wort, und das Wort war bei Gott, und Gott war das
Wort.
2 Dasselbe war im Anfang bei Gott.
3 Alle Dinge sind durch dasselbe gemacht, und ohne dasselbe ist nichts
gemacht, was gemacht ist.
4 In ihm war das Leben, und das Leben war das Licht der Menschen.
5 Und das Licht scheint in der Finsternis, und die Finsternis hat es nicht
ergriffen.
[6 Und es war ein Mensch, von Gott gesandt, der hieß Johannes.
7 Der kam zum Zeugnis, um von dem Licht zu zeugen, damit sie alle durch
ihn glaubten.
8 Er war nicht das Licht, sondern er sollte zeugen von dem Licht.]
9 Das war das wahre Licht, das alle Menschen erleuchtet, die in diese Welt
kommen.
10 Er war in der Welt, und die Welt ist durch ihn gemacht; aber die Welt
erkannte ihn nicht.
11 Er kam in sein Eigentum: und die Seinen nahmen ihn nicht auf.
12 Wie viele ihn aber aufnahmen, denen gab er Macht, Gottes Kinder zu
werden, denen, die an seinen Namen glauben,
[13 die nicht aus dem Blut noch aus dem Willen des Fleisches noch aus dem
Willen eines Mannes, sondern aus Gott geboren sind.]
[Der Vollständigkeit halber wurde noch V. 13 hinzugefügt.]

b) Der Text bei Marx und Engels

1 Im Anfang war das Wort, der Logos.
2 In ihm war das Leben, und das Leben war das Licht der Menschen.
3 Und das Licht scheinet in die Finsternis und die Finsternis hat es *nicht
begriffen.*
4 Das war das wahrhaftige Licht, es war in der Welt, und die Welt kannte
es nicht.
5 Er kam in *sein Eigentum*, und die Seinen nahmen ihn nicht auf.
6 Wie viele ihn aber aufnahmen, denen gab er Macht, Eigentümer zu werden,
7 die an den Namen des Einzigen glauben.
8 Aber wer hat den Einzigen je gesehen?

c) Engerer und weiterer Kontext

Marx und Engels kündigen direkt im Anschluss ihr weiteres Vorgehen an: «Betrachten wir jetzt dieses ‹Licht der Welt› in ‹der Logik der neuen Weisheit› ...»[75]

Es folgt eine methodologische Kanonade gegen Werk und Vorgehensweise von Stirner, die vernichtender nicht sein könnte. Ein kleiner Ausschnitt möge dies belegen. Es geht um die «Vorzüge der Virtuosität» seines Denkens:

> Hier eine kurze Zusammenstellung der hauptsächlichsten unter ihnen: Liederlichkeit im Denken – Konfusion – Zusammenhangslosigkeit ... unendliche Wiederholungen – beständiger Widerspruch mit sich selbst – ... systematische Gedanken-Erbschleicherei vermittelst ... groben Missbrauchs der Konjunktionen Denn, Deshalb, Darum, Weil, Demnach, Sondern etc.[76]

Besonders die letzten Beispiele einer sprachlogischen Sensibilität zeigen, wieso Marx und Engels ihren Angriff als Parodie vortragen, wobei sie auch für deren Analyse eine nützliche Hilfestellung leisten, was besonders auch für die im Folgenden genannten drei Kategorien gilt.

Bei ihrer vernichtenden, gerade auch methodologisch angeschärften Kritik beziehen sie gleich «die deutschen Theoretiker» überhaupt mit ein, für die hier Stirner steht. Drei Vorgehensweisen werden dabei hervorgehoben und kommentiert: 1) «die lumpige Distinktion» (die alle Unterschiede ignoriert oder manipuliert, wie es ihr passt), 2) «die Apposition» (womit einer Sache und einem Begriff so viele Zusätze angehängt werden, bis sie zu völlig anderen geworden sind) und 3) «die Synonymik» (indem z. B. empirische Verhältnisse zu spekulativen werden und umgekehrt, weil das gleiche Wort auf beiden Ebenen vorkommt, wie etwa beim Verfall des Geldwerts und dem Verfall der Sitten).[77]

B) Ermittlung der Verfahren

a) Die Parodie ist dreigliedrig aufgebaut. Zunächst (Teil 1) werden in den Zeilen 1–4 die Verse 1, 4 und 5, aus dem Prolog aneinandergereiht, wobei Vers 1 gekürzt, der Begriff *Logos* aber hinzugefügt wird.

75 MEW 3, S. 253.
76 Ebd.
77 Vgl. MEW 3, S. 254–259.

In Zeile 3 wird aus der biblischen Ortsangabe «in der Finsternis» (Vers 5) die Richtungsangabe «in die Finsternis», womit gegenüber der biblischen Vorgabe sogar eine höhere Dynamik erzeugt wird.

Ebenfalls in Zeile 3 wird «ergriffen» aus Vers 5 durch «begriffen» ersetzt, was durch Kursivschreibung eigens hervorgehoben wird. Es geht Marx und Engels also um mehr als eine bloße Wortabänderung. Im griechischen Text des Verses 5 steht *katelaben*. Das Verb *katalambano* bedeutet «ergreifen» im Sinne von «jemanden mit der Hand anpacken» oder «anfassen», was auch im Sinne von «festnehmen» und «überwältigen» verstanden werden kann.[78] Es läge dann gar kein Vorwurf gegen die Finsternis wegen ihrer «Begriffsstutzigkeit» vor, sondern die eher tröstliche Erkenntnis, dass die Finsternis dieses Licht nicht verschlucken oder auslöschen konnte.

Marx und Engels haben dagegen der kognitiv intellektualistischen Bedeutung eindeutig den Vorzug gegeben, was ja in der Auseinandersetzung mit dem «Begriffsversagen» von Stirner sehr nahe liegt. Denn Stirner war mit seinem überzogenen Selbstbewusstsein absolut der Meinung, mit dem Licht seiner Gedanken das bisherige Dunkel seiner Zeit erleuchtet zu haben, was diese aber nicht begriffen hat. Verfahrensmäßig haben Marx und Engels hier also eine entscheidende, weil bedeutungsverändernde Wortersetzung vorgenommen, die wegen der minimalen lexikalischen Abänderung von «er-griffen» in «be-griffen» im Deutschen schnell übersehen werden kann. Es findet aber durch Einschub des Begriffes *Logos* auch eine Wortergänzung statt, insofern hier das Gehabe von Stirner, sich als Liebhaber des überzeugenden Wortes und Entlarver der Phrase als des leeren Wortes zu gerieren, assoziiert werden soll – wobei seine Worte für Marx und Engels aber nichts gemein haben mit dem *Logos* im griechischen und biblischen Sinne und auch nicht mit der «Logik» Hegels. Damit wird der zweite Teil der Überschrift von Abschnitt 3 besser verständlich.

b) Insgesamt aber wird in den Zeilen 1–4 noch keine parodistische Absicht erkennbar. Diese wird erst in Zeile 5 (Teil 2) durch die Kursivschreibung des Begriffes «Eigentum» angekündigt, wobei die Äquivokation zwischen dem Begriff in der Bibel und bei Stirner genutzt wird, zusätzlich aber noch der Rückschluss induziert wird, dass

78 Vgl. hierzu die Eintragung im lexikalischen Sprachschlüssel der Elberfelder Studienbibel: Das Neue Testament. Revidierte Fassung, (Brockhaus) Wuppertal, Zürich 1994, S. 854.

auch die Verse davor parodistisch zu verstehen sind. Schließlich tritt in den Zeilen 6 und 7 (Teil 3) die parodistische Absicht klar zu Tage.

Es ist leicht nachvollziehbar, dass der Begriff «Eigentum» für die Parodie von Marx und Engels ein dankbares Reizwort darstellte, denn seine Dominanz für Stirner wird schon im Titel des Buches angezeigt. Er spielt aber auch im Vers 11 des Johannesprologs eine herausragende Rolle, insofern Menschheit und Welt von Gott dem Logos als Eigentum übertragen werden.

Die Zeilen 4–7 sind eine von der Logik her korrekte, aber geraffte und wiederum bedeutungsverändernde und auch identifizierende Wortersetzungen vornehmende Wiedergabe der Verse 9–11 des Prologs. Die Kursivschreibung ist im strengen Sinne keine Änderung, sondern nur eine Signalsetzung. Doch es finden zwei entscheidende Eingriffe statt, wenn in Zeile 6 die «Eigentümer» an die Stelle der «Kinder Gottes» in Vers 12 und in Zeile 7 der «Name des Einzigen» an die Stelle des «Namens» Gottes in Vers 12 treten. Buchbinder liefert zur Deutung der Identifizierung «des Einzigen» mit Gott den hilfreichen Beleg, dass «Stirner im vorletzten Absatz seines Werkes den Einzigen zweimal hintereinander behaupten lässt, die Gott zugeschriebenen Prädikate träfen nur auf ihn zu»[79]. Das dürfte auch Marx und Engels bei ihrer Lektüre von Stirner nicht entgangen sein.

Die Zeile 8 wirkt ein wenig, als ob sie in der Luft hängt, weil sie nur eine minimale Bindung an den übrigen Text zu haben scheint. Doch Marx und Engels werden sie nicht ohne Grund hinzugefügt haben. Ich sehe den Grund darin, dass damit noch ein weiterer Aspekt der Identifikation des «Einzigen» mit Gott angesprochen werden soll. Der theologische Lehrsatz biblischen Ursprungs, dass Gott unsichtbar ist und dass gemäß der johanneischen Theologie Gott niemand gesehen hat außer dem Sohn, also dem Logos, dürfte auch zur Zeit von Marx und Engels in den einschlägigen Diskursen bekannt gewesen sein. «Der Einzige» von Stirner teilt zwar mit Gott das Attribut, unsichtbar zu sein, nicht aber das Attribut der Macht. Judentum und Christentum bezeugen die Macht des unsichtbaren Gottes. Doch Stirner bezeugt mit seinem Werk, dass «der Einzige» nur die Macht zu verleihen vermag, «Eigentümer zu werden». Dies jedoch, so würden Marx und Engels sagen, in einem völlig desolaten Unternehmen, als Teilhaber in einer Bankrottfirma sozusagen. Der Versuch der Usurpation der Macht Gottes entpuppt sich als lächer-

79 Vgl. Buchbinder: Bibelzitate, a.a.O. 305.

liche, aber umso redseligere Ohnmacht. Ein passender Schluss für eine Parodie.

C) Fazit

Ein besonderer didaktischer Kunstgriff dieser Parodie mit eindeutig polemischer Tendenz liegt darin, dass sie, wie ganz nebenbei, bei der Entfaltung der Parodie diese selbst ankündigt und offen inszeniert.

Des «Chronisten Pflicht» sei erfüllt, indem noch mitgeteilt wird, dass diese Parodie dem Typ P III b zugeordnet werden sollte, auch wenn dies rein formalistisch ist und keine inhaltlichen Erkenntnisse hinzufügt. Wie immer ist es auch hier eine Frage der auffindbaren Schnittmengen. Die Schnittmenge zwischen Parodie (P: Text von Marx und Engels) und Parodiemedium (PM: biblischer Text) ist gegeben durch den Johannesprolog. Marx und Engels spotten darüber, dass Stirner nach einem Zauberwort gesucht habe, «welches als Wort die Wunderkraft besitzt, aus dem Reich der Sprache und des Denkens ins wirkliche Leben hinauszuführen»[80]. Er hat es nach Marx und Engels gefunden: Es ist «der Einzige». Stirner selbst erwähnt in diesem Kontext, wenn auch abschätzig und nur nebenbei, den Johannesprolog, wenn er kritisiert, dass die «jetzige Welt ‹eine Phrasenwelt, eine Welt, in deren Anfang das Wort war› sei»[81]. Immerhin ist damit nachgewiesen, dass die Schnittmenge von PO und PM nicht leer ist. Und schließlich: Auf der Ebene der Semantik gibt es zwischen Marx und Engels sowie Stirner massenhaft Gemeinsamkeiten, womit auch die Schnittmenge von P mit PO existiert.

6.2.3.4 Kleines erheiterndes Schlusswort

Marx und Engels genießen ihre Attacke bis zum Schluss «des Leipziger Konzils», welches sie durch die zwei Heiligen, «Sankt Sancho und Sankt Bruno», besingen lassen. Doch vorher intonieren sie selber noch einen sprachlogisch inspirierten Schlussgesang, woraus die folgende Passage zitiert sei:

80 Vgl. MEW 3, 433.
81 Ebd.

Solange man bisher innerhalb der Sprache ein Individuum vom andern bloß als identische Person unterscheiden wollte, brauchte man den *Namen.* Sancho beruhigt sich aber nicht bei den gewöhnlichen Namen, sondern weil ihm die Spekulation die Aufgabe gestellt hat, ein Prädikat zu finden, was so allgemein wäre, dass es Jeden als Subjekt in sich begreift, so sucht er den philosophischen, abstrakten Namen, den «Namen», der über alle Namen ist, den Namen aller Namen, den Namen als Kategorie ... Dieser wunderbare Name, dies Zauberwort, welches in der Sprache der Tod der Sprache ist, die Eselsbrücke zum Leben und die höchste Stufe der chinesischen Himmelsleiter, ist – «*der Einzige.*»[82]

82 MEW 3, S. 433–434.

7. Exemplarische Bibelarbeiten als Fortführung des Bibelgebrauchs bei Karl Marx

7.1 Der Weinstock der wahren Solidarität. Abituraufsatz zu Joh 15,1–14

7.1.1 Der Aufbau und die Durchführung des Aufsatzes

Die ersten bekannten Texte von Marx sind seine beiden Abituraufsätze in den beiden Fächern Religion und Deutsch. Der Aufsatz im Fach Religion hatte das Thema: «Die Vereinigung der Gläubigen mit Christo nach Joh 15,1–14, in ihrem Grund und Wesen, in ihrer unbedingten Notwendigkeit und in ihren Wirkungen dargestellt.»[83] Auch wenn wir einerseits nicht verkennen dürfen, dass ein Abituraufsatz eine von Lehrern zu benotende Pflichtarbeit ist und daher auch bei Marx nicht als erster Entwurf seines späteren Denkens missverstanden werden darf,[84] so ist es doch andererseits erlaubt, in dieser Arbeit eines 17-Jährigen auf die Suche nach frühen Spuren seines späteren Denkens zu gehen.

Das Aufsatzthema gibt bereits die Struktur der Ausarbeitung vor, wie es sich bei guten Themenstellungen gehört. Zunächst behandelt Marx die Frage, «ob diese Vereinigung (mit Christo) notwendig, ob sie durch die Natur des Menschen bedingt ist». Den Nachweis erbringt er in zwei Schritten, deren Ergebnis er so zusammenfasst:

83 Vgl. MEW Erg 1, S. 598–601; es fällt auf, dass diese Stelle des Johannesevangeliums in dem akribisch recherchierten Inventar in der Arbeit von Buchbinder nicht vorkommt. Auch in der einschlägigen Literatur wird dieser Aufsatz im Unterschied zum Aufsatz im Fach «Deutsch» sehr stiefmütterlich behandelt oder sogar ablehnend interpretiert. So wird m. E. auch bei den von mir sehr geschätzten Arbeiten von Heinz Monz der Aufsatz falsch eingestuft.

84 Selbst wenn Marx die Ablehnung von Kants Ansatz in der Begründung der Ethik durch seinen Religionslehrer Küpper in seinem Aufsatz als Kritik einer rein vernunftabhängigen Pflichtenlehre übernommen haben sollte, lässt die bei Monz zitierte Kritik des Lehrers Küpper am Aufsatz von Marx darauf schließen, dass dieser nicht einfach dessen Meinung wiederholt hat, um diesem eine positive Bewertung zu entlocken. Dem 17-jährigen Schüler Marx im Abitur Opportunismus zu unterstellen, halte ich für eine sehr anfechtbare Hypothese, vor allem wenn wir seine Haltung in den folgenden Jahren bis 1842 berücksichtigen. Vgl. die Angaben bei Monz, H.: Gerechtigkeit bei Karl Marx und in der Hebräischen Bibel, Baden-Baden 1995, S. 144.

> Nachdem wir so gesehen, wie die Geschichte der Völker und die Betrachtung der Einzelnen die Notwendigkeit der Vereinigung mit Christo erweist, wollen wir den letzten und sichersten Beweis, das Wort Christi selbst betrachten.

Damit wendet sich Marx ausdrücklich dem Gleichnis vom «Weinstock und den Reben» und seiner Auslegung durch Jesus selber zu, worin die ersten 14 Verse des 15. Kapitels des Johannesevangeliums bestehen. Durch Verweis auf die Argumentation Jesu in den Versen 4–6 und mit Hervorhebung von Vers 5b: «Ohne mich könnt ihr nichts tun», unterstreicht Marx die Behauptung der Heilsnotwendigkeit der Vereinigung mit Christus durch die Heilige Schrift.

Es gilt nun zu erforschen, «worin denn dieses hohe Geschenk besteht»? Marx erläutert zur Beantwortung der Frage den unmittelbaren Sinn des Gleichnisses, das die lebensnotwendige Verbindung der Rebe mit dem Weinstock auf der Bildhälfte darlegt, um dann die Frage zu beantworten:

> So besteht die Vereinigung mit Christo aus der innigsten, lebendigsten Gemeinschaft mit ihm, darin, dass wir ihn vor Augen und im Herzen haben, und, indem wir so von der höchsten Liebe zu ihm durchdrungen sind, wenden wir unser Herz zugleich den Brüdern zu, die er inniger mit uns verbunden, für die er sich auch geopfert hat.

Unter die Wirkungen der Vereinigung mit Christus rechnet Marx die Ausrichtung des Lebens an einer, verglichen mit der vorchristlichen Tugendauffassung, «verklärten» und «menschlicher gewordenen» Tugend. Den Schwerpunkt auf die Ethik zu legen, war ein Zug der damaligen aufgeklärten Religiosität, die Marx sicherlich bei seinem Vater und bei seinem geistigen Mentor und zukünftigen Schwiegervater, Ludwig von Westphalen, beobachten konnte. Über die Aufklärung hinaus geht jedoch die Auffassung, dass sich im Sinne der johanneischen Theologie, die Marx offensichtlich kannte und auch verstanden hatte, der tugendhafte Lebenswandel in der Praxis der Nächstenliebe bewahrheitet, im vorbehaltlosen Dasein für die anderen, «indem wir uns für einander aufopfern», so wie Jesus sich für unsere Brüder geopfert hat, wodurch diese noch einmal «inniger mit uns verbunden» sind. Die Christus-Liebe und die Nächsten-Liebe bilden eine notwendige, innere Einheit.

Die Quintessenz dieser Überlegungen fasst Jesus selber noch einmal in der obersten Richtschnur christlicher Praxis zusammen in

Vers 13: «Eine größere Liebe hat niemand als die, dass er sein Leben hingibt für seine Freunde.»

Die Idee, dass der Glaube an Christus sich in der Praxis der Liebe bewahrheitet, hat Marx offensichtlich fasziniert und lässt sich mit etwas Fantasie in der zweiten «Feuerbach-These» und ihrer Betonung der Praxis als Kriterium der Wahrheit wiederfinden.

Am Schluss beschreibt Marx mit überschwänglichen Worten die Wirkungen der Gemeinschaft mit Christus:

> Also (ver)leiht die Vereinigung mit Christo innere Erhebung, Trost im Leiden, ruhige Zuversicht und ein Herz, das der Menschenliebe, das allem Edlen, allem Großen, nicht aus Ehrgeiz, nicht aus Ruhmsucht, sondern nur Christi wegen geöffnet ist; also (ver)leiht die Vereinigung mit Christo eine Freudigkeit, die der Epikureer vergebens in seiner leichtfertigen Philosophie, der tiefere Denker vergebens in den verborgensten Tiefen des Wissens zu erhaschen strebt, die nur das unbefangne, kindliche, mit Christo und durch ihn mit Gott verbundene Gemüt kennt, die das Leben schöner gestaltet und erhebt. (Joh 15,11)

Später wird sich die Bewertung der Epikureer in eine Wertschätzung verwandeln, und die Tiefen des Denkens erschienen dem Philosophiestudenten Marx nun doch sehr erstrebenswert. Trotzdem lässt sich dieser furiose Schlussakkord mit dem Verweis auf Vers 11 wie eine «Hymne an die große messianische Freude» lesen, heißt es doch dort: «Das habe ich zu euch geredet, damit meine Freude in euch sei und eure Freude vollkommen werde.»

7.1.2 Eine Einschätzung von Enrique Dussel

Generell ist Enrique Dussel zuzustimmen, wenn er glaubt, dem von Marx verwendeten theologischen Vokabular sei sein Ursprung im zeitgenössischen Protestantismus, vor allem auch seiner pietistischen Prägung, anzumerken, so etwa bei dem Gedanken des gemeinschaftsstiftenden Charakters der Selbstaufopferung. Insbesondere legt Dussel sein Augenmerk auf die bereits zitierte Stelle, wo es um die «innigste, lebendigste Gemeinschaft» geht, die er zur Akzentuierung eines Gegensatzes von Gemeinschaft und Gesellschaft nutzt. Christus ist der Ursprung des Lebens einer Gemeinschaft, die sich durch seine Großzügigkeit, sein Opfer und seine Liebe, die er auf alle überträgt, ausbreitet. Dieses positive Paradigma einer Gemeinschaft wird in der «Kritik der politischen Ökonomie» bei Marx die Form des «Vereins freier Menschen»[85] annehmen.

> Das dem entgegengesetzte negative Paradigma ist die «Gesellschaft» (als Ansammlung) von beliebigen vereinzelten und vereinsamten Individuen ohne gemeinsame Bindung, deren Leben «ausgesaugt» wird von einem «Anti-Christ» (dem Teufel, dem Fetisch, dem Moloch, dem Mammon, dem «Herrn der Welt»), der von der Opferung des Lebens der Arbeiter lebt. In diesem Fall ist es nicht Christus, der den einzelnen Personen Leben schenkt, welches sich in der Gemeinschaft voll entfaltet. Jetzt ist es der «Anti-Christ», der von den im Vergesellschaftungsprozess geopferten Leben lebt: Genau dies konstituiert den «Sozialcharakter» der Arbeit, der Personen usw. Das heißt, die «soziale Relation» (in welcher das Kapital besteht), ist eine «Relation» der Herrschaft, der Ausbeutung des Lebens, fetischistisch und götzendienerisch. Das liefert eine sehr zutreffende Definition (auch im Sinne einer guten protestantischen und traditionellen Theologie) des Teufels.[86]

Dussel fährt starkes Geschütz auf, wenn er bereits hier die ganze Serie der satanischen Mächte, die beim späteren Marx eine Rolle spielen (vgl. Kapitel 9.1), aufführt. Offensichtlich möchte er unterstreichen, dass die von Marx in seinem Abituraufsatz geäußerte Zustimmung zur messianischen Gemeinschaftskonzeption nicht nur erhalten blieb, sondern im späteren Werk auch zu einer kritischen Instanz gegen das kapitalistische Vergesellschaftungsmodell weiterentwickelt wurde. Eine ähnliche Auffassung lässt sich ja bezüglich der Priorisierung der Praxis, wie gezeigt, begründen.

7.1.3 Ein aktueller Kommentar zu Joh 15,1–17

Der Abiturient Karl Marx konnte im Jahr 1835 nicht auf Auslegungen zurückgreifen, die erst viel später im Kontext einer bewusst jüdisch geprägten und politisch links orientierten Lektüre der Bibel entstanden sind.[87] Aber dem älteren Marx hätte sicher die von Ton Veerkamp als prominentem Vertreter einer Neuausrichtung der Bi-

85 Vgl. etwa MEW 23, S. 92.

86 Vgl. Dussel, E.: Las metáforas teológicas de Marx, Estella (Navarra) 1993, S. 173, deutsche Übersetzung K. F.

87 Verwiesen sei hier vor allem auf die von Breukelmann und Kroon inspirierte «Amsterdamer Schule» und die aus ihr hervorgegangene exegetische Zeitschrift «Texte und Kontexte» (gegründet 1978), von deren Mitbegründer Ton Veerkamp auch die folgende Auslegung zu Joh 15,1–17 stammt. Im Unterschied zum Abiturtext von Marx umfasst die Textvorlage von T. Veerkamp auch noch die Verse 15–17.

bellektüre vorgelegte Auslegung von Joh 15,1–17,[88] also seinem etwas erweiterten Abiturtext, Freude bereitet.

An sich sollte mit dem Abschluss von Kapitel 14 des Johannesevangeliums die so genannte «Abschiedsrede» Jesu zu Ende sein, doch offenbar waren noch lange nicht alle Bedenken beseitigt, so dass Johannes eine weitere Diskussionsphase in seinem Text folgen lässt. Diese wird eröffnet durch einen längeren Monolog Jesu (15,1–16,15), der mit der klassischen israelitischen Metapher vom Weinstock bzw. Weinberg beginnt (V. 1–2), woran sich eine Deutung Jesu anschließt (V. 3–7). Als Hintergrund dürfen drei Texte aus den Propheten und den Psalmen aufgerufen werden (vgl. Jes 5,1ff; Jer 2,21; Ps 80), in denen Israel als ein «Wein-/Rebstock» gesehen wird, der in einen liebevoll von Gott angelegten Weinberg eingepflanzt wird, um reiche Frucht zu tragen. Der erwünschte Ertrag ist die Erfüllung der Rechtsordnung Gottes. Tatsächlich aber wird Israel zu einem «fremden Weinstock», der keine Früchte trägt oder nur «faule Trauben» liefert. Die ersehnte Erwartung der Wiederherstellung des «Weinstocks» Israel ist allgegenwärtig. Auf sie antwortet der Messias Jesus mit der Aussage: «Ich bin es, der getreue (wahre) Weinstock!» Für Israel als Kollektiv steht metaphorisch der «Weinstock», aber auch für den Israel verkörpernden Messias. Er vertritt das fruchtbringende Israel. Die Mitglieder seiner Bewegung sind wie Rebzweige. Doch diese müssen gepflegt, «gereinigt», werden, damit sie gute Früchte bringen. Die untauglichen Rebzweige werden entfernt. Diese Arbeit besorgt der Herr des Weinbergs, der Gott Israels. Seine Arbeit ist das «Reinigen». Sie geschieht durch das Wort des Messias und diejenigen, welche es angenommen haben, sind «gereinigt», das heißt befähigt, die gewünschten Früchte zu bringen, also «die Gebote zu erfüllen», wie es formal heißt, womit aber inhaltlich der Aufbau der in der Thora angestrebten Solidargemeinschaft der aus der Sklaverei Befreiten miteinander und mit ihrem Gott gemeint ist. Die intensive Verbindung mit dem Messias bildet dafür die Grundlage. Dies ist aber auch die *conditio sine qua non*: «Denn ohne mich könnt ihr nichts tun» (V. 5). Aber umgekehrt gilt auch: Wer die messianische Vision des gemeinsamen Lebens teilt und seine «Worte», seine Losungen und Weisungen «verinnerlicht» hat, dessen Gebete finden Gehör, weil sie die richtigen Worte verwenden (V. 7). Die messianische Ge-

88 Vgl. den entsprechenden Passus in: Veerkamp, T.: Der Abschied des Messias. Eine Auslegung des Johannesevangeliums, II. Teil: Johannes 10,22–21,25, Texte und Kontexte 113–115, 30. Jg., 2007, S. 54–57.

meinschaft verherrlicht den, dessen Herrschaft über diesen Äon sie bezeugt (V. 8).

Der zweite Teil des Johannestextes (V. 8–17) folgt einer präzisen Logik:

> Schüler dieses Messias und «fruchtbar sein» ist die johannäische Definition für ein wahres, sich bewährendes Leben. Grundfigur ist dabei immer: *Der Vater ist solidarisch mit mir, ich mit euch, ihr miteinander.* Damit diese Figur wirklich werden kann, wird eine Grundbedingung formuliert: «Wenn ihr meine Gebote wahrt, dann werdet ihr festbleiben in meiner Solidarität» … Bevor wir nun hören, was denn genau der Inhalt der Gebote ist, erklingt der Satz über die Freude.[89]

Viermal hören wir im Johannesevangelium (3,29; 15,11; 16,24; 17,13), dass die Freude erfüllt ist. Es ist die Freude des Messias, wie auch die Freude über den Messias. Immer geht es um die erfreute Feststellung der messianischen Fruchtbarkeit.

Was ist nun der Inhalt der Gebote? Sie lassen sich in einem einzigen zusammenfassen: «Das ist mein Gebot, dass ihr einander liebt, wie ich euch geliebt habe» (V. 12). Veerkamp gibt ihm die Fassung: «Dies ist mein Gebot: dass ihr miteinander solidarisch seid», denn er geht davon aus, dass der konkrete Hintergrund der durch viele Streitigkeiten bedrohte Zusammenhalt der Gemeinde ist, wozu ergänzend auch die Johannesbriefe zu Rate gezogen werden (vgl. 1 Joh 2,18; 2 Joh 10; 3 Joh 9). Die von Jesus geäußerte Handlungsmaxime würde sich also zunächst auf die eigene Gruppe, die Freunde vor allem, und nicht gleich auf die ganze Menschheit beziehen. Bis dahin ist noch ein weiter Weg durch die Geschichte zurückzulegen. Deswegen mögen moderne Philanthropen nun vielleicht von diesem Messias enttäuscht sein und lieber Beethovens «Neunte» singen, aber auch deren Emphase ist bis heute ein frommer Wunsch geblieben. Doch der Johannestext bleibt seiner Logik treu: Frucht tragen heißt untereinander solidarisch sein, und in den «Freundeskreis» aufgenommen wird nur, wer sich das Grundgebot zu eigen macht. Die Freundschaft hat ihren Preis, aber den setzt der Messias relativ autoritär selbst fest, wenn er sagt: «Nicht ihr habt mich erwählt, sondern ich habe euch erwählt» (V. 16). Sentimentalität ist nicht sein Ding, sehr wohl aber das absolute Eintreten für den andern. Dabei bleibt es (V. 18).

89 Veerkamp: Der Abschied a.a.O. 56.

Marx hätte diesen Jesus wohl sehr gut verstanden, möchte ich dem hinzufügen.

7.2 Der Auftritt der Bestien. Die Johannesapokalypse (Kapitel 13 und 17)

Seine mit biblischen Worten formulierte Einsicht, dass das Geld nicht nur der König in der Warenwelt ist, sondern, wie schon mehrfach erwähnt, der «Herr dieser Welt», verschärft Marx noch einmal, indem er die Johannesapokalypse[90] zu Hilfe nimmt, wobei ihn vor allem die Aktanten des «Großen Drachen» (Offb 12) und des «Tiers[91] aus dem Abgrund» (Offb 11,7; 13; 17,8) inspiriert haben dürften. Deren Rolle als Gegenspieler des «Lammes» (Christus), dem von Gott die Geschicke der Welt übertragen werden (Offb 4,1–5,14), hat traditionell dazu geführt, vom «Antichrist» zu sprechen, eine Bezeichnung, die explizit so nicht in der Apokalypse gebraucht wird.

Im Kontext seiner Erklärung, wie eine bestimmte Ware aus dem Austauschprozess heraus genommen und zu einer «gesellschaftlich gültigen Äquivalentform» wird, womit sie die «spezifisch gesellschaftliche Funktion des ‹Geldes›» bekommt, zitiert Marx die «Apokalypse des Johannes» in ihrer Vulgata-Ausgabe.

Er nimmt dabei eine geschickte Kompilation der Verse 17,13 und 13,17 vor, wodurch ein wohl eher zufälliges Zahlenspiel[92] zustande kommt. – Der zusammengesetzte Text lautet dann nach der Vulgata:

> *Illi unum consilium habent et virtutem et potestatem suam bestiae tradunt.*
> *Et ne quis possit emere aut vendere, nisi qui habet characterem aut nomen bestiae, aut numerum nominis ejus.*

Dem wird in der MEW-Ausgabe[93] folgende deutsche Übersetzung beigefügt:

90 Dussel macht die Angabe, dass im Werk von Marx und Engels mehr als 40 Male Verse aus der Apokalypse zitiert werden, wobei allerdings nicht zwischen den beiden Autoren unterschieden wird, vgl. Dussel, Las metáforas teológicas, a.a.O. 212, FN 54.

91 In Kapitel 13 steht durchgehend im Griechischen das Wort *therion*, welches das wilde Tier im Unterschied zum Haustier und zum Tier als Lebewesen allgemein (*zoon*) meint. Weil *therion* den wilden und bestialischen Zug an bestimmten Tieren betont, übersetzt die Vulgata konsequent mit *bestia*.

92 Dussel scheint dies ein wenig anders zu sehen, denn er spricht von einer «kabbalistischen Kombination», gemeint ist wohl 17–13–13–17, vgl. Dussel: Las metáforas teológicas, a.a.O. 174.

93 Vgl. MEW 23, S. 101; die MEW-Ausgabe bringt die vierte von Engels besorgte Auflage des «Kapital», Hamburg 1890.

> Die haben eine Meinung und werden ihre Kraft und Macht geben dem Tier, dass niemand kaufen oder verkaufen kann, er habe denn das Malzeichen, nämlich den Namen des Tieres oder die Zahl seines Namens.[94]

Man sollte hier Vers 16 mit einbeziehen, wo angegeben wird, dass dieses Zeichen auf der rechten Hand oder auf der Stirn angebracht wurde. Marx nimmt nämlich später darauf explizit Bezug, wenn er über das Kapital schreibt:

> Wie dem auserwählten Volk auf der Stirn geschrieben stand, dass es das Eigentum Jahweh's sei, so drückt die Teilung der Arbeit dem Manufakturarbeiter einen Stempel auf, der ihn zu Eigentum des Kapitals brandmarkt.[95]

Wenn Marx genau an dieser Stelle seines Gedankengangs zur Verwandlung der Ware in Geld als gesellschaftlicher Prozess die Apokalypse ins Spiel bringt, dann hat dies sicher keine dekorative Funktion. Marx scheint vorauszusetzen, dass die Bildsprache der Apokalypse des Johannes und auch dessen semiotische Logik der Chiffrierung der Realität des *Imperium Romanum* seinen Lesern und Leserinnen nicht nur bekannt, sondern auch zugänglich war.

Die Mehrstufen-Semiotik der einschlägigen Kapitel der Apokalypse soll hier kurz vorgestellt werden.[96] Zu Beginn von Kapitel 13 steigt aus dem Meer, dem Ort des Chaos, ein Tier empor, das Merkmale der bei Daniel erwähnten Tiere (vgl. Dan 2; 7) vereinigt und an die mythischen Ungeheuer im Buch Ijob, Behemoth und Leviathan (vgl. Ijob 40,15–41,26), erinnert. Es ist zudem eng verbunden mit dem in Kapitel 12 erwähnten Drachen, von dem es den Thron seiner Macht empfängt. In diesem Tier aus dem Meer verkörpert sich reale Macht, die Macht des römischen Reiches, in dem für Johannes die im Buch Daniel begonnene Reihe von Gewaltreichen ihren Höhepunkt erreicht. Eindeutig und klar aber ist die Auskunft, dass diese Macht nicht nur einen bestialischen und insofern mythischen Charakter hat, sondern satanischen Ursprungs ist, also vom Bösen und nicht von Gott eingesetzt ist. Ebenso klar ist, dass es sich um eine Chaosmacht, um eine Bedrohung der ganzen Schöpfung

94 Ebd. 101. Die meisten geläufigen Bibelausgaben übersetzen *unum consilium* mit «eines Sinnes» und bleiben beim Präsens (geben) wie der lateinische Text. Die Zürcher Bibel schreibt jedoch auch «einer Meinung».

95 Vgl. MEW 23, S. 382.

96 Ich greife hier zurück auf meine Darlegungen zur Auslegung von Offb 13,17 u. 18: vgl. Füssel: Im Zeichen des Monstrums, a.a.O.

handelt, die alles Leben wieder auszulöschen droht. Das Tier hat sieben Köpfe, die nach der Mehrheitsmeinung der Ausleger sieben römische Kaiser symbolisieren, deren Selbstverständnis als göttliche Wesen sie in einen unversöhnlichen Gegensatz zur Gottesherrschaft setzen. Die Leute willigen in die Anbetung des Kaisers als Gott ein, weil sie keine mit ihm vergleichbare Macht erkennen können, ein Eindruck, der natürlich durch die regierungsamtliche Propaganda mit allen erdenklichen Mitteln bekräftigt wird. Dieser Systemlogik folgend entsteigt nun der Erde ein zweites Tier, welches einem Widder ähnelt, aber wie ein Drache redet. Kurz gesagt: Es steht für die bereits erwähnte Propaganda des totalen Staates, welche ihre brutalen Reden mit lächelnder Miene vorträgt. Schaueffekt und Überredungswirkung gingen damals wie heute Hand in Hand.

Das Kapitel 17 greift noch einmal die Figur des Tieres auf, ergänzt durch die auf ihm reitende «Hure Babylon». Auch das Zahlenspiel der sieben Köpfe, welche sieben Könige symbolisieren, geht weiter. Diese Könige sind «eines Sinnes». Sie stellen sich ganz in den Dienst des «Tieres» und kämpfen gegen das Lamm, das sie besiegen wird (vgl. 17,13–14).

Natürlich hatte Johannes damals Rom vor Augen. Der Götzendienst und insbesondere der von Kaiser Domitian zur Zeit des Johannes überzogene Kaiserkult, ihre sicher auch für die frühen Gemeinden bedrohliche Anziehungskraft und die für Wohlverhalten ausgeteilten Gratifikationen, aber nicht zuletzt die lebensbedrohenden Folgen der Verweigerung der Anbetung von Kaiserstandbildern hat der politische Gefangene Johannes auf Patmos lebendig vor Augen. Es gibt jedoch auch weniger blutrünstige Sanktionen für Abweichungen. Jeder, der sich weigert, das Tier anzubeten und sich von ihm «aus-zeichnen» zu lassen, ist vom Wirtschaftsleben ausgeschlossen, denn dieses Wirtschaftsleben funktioniert nur, wenn das «Tier» anerkannt wird. Gewinn und Profit sind die Grundinteressen der Machthaber, nicht der Weihrauch vor ihren maskenhaften Gesichtern. Deutlicher konnte man es auch zur Zeit von Marx und heute nicht aufzeigen: Die Zulassung zur Teilnahme am Wirtschaftsleben macht den Teilnehmenden zur Nummer, prägt ihm ein Zeichen ein, wie es die Großgrundbesitzer mit ihren Herden tun. Oder vornehmer ausgedrückt: Man muss ein Konto mit entsprechender Nummer haben, um am Geldverkehr überhaupt teilnehmen zu dürfen. Diese

Grunderkenntnis vereint den Deportierten Johannes auf Patmos mit dem exilierten Marx in London.

Auch die heute in der Digitalisierung omnipotent gewordene «Numerologie» hat Johannes gewissermaßen geahnt und antizipiert, wenn er in Vers 18 die Zahl des Tieres, die auch die Zahl eines Menschen ist, sozusagen seinen Strich-Code, offenlegt. Es ist die Zahl 666. Ich möchte mich hier nicht an den Spekulationen über die Bedeutung dieser Zahl beteiligen, dazu ist genug Unsinn geschrieben worden. Doch auch Engels fühlte sich durch diese Zahl aufgefordert, sie zu dechiffrieren. Da er die Methoden der Kabbala und der Gematria, in denen Buchstaben Zahlenwerte zugeordnet werden, kannte, fand er eine Lösung: Die Zahl 666 steht für den Kaiser Nero.[97] Damit kann er sich auch heute noch in der Forschung sehen lassen.

Systematisieren wir noch einmal die zeitgeschichtliche Deutung der Symbole: Mit dem Tier aus dem Meer, dem «Antichrist» ist wohl das römische Kaiserreich gemeint, das zweite Tier aus der Erde repräsentiert dann die behördlichen und priesterlichen Propagandainstitutionen der römischen Ideologie, in deren Mitte der Kaiserkult steht. Hinter beiden Tieren stehen wiederum die satanische Macht und der Drache als Gegenspieler Gottes.

Wir brauchen nicht lange zu rätseln, warum Marx diese Apokalypse-Verse als seiner Argumentationsstrategie und politischen Aufklärungsabsicht dienlich einstufte. Die Entstehung des Geldes und seiner Macht geht darauf zurück, dass die produzierenden und Waren tauschenden Individuen ihre «Kraft» und ihre «Macht», ihre produktive Potenz, an das Geld delegieren. Nachdem es diese Macht hat, übt es sie auch gnadenlos aus über die nunmehr machtlosen Subjekte, die Menschen, die nun dem zum Kapital gewordenen Geld unterworfen (*sub-iectum*) sind. Das Kapital ist das «Tier aus dem Abgrund», die Inkarnation des «Drachens», der Mandatsträger und das ausführende Organ des Teufels in diesem «Äon», wie Paulus sagen würde, also für alle geschichtlichen Epochen – zur Zeit des Johannes auf Patmos, des explodierenden Kapitalismus im 19. Jahrhundert bei Marx und des High-Tech-Kapitalismus heute.

Wie durchgehend bei seiner Benutzung der Bibel, so auch hier, öffnet Marx mit der Verwendung biblischer und theologischer Metaphern nach seiner sehr kleinschrittigen Abhandlung der politökonomischen Problematik den Blick für eine zunächst unsichtbare,

97 Vgl. Engels, F.: Das Buch der Offenbarung, in: MEW 21, S. 9–15.

aber sehr wirkmächtige Dimension, die Welt des Teufels, des Dämonischen. Auch wenn der «Drache» und das «Tier» die Anwesenheit des Teufels auf dieser Erde realisieren und in der Gestalt der «Hure Babylon» und damit Roms sichtbar verkörpern, muss dies erst einmal aufgedeckt, «geoffenbart» werden.

Diese «Welt des Teufels», der dämonische Bereich,[98] ist keinesfalls eine mythologische Größe, sie ist ein Sachverhalt, der aber mittels einer Personalisierung zu einer gesellschaftlichen Größe wird. Die Plausibilität dieses Sprachgebrauchs und dieses «Denkstils»[99] hängt natürlich von der durch den christlich geprägten Kulturkreis erzeugten Konsensfähigkeit der verwendeten Metaphern ab. Trotz all seiner Religionskritik aktiviert Marx diesen kulturellen Kontext und die in ihm noch gegenwärtige biblische Tradition. Dabei spekuliert er auf eine Akzeptanzverstärkung seiner Argumentationen und Deutungen.

Der Teufel ist der «Herr dieser Welt», zugleich aber auch der «Herr des Todes», der «Menschenmörder von Anbeginn» und «Vater der Lüge», wie Jesus es mit vernichtender Schärfe in der Auseinandersetzung mit seinen Gegnern (vgl. Joh 8,44) formuliert und auf den Punkt bringt. Wem dieses Vokabular geläufig ist, der wird es erkenntniserweiternd einsetzen können.

Dussel nimmt das Ensemble der in ihrer anti-christlichen Funktion äquivalenten Text-Aktanten («Drache», «Tier aus dem Abgrund», «Lügenprophet», welche allesamt wiederum Verkörperungen der antigöttlichen Macht, des Satans sind, vgl. die Aufzählung Offb 12,9) zum Anlass, die Kritik von Marx an Geld und Kapital als «Verteufelung», als Entfaltung einer «Dämonologie» zu bezeichnen.[100] Im Folgenden resümiert er die argumentative Strategie von Marx:

> Es geht darum, einen Gegensatz aufzubauen zwischen dem Christlichen (kapitalistisch im alltäglichen Leben …) und dem «reinen Evangelium» (im

98 Slavoj Zizek hat auf diese Zusammenhänge im Titel eines sehr geistreichen Buches angespielt: vgl. Zizek, S.: Die bösen Geister des himmlischen Bereichs. Der linke Kampf um das 21. Jahrhundert, Frankfurt a. M. 2011.

99 Verwiesen sei hier auf den jüngst wieder verstärkt beachteten polnischen Mikrobiologen und Erkenntnistheoretiker Ludwik Fleck (1896–1961); vgl. Fleck, L.: Denkstile und Tatsachen. Gesammelte Schriften und Zeugnisse, 3. Aufl., Berlin 2019; zur generellen Problematik des Wissens und seiner Erzeugung vgl. Füssel, M.: Wissen. Konzepte – Praktiken – Prozesse, Frankfurt, New York 2021.

100 Dussel spricht von einer *demonología*; vgl. Dussel: Las metáforas teológicas, a.a.O. 170 ff., was zwar mit «Dämonologie» übersetzt werden kann, wegen unseres Sprachgebrauchs von «Dämon» möglicherweise falsche Assoziationen wecken könnte, obwohl in der Bibel der Teufel als Anführer der bösen Geister, der Dämonen, gilt, der im Spanischen auch als *demon* bezeichnet wird.

Sinne des zu Beginn dieses Kapitels zitierten Textes[101]). Wenn jemand kapitalistisch ist und christlich, so argumentiert Marx, und das Kapital der Teufel, dann gilt eins von beiden: Entweder identifiziert sich dieser Christ als Kapitalist und verleugnet seinen Glauben, um den Teufel anzubeten (gemäß einer christlich-kritischen Sehweise), oder er widersagt dem Teufel (und hört entsprechend auf, ein Kapitalist zu sein). Es handelt sich hier also um eine *negative Theologie*, welche etwas benennt, das ein «Nicht-Gott» ist. Diesem «Un-Gott» zu entsagen ist das erste Gebot im Deuteronomium.[102]

7.3 Die Jagd nach dem unvergänglichen Schatz (Mt 6,19–20)

7.3.1 Der Befund

Bei Marx und Engels wird die Stelle Mt 6,19–20 des Matthäusevangeliums durch Zitierung oder Anspielung achtmal in ihre Abhandlungen mit einbezogen.[103] Wir wählen drei Textstellen bei Marx aus, um sie kurz zu kommentieren und anschließend im Zusammenhang gemeinsam zu interpretieren.

In den «Grundrissen» betont Marx in seinem «Kapitel vom Geld», dass die Edelmetalle wegen ihrer natürlichen Langlebigkeit und relativen Unzerstörbarkeit als Geld besonders geeignet sind. Er fügt dann hinzu:

> Wenn das Geld als an allen Orten, der Raumbestimmung nach allgemeine Ware erscheint, so jetzt auch der Zeitbestimmung nach. Es erhält sich als Reichtum in allen Zeiten … Es ist der Schatz, den weder die Motten noch der Rost fressen. Alle Waren sind nur vergängliches Geld; das Geld ist die unvergängliche Ware. Das Geld ist die allgegenwärtige Ware; die Ware nur lokales Geld … Der Geldkultus hat seinen Ascetismus, seine Entsagung, seine Selbstaufopferung – die Sparsamkeit und Frugalität, das Verachten der weltli-

101 Gemeint ist eine Passage von Marx in: «Zur Judenfrage», MEW 1, S. 359–360, welche bei Dussel die Grundlage ist für ein hochkomplexes Schema, mit dem er das Zusammenspiel der verschiedenen Momente erklärt, auf die sich Marx ständig bezieht; vgl. Dussel: Las metáforas teológicas, a.a.O. 133–135.

102 Dussel: Las metáforas teológicas, a.a.O. 173 f. (Übersetzung K. F.) Die hier von Dussel gemachte Unterscheidung wird analog akzentuiert und mit einem Ebenenwechsel analysiert von Urs Eigenmann, im Anschluss an Franz J. Hinkelammert, als Gegensatz zwischen einem «prophetisch-messianischen Christentum und einer imperial-kolonisierender Christenheit»; vgl. ders.: Von der Christenheit zum Reich Gottes, Beiträge zur Unterscheidung von prophetisch-messianischem Christentum und imperial-kolonisierender Christenheit, Luzern 2014.

103 Von den acht Vorkommen entfallen sechs nur auf Marx und zwei auf Engels bzw. auf die Gemeinschaftsarbeit der Kritik an Max Stirner. In chronologischer Reihenfolge: MEW Erg 1, S. 549; MEW 2, S. 345 (Engels); MEW 3, S. 103 (gemeinsam); MEW 5, S. 421; Grundrisse, S.142 f. u. S. 898; MEW 13, S. 107, 133.

> chen, zeitlichen und vergänglichen Genüsse; das Nachjagen nach dem *ewigen* Schatz. Daher der Zusammenhang des englischen Puritanismus oder auch des holländischen Protestantismus mit dem Geldmachen.[104]

Diese Textpassage enthält eine Menge Aspekte, bei denen es sich lohnen würde, sich mit ihnen ausführlicher zu beschäftigen. Die Nähe zu Benjamins Fragment sticht ins Auge, nicht nur wegen des Stichwortes «Geldkultus». Aber um diesen Bezug geht es hier nicht vorrangig. Auch die Einstufung des englischen Puritanismus und des holländischen Protestantismus, die seine frühe Religionskritik ökonomiekritisch verlängert, soll an dieser Stelle nicht weiterverfolgt werden.

Ein weiteres Beispiel, das aus der «Kritik der politischen Ökonomie» stammt und auch zeitlich nicht viel später zu datieren ist als das vorangegangene Beispiel, ist ihm bis in den Wortlaut hinein sehr ähnlich:

> Der Schatzbildner verachtet die weltlichen, zeitlichen und vergänglichen Genüsse, um dem ewigen Schatz nachzujagen, den weder die Motten noch der Rost fressen, der ganz himmlisch und ganz irdisch ist.[105]

Ebenfalls in der «Kritik der politischen Ökonomie» verwendet Marx die in den vorherigen Beispielen auftretenden Elemente erneut, um in seinem Kapitel «Theorien über Zirkulationsmittel und Geld» das Thema des unvergänglichen Schatzes zu behandeln, wobei er wirtschaftsgeschichtliche Informationen hinzufügt:

> Wie eine allgemeine Goldgier Völker und Fürsten im 16. und 17. Jahrhundert, der Kindheitsperiode der modernen bürgerlichen Gesellschaft, in überseeische Kreuzzüge nach dem goldnen Gral jagte, so proklamierten die ersten Dolmetscher der modernen Welt, die Urheber des Monetarsystems, wovon das Merkantilsystem nur eine Variante ist, Gold und Silber, d. h. Geld, als den einzigen Reichtum. Richtig sprachen sie den Beruf der bürgerlichen Gesellschaft dahin aus, Geld zu machen, also, vom Standpunkt der einfachen Warenzirkulation, den ewigen Schatz zu bilden, den weder Motten noch Rost fressen.[106]

In keinem der angeführten Beispiele wird Mt 6,19–20 vollständig zitiert, so dass zur Herausarbeitung der bei Marx vorkommenden Textelemente zunächst die ganze Bibelstelle wiedergegeben werden

104 Grundrisse, S. 42 f.
105 MEW 13, S. 107.
106 MEW 13, S. 133.

muss, deren Zeilen wir in der Luther-Übersetzung zur Bearbeitung durchnummerieren:

> Vers 19:
> 1. Ihr sollt euch nicht Schätze sammeln auf Erden,
> 2. wo sie die Motten und der Rost fressen
> 3. und wo die Diebe nachgraben und stehlen.
>
> Vers 20:
> 4. Sammelt euch aber Schätze im Himmel,
> 5. wo sie weder Motten noch Rost fressen
> 6. und wo die Diebe nicht nachgraben noch stehlen.

Die Zeilen 3 und 6 treten in keinem der zitierten Beispiele als Zitat oder nur als Anspielung auf und können daher bei der Kommentierung unberücksichtigt bleiben. Ob diese Auslassung durch Marx selber wieder eine weitergehende Bedeutung hat, lässt sich nicht direkt angeben. Man müsste sie mit der dann unvermeidbaren Unsicherheit *e silentio* ableiten. Also belassen wir es bei einer Reduktion der Bibelstelle auf die vier Zeilen 1 und 2, 4 und 5.

Die verbleibenden Sätze unterscheiden sich in ihrem formalen Aufbau in drei Punkten: a) Der verneinende Imperativ von Zeile 1 wird in Zeile 4 positiv umgewendet, also eine Position tritt an die Stelle einer Negation; b) «auf Erden» in Zeile 1 wird durch das Antonym «im Himmel» in Zeile 4 ersetzt; c) «Motten und Rost» aus Zeile 2 werden in Zeile 5 durch die kopulative Konjunktion «weder – noch» verbunden, also eine Negation statt Position.

7.3.2 Formale Logik und Ideologiekritik. Zwei Interpretationshilfen

Marx praktiziert bei dem so reduzierten Bibelzitat eine Zitierweise, bei der er Textelemente ganz übernimmt, nur zum Teil übernimmt, abändert oder ganz weglässt. Ein Beispiel soll diese Beobachtung verdeutlichen. Im Text aus den «Grundrissen» steht: «Es ist der Schatz, den weder die Motten, noch der Rost fressen.» Das Textelement «Schätze» wird zum Teil übernommen, das Textelement «weder Motten noch Rost» aus Zeile 5 wird ganz übernommen, ebenso «fressen». Inhaltlich interessanter sind dabei aber die bedeutungsverwandten Ersetzungen wie im dritten Beispiel, wo das biblische «Sammeln» zum «Bilden des Schatzes» erweitert wird, oder im zweiten Beispiel, wo das «Sammeln» zu einem «Nachjagen» zugespitzt und der «Schatz» zu einem «ewigen Schatz» überhöht wird. Nebenbei bemerkt: Der Begriff «ewiger Schatz» kommt in der Bibel nicht vor, wenn man der Konkordanz trauen kann. So kann Marx die kritisierte Pervertierung noch einmal verdeutlichen, die darin besteht, dass im Nachjagen dem irdischen Reichtum die Qualität des Ewigen zugesprochen wird. Dieser Aspekt wird noch einmal verstärkt, indem die biblisch als unvereinbar geltenden Attribute «irdisch» und «himmlisch» logisch unzulässig vermengt und gleichzeitig von diesem «ewigen Schatz» ausgesagt werden, nach dem Motto: Auch die Logik hat sich der Geldgier zu beugen.

Bei dem ersten und dem dritten Beispiel wird das Geld bzw. das Gold mit dem Schatz identifiziert, den weder die Motten noch der Rost auffressen können, der aber nach biblischen Maßstäben gerade kein irdischer Schatz sein kann. Marx kritisiert also in diesem Kontext mehrfach die kapitalistische Lebensweise, in der das Geld zum obersten Maßstab menschlichen Handelns gemacht wird. Er muss dazu nicht klären, was wir uns denn unter den «himmlischen Schätzen» vorzustellen haben, und er muss auch nicht angeben, ob er eine biblische Deutung als «gute Werke» gut findet, er muss nur zeigen, dass Geld und Gold es eben nicht sind.

Nur indirekt mit Mt 6,19–20, sehr wohl aber mit dem breiteren biblischen Kontext, hängt die von Marx vorgenommene enge Verknüpfung zwischen dem Willen zur Schatzbildung und der dadurch erzwungenen asketischen Lebensführung zusammen:

> Der Geldkultus hat seinen Ascetismus, seine Entsagung, seine Selbstaufopferung – die Sparsamkeit ... das Verachten der weltlichen, zeitlichen und vergänglichen Genüsse.»

Der Geldkultus verlangt von seinen Teilnehmern genau jene Eigenschaften und Haltungen, die vor allem Paulus von sich und den Jesusnachfolgern erwartete, die in letzter Instanz auch die Erleidung des Martyriums einschloss.

Marx argumentiert in seiner Kritik am Geld und an der bürgerlichen Gesellschaft nicht moralisch, sondern logisch. Das Verhalten der «Geldgierigen» ist die paradoxale Umkehrung der biblischen Antithese: Für vergängliche Werte, die den Schein des Unvergänglichen haben, werden Opfer gebracht, Einschränkungen und Leistungen, die nach biblischer Auffassung für das unzerstörbare Gut der göttlichen Belohnung für die guten Werke und Wohltaten (Almosengeben, Liebestaten usw.[107]) auf sich genommen bzw. erbracht werden sollten, die aber als Leistungen zum Erwerb vergänglicher Güter und Schätze widersinnig sind. Der «Tun-Ergehen-Zusammenhang», ein stehender bibeltheologischer Interpretationsansatz, wird auf den Kopf gestellt.

Das in der Bibel Abgelehnte wird in der bürgerlichen Gesellschaft zum Erstrebenswertesten, und das Leben wird geopfert für einen Reichtum, den man gerade wegen dieser Aufopferung nicht genießen kann, denn nach dem Tod sind es bestenfalls die lachenden Erben, die in den Genuss des akkumulierten Reichtums kommen, wie schon im Lukasevangelium bei der Geschichte vom reichen Kornbauer ironisch angemerkt wird (vgl. Lk 12,16–21). Diese Antithetik kann Marx umso genüsslicher entfalten, als er damit auch einer Spielart des Protestantismus, der die Geldmacherei als asketische Tugend fördert und damit den Kapitalismus mit ankurbelt, einen Irrweg attestieren kann. Ähnliches gilt für den so genannten «christlichen Staat». Zu wiederholten Malen kritisiert Marx, dass die Herrschenden und die in ihren Diensten stehende und von ihnen instrumentalisierte Religion gegen den Wortlaut des Evangeliums verstoßen.[108]

Die bürgerliche Welt ist eine verkehrte Welt, in der die natürlichen Güter, die Erde und die menschliche Arbeit, die «Springquellen des Reichtums», wie Marx formuliert,[109] nicht in sich genutzt und gewürdigt, sondern ausgebeutet und verbraucht werden, um das Kapital, einen abstrakten Reichtum zu erzeugen und zu vermehren. Wenn wir diesen in den ausgewählten Marx-Zitaten nicht unmittelbar angesprochenen, aber in seiner Geldtheorie als Topos immer gegenwärtigen Widerspruch zwischen den natürlichen Reichtümern, die auch noch im Gebrauchswert der Waren anwesend sind, und dem abstrak-

107 In der Tradition der Weisheitstheologie heißt es bei Jesus Sirach: «Leg dir einen Schatz an nach den Geboten des Höchsten; der wird dir mehr nützen als Gold» (Sir 29,11). Die «Anlage» besteht in der Befolgung der Thora durch gute Werke und Wohltaten. Diese finden sich in der Regel in materieller Unterstützung mit Sachwerten und Geld für Notleidende, Benachteiligte und Verarmte. Hierin zeigt sich das praktische Ernstnehmen der Thora, wofür es ewigen «Lohn» gibt.

108 Vgl. z. B. MEW 1, S. 359: «Dem Staat, der das Christentum als seine höchste Norm, der die Bibel als seine Charte bekennt, muss man die Worte der heiligen Schrift entgegenstellen … Dieser Staat … gerät in einen schmerzlichen … Widerspruch, wenn man ihn auf diejenigen Aussprüche des Evangeliums verweist, die er *‹nicht nur nicht befolgt, sondern auch nicht einmal befolgen kann, wenn er sich nicht als Staat vollständig auflösen will›.*» Dussel hat diese noch bedeutend umfangreichere, von ihm zitierte Stelle genutzt, um eine hermeneutische Grundlinie seiner aufgezeigten Problematik zu erarbeiten und schematisch darzustellen, vgl. Dussel: Las metáforas teológicas, a.a.O. 133–139.

109 Vgl. MEW 23, S. 530.

ten Reichtum des Kapitals als Interpretationsrahmen heranziehen, dann lässt sich ein formallogisch eindrucksvolles Fazit ziehen.

Die Formalisierung sollte nicht als *l'art pour l'art* verwendet werden, aber wenn sie einen Erkenntnisgewinn verspricht, sollte man sie auch nicht ängstlich vermeiden.

Setzen wir A = natürlicher Reichtum bzw. materielle Ressourcen, B = abstrakter Reichtum oder Geld und Kapital als Größen auf der Ebene der bürgerlichen Ökonomie, und C = irdische Schätze und D = himmlische Schätze auf der Ebene des biblischen Textes. Nach den Ausführungen von Marx besteht eine antagonistische Relation zwischen A und B (A > – < B) und gemäß dem Matthäusevangelium zwischen C und D (C > – < D). Marx stellt nun eine Entsprechung auf zwischen A und D (A < – > D) als positiven Größen und B und C als negativ besetzten Größen (B < – > C). Seine Pointe besteht nun in der Empfehlung, mit dem natürlichen Reichtum so umzugehen und ihn so «wertzuschätzen», wie es die Bibel für die himmlischen Schätze empfiehlt. So hatte sich Matthäus das zwar nicht gedacht, aber die Wendung, die Marx der Problematik gibt, gewinnt aktuelle Brisanz.

Vielleicht lag Marx mit seiner Empfehlung ja gar nicht so falsch, wenn wir an die aktuelle Klimadiskussion und die Pandemiebedrohung denken und beide als ein Ergebnis eines kontraproduktiven Umgangs des Menschen mit sich selbst und mit der Natur und der Umwelt verstehen. Wir sollten unseren natürlichen Reichtum, unser Leben, unsere Natur und unsere Arbeit als «himmlische Schätze» behandeln. Diese Deutung wäre keine unangemessene Verschiebung der Akzente und auch kein anti-biblischer Affront, sondern wäre im Gegenteil völlig kompatibel mit dem biblischen Schöpfungsauftrag, uns und die uns anvertraute Schöpfung zu bewahren, zu hegen und zu pflegen, sie also gegen die «Motten des spekulativen Kapitals» und die «gefräßige Gebrauchswertvernichtung» zu schützen.

7.3.3 Ergänzungen durch die Fachexegese[110]

Zum Vokabular ist anzumerken, dass die griechische Vokabel *brosis*, die «Essen» oder negativ «Fraß» (im Sinne von «das Fressen» aber auch von «etwas anfressen») meint, früher mit Rost übersetzt wurde.

110 Verwiesen sei auf den umfangreichen Kommentar von Lutz U.: Das Evangelium nach Matthäus, Bd. I/1 (EKK), Zürich, Einsiedeln, Köln, Neukirchen-Vluyn 1985, 355–363.

Es handelt sich aber auch hier, wie bei der Motte, um ein schädliches fressendes Insekt oder entsprechende Würmer wie den Holzwurm. Die orientalische Gewohnheit, kostbare Kleider als exzellente Form des Reichtums und der Mitgift zu betrachten, spielt hier wohl eine Rolle, denn diese konnten im Laufe der Zeit von Motten angefressen werden, wie auch Schatzkisten von Holzwürmern durchlöchert und zermürbt werden konnten. Aber auch Schmuck war wohl Rost anfällig. Dass Gold und Silber als korrosionsbeständige Metalle demgegenüber als die sicherste Form der Schatzbildung angesehen wurden, hat sich im Laufe der Zeit, quer durch alle Gesellschaftsformationen, nicht geändert. Diese beiden Metalle werden zwar bei Matthäus nicht ausdrücklich genannt, waren aber keineswegs eine diebessichere Form der Schatzaufbewahrung, worauf sehr wahrscheinlich in den Zeilen 3 und 6 unseres Zitates aufmerksam gemacht wird. Diese sachkundige Ergänzung verändert aber nicht die von der Bibel und von Marx behandelte Problematik. Denn deren Gegenstand ist der unterschiedliche Umgang mit Besitz, worunter im Aramäischen vor allem «Geld» verstanden wird, und großer Besitz, also Reichtum, was in den von Marx nicht mehr zitierten folgenden Versen (Mt 16,22–24) ausführlich thematisiert wird: Im Umgang mit Reichtum und Besitz steht das ganze Menschsein auf dem Spiel, es geht um Licht und Finsternis, um Ganzheit und Vollkommenheit. Da gibt es kein Lavieren und Taktieren, und deshalb schließt auch der Text bei Matthäus mit derselben Aussage ab wie Lk 16,13: «Niemand kann zwei Herren dienen ... Ihr könnt nicht Gott dienen und dem Mammon!»

8. Materialistische Lektüre der Bibel

Die aus dem Blickwinkel materialistischer Theorie (so wie sie von Marx verstanden und in der an ihn anknüpfenden Tradition entfaltet und variiert wurde) vorgenommene Lektüre der Bibel[111] ist nicht vom Himmel gefallen.[112] Sie reagiert vor allem auf die Auseinandersetzung der Arbeiterbewegung mit der Einflussnahme der beiden großen christlichen Kirchen und ihrer maßgeblichen Theologen auf Gesellschaft, Arbeitswelt und Sozialpolitik, wobei das kirchliche Lehramt zur Legitimation seiner sozialpolitischen Maximen immer wieder eine dogmatische Lesart der Bibel ins Spiel brachte. Diese Auseinandersetzung wirkt bis in unsere Zeit fort, wenn z. B. Adolf Kolping und Bischof Emmanuel von Ketteler als Gegenspieler von Marx aufgeboten werden.

Der Ansatz einer namentlich (und im engeren Sinne) so bezeichneten materialistischen Bibellektüre entstand im nach vielen Richtungen produktiven intellektuellen und kulturellen Milieu des Paris der späten 1960er Jahre. Ihre erste systematische Darstellung fand sie in dem bis heute zentralen Werk des Portugiesen Fernando Belo: *Lecture matérialiste de l'Évangile de Marc*[113].

Worauf verweist das Stichwort «materialistisch»? Zunächst einmal ist das Gegenteil von «idealistisch» gemeint, im Sinne von «realitätsblind» oder losgelöst vom konkreten und materiellen Leben. Es wird also, um eine Formulierung von Marx aus der «Deutschen Ideologie» aufzugreifen, «von den wirklich tätigen Menschen ausgegangen»[114], d. h. von ihrer Praxis. Hauptsächlicher Bezugspunkt einer materialistischen Lektüre ist die «umwälzende Praxis»[115] als konkretes epi-

111 Da die Praxis und Theorie einer materialistischen Bibellektüre zu meinen Arbeitsschwerpunkten in einem Zeitraum von nun fast 45 Jahren gehört, bitte ich um Verständnis dafür, dass hier mittlerweile die sechste Darstellung des Themas vorgelegt wird. Die im Folgenden vorgelegte Ausarbeitung stützt sich vor allem auf den Artikel zum Stichwort «materialistische Bibellektüre» in: Haug, W. F. u. a. (Hg.): Historisch-kritisches Wörterbuch des Marxismus (HKWM), Bd. 9/1, Berlin 2018, Sp. 252–266.

112 Mit dieser Formulierung sei bereits hier verwiesen auf das Buch von Casalis, G.: Die richtigen Ideen fallen nicht vom Himmel, Stuttgart, Berlin, Köln, Mainz 1980; Georges Casalis gehört zu den frühen Impulsgebern für den Ansatz einer materialistischen Bibellektüre.

113 Paris 1974; dt. Stuttgart 1980.

114 MEW 3, S. 26.

115 MEW 3, S. 534.

stemologisches Prinzip; die jeweilige Veränderungspraxis bestimmt also auch die Reichweite der entwickelten Begriffe und Theorien und wird zum Wahrheitskriterium für die mit ihnen gemachten Aussagen. Dies gilt auch für Hermeneutik und Praxis der Bibelauslegung.

Aufgrund dieser Orientierung lassen sich ebenfalls sozialgeschichtliche und feministische Forschungsansätze und Lektüreprogramme in den Rahmen einer materialistischen Bibellektüre (in einem weiteren Sinne) einordnen, die sich nicht explizit als materialistische Bibellektüre bezeichnen. Auf diese interne Erweiterung des Spektrums wird am Ende des Kapitels eingegangen.

Allerdings gibt es auch eine von Marx bis Ernst Bloch und Bertolt Brecht reichende Vorgeschichte und Vorbereitung der materialistischen Bibellektüre, wobei man sogar noch früher ansetzen und bis zu Thomas Müntzer und Baruch Spinoza zurückgehen könnte.

Die systematische Entfaltung des Ansatzes der materialistischen Bibellektüre und seiner Durchführung lässt sich in vier Schwerpunkten darstellen:

a) Die Grundoption und ihre methodischen Konsequenzen;
b) die Kontextabhängigkeit von Text und Lektüre;
c) der Text und seine Struktur;
d) Triebökonomie und Symbolordnung.

Es geht jedoch der materialistischen Bibellektüre nicht um eine bloße Rekonstruktion der gesellschaftlich-religiösen Wirklichkeit, aus der die biblischen Texte hervorgehen, sondern sie interessiert sich vor allem dafür, inwiefern biblische Texte Partei ergreifen gegen die tödlichen Strukturen von Unterdrückung und Entfremdung. Besonderes Gewicht gelegt wird auf die Tradition des Exodus, die Kritik der Propheten und die messianische Praxis Jesu, in deren Licht die übrigen Texte der Bibel erst ihre ganze Bedeutung entfalten. Die materialistische Bibellektüre versteht daher die Bibel als eine aktive und aktivierende Form literarischer Produktion, die in die Auseinandersetzungen ihrer Zeit eingreift, wobei freilich – bezogen auf alle Schriften der Bibel – auch beharrende und Macht erhaltende, also nicht nur verändernde und befreiende Tendenzen zum Ausdruck kommen.[116]

Die biblischen Texte müssen demnach als eine Einheit von Widersprüchen und Grundkonflikten begriffen werden, die nicht einer

116 Vgl. Boer, D.: Erlösung aus der Sklaverei. Versuch einer biblischen Theologie im Dienst der Befreiung, Münster 2008.

oberflächlichen Harmonie zuliebe und unter Übermalung unversöhnlicher Klassenperspektiven ihrer Brisanz beraubt werden dürfen.

8.1 Vorgeschichte und Vorbereitung der materialistischen Bibellektüre

Lektüre im allgemeinen Sinn von Linguistik und Literaturwissenschaft und erst recht die Lektüre der Bibel wird als solche von Marx und Engels zwar nicht theoretisch erarbeitet, sehr wohl aber praktisch betrieben. Marx greift überraschend oft auf biblische Texte der hebräischen Bibel und des Neuen Testaments zurück oder spielt zumindest auf sie an. Am bekanntesten ist wohl die im vorangegangenen Kapitel dargestellte Verwendung zweier Stellen über das Tier aus dem Abgrund aus der Apokalypse des Johannes (Offb 13,17; 17,13) bei der Entfaltung seiner Fetischismustheorie im «Kapital», Bd. I[117]. Marx bedient sich hier der theologischen Dämonologie als Hilfsmittel einer politisch-ökonomischen Analyse der Macht des Geldes. Verwiesen sei auch noch einmal auf die häufige Verwendung der Stelle Mt 6,19–24[118], wo es um das Sammeln von unverrottbaren Schätzen geht, um daran eine Reflexion über das Geld als unvergängliche Ware anzuknüpfen.[119]

Im Unterschied zu Marx berücksichtigt Engels auch nachweislich exegetische Arbeiten seiner Zeit, da er sich vor allem für die Aufklärung der Wirkungsgeschichte des Urchristentums interessiert. In der Schrift «Zur Geschichte des Urchristentums» erwähnt er die «Tübinger Schule»[120], von der eine historische Bibelkritik betrieben wird. Methodisch fragt Engels bei der Kommentierung verschiedener Abschnitte der Apokalypse des Johannes nach den ökonomischen, politischen und kulturell-ideologischen Bedingungen des Bibeltextes[121], bestimmt also dessen «Sitz im Leben», wie es die spätere Exegese ausdrücken wird.

Wenigstens genannt sei Wilhelm Weitling (1808–1871), der als erster deutscher Theoretiker des Kommunismus und Zeitgenosse von

117 Vgl. MEW 23, S. 88, 101, 382; dazu auch Hinkelammert, F. J.: Die ideologischen Waffen des Todes. Zur Metaphysik des Kapitalismus, Freiburg (Schweiz), Münster 1985, S. 11–68.

118 So etwa in den «Grundrissen» von 1857, S. 142, 898; hierzu Dussel: Las metáforas teológicas, a.a.O. 200 ff.

119 Vgl. hierzu die schon in Kapitel 7.3 vorgelegte Kommentierung der Marx'schen Verwendung der Stelle Mt 6,19 ff.

120 MEW 22, S. 455.

121 MEW 22, S. 457–473.

Marx, mit dem er sich 1846 zerstritt, seine eigenen Wege ging. Er verfügte nicht nur über profunde Bibelkenntnisse, sondern verfasste selber auch eine Schrift mit dem bezeichnenden Titel: «Das Evangelium des armen Sünders» (1845).

Eine bewusste Beschäftigung mit der Bibel lässt sich auch bei Rosa Luxemburg (Kirche und Sozialismus) und bei Otto Bauer (Proletariat und Religion) finden, die in ihren Auseinandersetzungen mit dem Frühchristentum besonders den so genannten Güterkommunismus in der Apostelgeschichte des Neuen Testaments (Apg 2,43–46; 4,32–34) aufgreifen. Beide lesen dabei die Apostelgeschichte als ein historisches Dokument.[122]

Entsprechend der Grundtendenz der älteren marxistischen Religionskritik, dass der Ursprung und die Eigenart von Religion aus den jeweiligen geschichtlichen Bedingungen zu erklären sei, sieht Karl Kautsky[123] im Gefolge von Engels den Erfolg des frühen Christentums im römischen Reich in seiner Empörungspotenz, die auf die Umgestaltung dieser Welt zielt. Aus dieser Perspektive beschäftigt er sich mit der urchristlichen Gemeinde und spricht ihr aufgrund der damaligen politischen Situation mit relativer Sicherheit einen proletarischen Charakter zu. Von diesem Gemeindebild aus schließt er zurück auf Jesus, den er als Rebell versteht. Obwohl Kautsky zwischen den Schriften des Neuen Testaments und dem historischen Jesus nur einen minimalen Zusammenhang annimmt, versucht er, seine Grundthese über das Urchristentum aus den Schriften des Neuen Testaments zu belegen und dabei auch Spuren eines rebellischen Jesus ausfindig zu machen, so etwa die Verachtung überkommener Gesetzlichkeit (Mk 2,17), Gewalt implizierende Ankündigungen (Lk 12,49), die Tempelreinigung (Mk 11,15–19)sowie die amtliche Begründung für seine Hinrichtung als Gotteslästerer und Aufrührer. Mit dem Auferstehungsglauben gelingt dann den Anhängern Jesu eine Glaubenslehre, in der Messiasglaube und kommunistische Praktiken (gemeinsames Essen und Arbeiten, Gütergemeinschaft) alle Mühseligen und Notleidenden zu einer Widerstandsbewegung zusammenschweißen und auf die Dauer das *Imperium Romanum* überwinden konnte.

Antonio Gramsci beschäftigt sich in den Gefängnisheften (*Quaderni del carcere*) intensiv mit Linguistik, Literatur und auch der Bibel.

122 Vgl. Luxemburg, R.: Kirche und Sozialismus, in: dies.: Internationalismus und Klassenkampf, hrsg. v. Hentze, J., Neuwied–Berlin 1971, S. 52–54; Bauer, O.: Proletariat und Religion, in: ders.: Eine Auswahl aus seinem Lebenswerk, Wien 1961, S. 178 f.

123 Kautsky, K.: Der Ursprung des Christentums. Eine historische Untersuchung, Stuttgart 1908.

In Bezug auf biblische Themen interessieren ihn sowohl soziohistorische Fragen im Zusammenhang mit den Evangelien (Mt und Joh), der Person Jesu, dem Verhältnis zwischen Christus und Paulus, aber auch Reartikulation oder gar Desartikulation biblischer Schriften (am Beispiel von Gen und Mt) seitens der Kirche. Es würde sich lohnen, der Bibellektüre von Gramsci eine eigene Arbeit zu widmen, die aber Relationen zur Auseinandersetzung von Gramsci mit Religion und katholischer Kirche genauer darstellen und analysieren müsste.

Bloch teilt sicherlich das berühmte Diktum von Marx aus der Vorrede zur «Kritik der Hegelschen Rechtsphilosophie», dass Religion in einem sowohl Ausdruck des wirklichen Elends als auch Protest dagegen sei, legt dabei aber mehr Gewicht auf den zweiten Teil dieser Aussage. Sein Interesse an der Bibel, seine Textauswahl und seine Auslegung der biblischen Texte stimmen mehr als bei allen anderen genannten Vertretern der marxistischen Tradition mit dem Kernanliegen der materialistischen Bibellektüre überein, biblische Texte als Ausdruck des Protestes der erniedrigten und versklavten Menschen gegen unmenschliche Herrschaftsverhältnisse zu lesen. So gelingen dem Atheisten Bloch überraschende Überlegungen, die der traditionellen Theologie mehrfach ein ungläubiges Staunen abgerungen haben dürften. Dies gilt in besonderer Weise für seine ungewöhnliche Interpretation der Geschichte des Auszugs Israels aus Ägypten, also des Exodus, der darin beginnenden Wandlung der Gottesvorstellung vom Unterwerfungsgott zum Befreiungsgott, der nach Blochs Interpretationen sogar nach und nach den gegen ihn rebellierenden Menschen so nachdrücklich «adoptiert», dass schließlich der religionspolitisch aufrührerische Messias Jesus selber «in Jahwe eingesetzt wird»[124]. Im Kampf Jesu als des in dieser Weise inthronisierten Menschensohnes für das Kommen des Reiches wird das Ende dieser Welt angesagt, die einer neuen Welt zu weichen hat. So kann Gott als «Erwartungshorizont der Befreiung» in der Geschichte Wirklichkeit werden, womit auch die im Exodus beginnende Transformation Gottes vom Oben ins Unten, vom Jenseits ins Diesseits, von der Zukunft in die Gegenwart ihre Vollendung findet. Auch wer der Bloch'schen Lektüre und ihren Überraschungsmomenten aus exegetischen Gründen nicht zustimmt, wird seinem kühnen Parforceritt durch die Bibel Hochachtung zollen müssen.

124 So formuliert es Bloch in: Atheismus im Christentum. Zur Religion des Exodus und des Reichs, Frankfurt a. M., 27. Abschnitt, S. 172 ff., was ähnlich auch im «Prinzip Hoffnung, S. 1495 vorkommt.

8.2 Die Grundoption und ihre methodischen Konsequenzen

Am Anfang der materialistischen Bibellektüre steht im Ausgang von der Auffassung, dass materialistische Theorie ein in die Gegensätze der verschiedenen Wirklichkeitsebenen eingreifendes Denken und daher immer auch parteilich ist, eine Option, die sich nur aus der damaligen revolutionären Aufbruchsstimmung in Europa, Lateinamerika und auch den USA erklären lässt: Die Geschichte soll nicht aus der Sicht der Herrschenden, sondern aus der Sicht der Unterdrückten und Leidenden gelesen werden. Diese aber werden nicht als isolierte und unglückliche Individuen betrachtet, sondern im Anschluss an die marxistische Theorietradition als Klasse begriffen, deren Schicksal durch ökonomische und politische Strukturen, durch Besitz- und Machtverhältnisse festgelegt wird. Neben der Macht und dem Geld bedient sich politische Herrschaft vor allem der Sprache, der Ideen und der Information, um ihre Hegemonie zu sichern und auszubauen. Die seit den Thesen von Marx über Feuerbach gültige materialistische Grundeinsicht besagt aber, dass die Verhältnisse und ihre Legitimation, die materiellen Voraussetzungen und die gedanklichen Widerspiegelungen sowie affektiven und emotiven Verinnerlichungen zugleich geändert werden müssen, damit Befreiung praktisch möglich wird.

Die Bibel als Sammlung unterschiedlichster Schriften, deren erzählte Zeit Jahrtausende umfasst, wobei noch einmal zwischen der jüdischen und der christlichen Bibel zu unterscheiden wäre, wird in der materialistischen Bibellektüre zunächst nicht unter der Voraussetzung der traditionellen Qualifikationen «Wort Gottes» oder «Heilige Schrift» untersucht, sondern als ein literarisches System von Texten begriffen, deren Produktion und Rezeption gesellschaftliche Vorgänge sind, die es zu erfassen gilt, sollen sich der Sinn und die Funktion der Texte und auch der obigen Qualifikationen erschließen. Für eine materialistische Literaturtheorie ist Literatur ein Teil der gesellschaftlichen Praxis, besonders der kulturellen und/oder ideologischen Produktion, weswegen sich in ihr die jeweilige Produktionsweise, die Klassenkämpfe und die Rolle des Staates ebenso niederschlagen wie die Alltagsprobleme und die vielfältigen individuellen Nöte der Menschen. In diesem Sinne sind biblische Texte immer auch politische Texte, da in der Zeit der Bibel Politik und Religion eine untrennbare Einheit bilden.

Die traditionelle, an Wilhelm Dilthey und Hans-Georg Gadamer orientierte Hermeneutik, die im 20. Jahrhundert auch den Bibelwissenschaften weitgehend als Theorierahmen diente, erscheint nicht geeignet, diese Optionen und Interessen als eine entsprechende Praxis der Bibelauslegung und somit konkreter Textauslegungen zu inszenieren. Dagegen bot das intellektuelle und universitäre Milieu von Paris für Fernando Belo, Michel Clévenot, Georges Casalis u. a. vielfältige Herausforderungen für eine neue Aneignung der Grundlagen des christlichen Glaubens und zugleich auch Anschlussmöglichkeiten, aus denen drei theoretische Stützpfeiler der materialistischen Bibellektüre entwickelt wurden: die Theorie der Praxis und der Gesellschaftsformation (Louis Althusser und seine Schule)[125], die strukturalistische Texttheorie und Philosophie (vor allem Roland Barthes, Algirdas Julien Greimas und Jacques Derrida) sowie die Theorie der Triebökonomie und des Körpers (Georges Bataille, Jean-Joseph Goux, Mary Douglas), woraus sich drei methodologische Schwerpunkte ergeben, die nachfolgend skizziert werden sollen.[126] Eine erste Erprobung dieser tragenden Konstruktion in Form einer ausführlichen Arbeit an den biblischen Texten legten Belo[127] und Clévenot[128] vor, wobei sie ein besonderes Gewicht auf die Auslegung des Markusevangeliums legten.

8.3 Die Kontextabhängigkeit von Text und Lektüre

Aus der Option der materialistischen Bibellektüre ergibt sich eine zweigliedrige methodische Grundfrage: a) Von wem, für wen und unter welchen gesellschaftlichen Bedingungen sind die biblischen Geschichten verfasst, weitererzählt und niedergeschrieben worden? b) Von welchem Ort aus findet die heutige Lektüre der Bibel statt? Die Frage nach dem Ort schließt die Frage nach Struktur und Funktionsweise der jeweiligen Gesellschaftsformation ein.

125 Vgl. dazu die Arbeiten von Saúl Karsz – so Karsz, S.: Theorie und Politik: Louis Althusser. Mit vier Texten von Louis Althusser, Frankfurt, Berlin, Wien 1976; besonders auch Maurice Godelier und sein Werk (vgl. Literaturverzeichnis).

126 Für die wichtigsten Werke der eben genannten Autorinnen und Autoren sei an dieser Stelle auf das Literaturverzeichnis am Ende des Buches verwiesen.

127 Belo, F., Das Markus-Evangelium materialistisch gelesen, Stuttgart 1980 (französische Originalausgabe 1974).

128 Clévenot, M.: So kennen wir die Bibel nicht, München 1978 (französische Originalausgabe: Paris 1976).

8.3.1 Der Begriff der sozioökonomischen Gesellschaftsformation

Wenn hier am Begriff der sozioökonomischen Gesellschaftsformation festgehalten wird, dann zumindest deswegen, weil er immer noch besser die Interdependenz der einzelnen Teilsysteme einer Gesellschaft anzeigt als andere Begriffskombinationen wie System und Lebenswelt bzw. System und Umwelt bei Jürgen Habermas bzw. Niklaus Luhmann oder sozialer Raum und soziales Feld bei Pierre Bourdieu[129], obwohl von den Theorien des letzteren die Einsicht in die Notwendigkeit zu übernehmen ist, dass die Relation zwischen den einzelnen gesellschaftlichen Instanzen und Feldern nicht linear-kausal, sondern als dynamische Wechselwirkung zu denken ist.[130] Damit muss den einzelnen gesellschaftlichen Teilsystemen, vor allem dem so genannten Überbau, eine bedeutend höhere Autonomie und Eigendynamik zuerkannt werden als im traditionellen historischen Materialismus der Lehrbücher.

Eine Gesellschaftsformation lässt sich schematisch beschreiben als Einheit dreier Ebenen: der Ökonomie (unter Einschluss der Technologie), der Politik (unter Einschluss der sozialen Organisation) und der Ideologie (unter Einschluss globaler Deutungssysteme). Jede Ebene ist durch eine Gruppe von Faktoren beschreibbar, unter denen aber die jeweils dominierende Praxisform hervorzuheben ist.[131] In welcher Richtung und mit welchem Grad von Gewissheit Transformationsprozesse auf den einzelnen Ebenen verlaufen und sich Problemlösungen durchsetzen, hängt aber nicht nur von der lokalen Umgebung in den einzelnen Instanzen ab, sondern auch vom Struktur- und Funktionszusammenhang der ganzen Gesellschaftsformation.

Um Missverständnisse zu vermeiden, ist auf den Unterschied von Gesellschaftsformation und Produktionsweise hinzuweisen. In einer Gesellschaftsformation können verschiedene Produktionsweisen nebeneinander existieren, wie etwa spanischer Feudalismus und asiatische Produktionsweise in den Andengesellschaften des 16. Jahrhunderts.

129 Vgl. hierzu Eder, K. (Hg.): Klassenlage, Lebensstil und kulturelle Praxis. Theoretische und empirische Beiträge zur Auseinandersetzung mit Pierre Bourdieus Klassentheorie, Frankfurt a. M. 1989.

130 So schon bei Godelier, M.: Ökonomische Anthropologie. Untersuchungen zum Begriff der sozialen Struktur primitiver Gesellschaften, Reinbeck 1973.

131 Zur Differenzierung vgl. die im Literaturverzeichnis genannten Werke von Althusser; zur später verwendeten Terminologie wie Asiatismus, Subasiatismus usw. vgl. auch Karl August Wittfogel und Guy Dhoquois (vgl. Literaturverzeichnis).

Belo und Clévenot nehmen für das Palästina des 1. Jahrhunderts. an, dass eine subasiatische Produktionsweise vorliegt, wobei die folgende Kette gebildet wird: Dorfgemeinschaften – Tempelstaat, der sich das Mehrprodukt aneignet – römischer Imperialismus.[132] Für die Jesusbewegung und die Texte über sie wird dies von entscheidender Bedeutung, besonders was die Rolle des Tempels angeht. Sehr leicht lässt sich erklären, weshalb Jesus durch ein Komplott der lokal herrschenden Klasse seines Volkes mit der Staatsklasse des römischen Imperiums, dargestellt in der großen Koalition des Hohen Rates mit dem «Landpfleger» Pontius Pilatus, der Prozess gemacht und er wegen Aufruhrs und Gotteslästerung hingerichtet wurde.

Durch das Konzept der Gesellschaftsformation wird den ideologischen Formen, wie Marx sie allgemein nennt, in der Gesamtheit des gesellschaftlichen Lebens ein bestimmter Platz zugewiesen. Mit dieser Platzanweisung ist aber noch nichts Genaues gesagt über Material und Genese der einzelnen ideologischen Formen, über ihre Funktion und Struktur sowie den Einfluss, den sie selbst wiederum auf die strukturellen Rahmenbedingungen ausüben.[133]

8.3.2 Die damalige Situation und ihre Interessenlage

Wenn die Texte Ausdruck bestimmter Lebensverhältnisse sind, dann müssen sich deren Verschlüsselungen (Codierungen) auch im Text finden lassen. Die Lektüre muss also ihre Entschlüsselungsarbeit in den drei Instanzen/Ebenen durchführen, die das Ganze der Gesellschaftsformation bilden.

a) *Die ökonomische Ebene:* Was in einem Text steht, lässt sich nicht ablösen von der Erzeugung und Verteilung der wirtschaftlichen Güter (vgl. die Vorschriften der Mosebücher, die Beschreibung des Königshofes Salomos, die Erzählungen von Weinbergen, Olivenhainen und Feigenbäumen, Steuern, Zoll und Bettelarmut).

b) *Die politische Ebene:* Hier wird die Machtfrage gestellt. Wer kämpft mit wem, mit welchen Mitteln, um welchen Preis? Worin bestehen die Interessen der rivalisierenden Mächte? Im Text finden wir als Vertreter der jeweiligen Machtkämpfe ebenso den Pharao wie Mose, die Römer und die Zeloten, die Pharisäer und die Jesus-

132 Vgl. Clévenot: So kennen wir die Bibel nicht, a.a.O. 56.

133 Zur aktuellen Diskussion dieser Problematik vgl. Metscher, Th.: Der Komplex Ideologie, in: Z. 90, 23. Jg., 2012, H. 2, 66–79; Rehmann, J.: Einführung in die Ideologietheorie, Hamburg 2008.

gruppe. Manche Hinweise auf politische Aktionen sind sehr deutlich (so der Makkabäeraufstand), andere eher verdeckt (Jesu Antwort auf die Steuerfrage), wieder andere visionär verkleidet (die Romkritik der Johannesapokalypse). Immer aber ist Politik im Spiel, auch wenn dies an der Textoberfläche nicht immer eigens sichtbar gemacht wird.

c) *Die ideologische Ebene:* Im gängigen Sprachgebrauch wird «ideologisch» häufig im Sinne von «falschem Bewusstsein» oder auch bewusster und interessengeleiteter Überzeichnung und Verzerrung der wirklichen Verhältnisse verstanden. Im Anschluss an Althusser soll hier «ideologisch» jedoch allgemein das Subjekte konstituierende und ihre gesellschaftliche Handlungsfähigkeit garantierende «imaginäre Verhältnis der Individuen zu den wirklichen Existenzbedingungen»[134] bezeichnen.

Das wichtigste Handwerkszeug sind dabei die sprachlichen Zeichenkombinationen. Im weiteren Sinne gehören dazu auch Begriffe wie «das Geld» oder «Gott» und «der Tempel» als Superzeichen, an die sich untergeordnete Zeichenreihen angliedern. In der Bibel finden wir ideologische Bestandteile auf unterschiedlichen Ebenen vor: in den normativen Anweisungen wie dem Sabbatgebot und den Reinheitsvorschriften, aber auch in den Messiaserwartungen und in der Auferstehungshoffnung. Worauf es ankommt, ist jedoch, ob die transportierten Deutungen im Interesse des Lebens aller Menschen oder zur Sicherung der Privilegien einer Minderheit verwendet werden.

8.3.3 Die heutige Situation und ihre Interessenlage

Der nächste Arbeitsschritt gilt der Standortbestimmung unserer eigenen Lektüre. Gerade die materialistische Lektüre öffnet die Augen für die Tatsache, dass wir alle keine neutralen Leser und Leserinnen sind, dass es einen Unterschied macht, ob eine deutsche Schulklasse oder eine Basisgemeinde in Lateinamerika, ein Arbeiter oder ein Bankier, ein normales Gemeindemitglied oder ein Professor für Exegese die biblischen Texte lesen und auslegen, getreu dem alten Grundsatz von Marx: Das gesellschaftliche Sein bestimmt das Bewusstsein.

Wenn klar ist, dass das Evangelium den Armen und Ausgestoßenen zuerst verkündet und geschenkt wurde, dann entsteht das Problem, ob

134 Althusser, L.: Ideologie und ideologische Staatsapparate (1. Halbband.), Hamburg 2010, S. 75. Vgl. auch Rehmann: Einführung, a.a.O. 102–120.

die institutionellen Orte, an denen biblische «Unterweisung» (Schule, Predigt, Katechese, Studium) stattfindet, überhaupt noch eine Verknüpfung der biblischen Aussagen und Erkenntnisse mit einer ihnen völlig fremden Lebenspraxis zulassen, da diese Orte fast automatisch mit einer «idealistischen Lektüre» verknüpft sind, die das Wort der Schrift zu einer bloßen Idee oder Glaubenslehre verformen.

Wir müssen also auch unsere eigene Lesepraxis einer kritischen Reflexion unterziehen, und zwar ebenfalls auf den drei Ebenen gesellschaftlicher Wirklichkeit: ökonomisch, politisch und ideologisch.

8.4 Der Text und seine Struktur

8.4.1 Texte als Produkte einer Arbeit mit den Zeichen der Sprache

In der Mitte zwischen der Situation, aus der der Text kommt (Produktionssituation), und der Situation, in der er gelesen wird (Rezeptionssituation), und damit als echte Vermittlung zwischen beiden, steht der Text in seiner Eigenständigkeit als ein Stück Literatur, dessen Bedeutungsmuster nicht anders zu enträtseln ist als durch die Herausarbeitung seiner sprachlichen Eigenheiten und seiner Struktur. Der Terminus «Struktur» verweist trotz seiner scheinbaren Neutralität bereits auf eine bestimmte Texttheorie. Hier nicht eingehend behandelt werden kann das gravierende Problem der Übersetzung im Allgemeinen und der biblischen Texte im Besonderen, die ja in den Sprachen Hebräisch, Griechisch und Aramäisch verfasst sind, zunächst ins Lateinische und dann in eine Unzahl von Nationalsprachen übersetzt wurden. Vor allem für die Kernwörter der biblischen Texte müsste man zunächst die Transformationslinien ihrer Bedeutungsveränderungen nachzeichnen, die sie bei den Übertragungen in die Muttersprache des aktuellen Auslegers erfahren haben.[135]

Texte müssen zunächst und ganz allgemein gesprochen als Produkte einer Arbeit mit den Zeichen der Sprache aufgefasst werden. Es liegt daher nahe, eine Textdefinition vom Begriff des Zeichens her zu versuchen.

Das Zeichen lässt sich als Einheit von Signifikant s und Signifikat S (geschrieben: s/S) auffassen. Die Bedeutsamkeit des Zeichens ist

135 Vgl. hierzu besonders Boer: Erlösung aus der Sklaverei, a.a.O.; außerdem Veerkamp in einer nicht so schnell aufzählbaren Anzahl von Beiträgen in der Zeitschrift «Texte und Kontexte».

das Ergebnis der Beziehung von s zu S. So sieht es die allgemeine Semiotik seit dem Grundlagenwerk von Ferdinand de Saussure.[136]

Materiell gesehen sind Texte Mengen von Signifikanten, die durch bestimmte Relationen untereinander verknüpft sind. Die Gesamtheit dieser Relationen ergibt die Struktur des Textes.[137]

Der Linguist und Literaturwissenschaftler Barthes, dessen Methoden und Analysen bei den französischen Initiatoren der materialistischen Bibellektüre exemplarisch zum Zuge kommt, nimmt bei der Definition der Textstruktur den lateinischen Ursprung des Wortes «Text», der ja auch im Wort «Textil» vorhanden ist, ernst und betrachtet einen Text wie ein Gewebe, das durch die Verknüpfung bedeutungstragender Fäden ein sinnvolles Muster erhält. Wer das Webmuster erkennt, kann damit auch die Bedeutung des Textes erschließen und versteht ihn richtig zu lesen. Die weiterführende methodische Frage lautet daher: Welche Bedeutungsschlüssel brauchen und haben wir, um diese Entschlüsselungsarbeit am Text erfolgreich durchzuführen? Die Antwort soll über Belo paradigmatisch mit Barthes gegeben werden, womit kein Ausschließlichkeitsanspruch verbunden ist, denn bei der Diskursanalyse wurde besonders auf Greimas zurückgegriffen. Barthes unterscheidet bei Erzähltexten, die für Großteile der Bibel maßgeblich sind, zwei Hauptgruppen von Codes (Bedeutungsfäden), die jeweils an bestimmten Schlüsselwörtern erkennbar sind.

8.4.2 Die Handlungscodes/-fäden

a) Der Aktionscode: In ihm wird mitgeteilt, wer die Akteure in einem Text sind und was sie tun. Schlüsselwörter für das Tun sind alle Verben.

b) Der analytische Code: In ihm wird mitgeteilt, wie die Akteure das Geschehen sehen, was sie voneinander wissen, wie sie sich beurteilen. Schlüsselwörter sind Verben wie «sehen», «wissen», «bei sich denken» usw.

c) Der strategische Code: In ihm wird mitgeteilt, welche Absichten die Akteure mit ihren Handlungen verfolgen und welche Ent-

136 Saussure de, F.: Grundfragen der allgemeinen Sprachwissenschaft, Berlin 1931, 2. Aufl. 1967.

137 Füssel, K.: Zeichen und Strukturen. Einführung in Grundbegriffe, Positionen und Tendenzen des Strukturalismus, Münster 1983.

scheidungen sie zur Erreichung des Handlungsziels treffen. Schlüsselwörter sind Befehlsformen, Verben mit «um zu» usw.

8.4.3 Die kulturellen Codes/Fäden

a) Ortsangaben und Zeitangaben (topologischer und chronologischer Code): Diese geben nicht nur der Handlung den konkreten Rahmen, sondern teilen auch etwas über inhaltliche Auseinandersetzungen mit, wenn z. B. in den Auseinandersetzungen mit Jesus von «Galiläa» geredet wird oder darüber, «dass es schon spät war», womit nur vordergründig die Uhrzeit gemeint ist.

b) Der soziologische Code: Er verweist auf die verschiedenen gesellschaftlichen Verhältnisse, Gruppierungen und Gegensätze (z. B. Pharisäer contra «Sünder»).

c) Der symbolische Code: «Symbolisch» wird im Sinne der strukturalistischen Anthropologie und Ethnologie verstanden. Über ihn lassen sich daher die normativen Züge der Gesellschaft ermitteln, die Gesetze und Reinheitsbestimmungen oder das System der Schenkung; vor allem aber teilt er mit, wie die Verwandtschaftsbeziehungen und in ihnen wiederum die Stellung der Frau geregelt sind.

d) Der mythologische Code: In ihm artikuliert sich vor allem das archaische Weltbild mit seinen vertikal angeordneten Stockwerken von Himmel, Erde und Unterwelt und den ihnen zugeordneten Akteuren wie Engel, Menschen und Dämonen. Auf dieser mythologischen Achse ist das Ganze der Wirklichkeit in sich verknüpft. Alle drei Dimensionen gelten als gleich real. Was im Himmel beschlossen wird, hat auf der Erde Gültigkeit und kann üble Folgen mit einem Ende in der Unterwelt haben. Erwähnt sei nur die Geschichte des reichen Prassers und des armen Lazarus bei Lk 16,19–31.

8.4.4 Schlussfolgerungen

Verbinden wir die Bezugnahme auf die Gesellschaftsformation mit der strukturalistischen Auffassung von Text und Entschlüsselung, dann gewinnen wir einige zentrale Einsichten. Die Praxis «Text» vermittelt, indem sie einerseits individuelle Wirklichkeitserfahrung verarbeitet und andererseits zwischen den Subjekten ein informationshaltiges

Beziehungsgeflecht herstellt, zwischen Individuum und Kollektiv, zwischen Triebstruktur und Gesellschaftsstruktur, zwischen privaten Konflikten und gesellschaftlichen Kämpfen. Die Relationen zwischen den bedeutungsvollen Zeichen, aus denen sich der Text aufbaut, sind daher Relationen der wirklichen Welt in einem mehrfachen Sinne: Sie sind sinnlich wahrnehmbare Produkte von sinnerzeugenden Operationen, erfahrungshaltige Ablagerungen gesellschaftlich-geschichtlicher Praxis, die damit für einen erneuten Gebrauch vorrätig bleiben; sie spiegeln nicht nur Relationen zwischen Subjekten, zwischen Objekten, zwischen Subjekt und Objekt wieder, sondern durch Texte werden die wirklichen Relationen auch verändert und manchmal erst konstituiert. Texte sind somit ein wegweisender Bestandteil der Strukturierung von Wirklichkeit zu einer begreifbaren Totalität. Die vorher als unüberschaubar und undurchschaubar erscheinende Welt wird zur lesbaren, d. h. überschaubaren und durchschaubaren Text-Welt. Im Text zeigt sich aber nicht nur die Lesbarkeit und Verstehbarkeit, sondern auch die Veränderbarkeit der Welt. Diese Fähigkeit des Textes ist aber auch die Basis dafür, dass fremde Welten, wie die der Bibel, über Texte angeeignet und verstanden werden können.

Der Text wird selbst zum Ort des sozialen Zusammenhangs und ist nicht nur der verbale oder schriftliche Reflex von etwas, was anderswo oder draußen stattfindet. Texte sind in sich mehrfach determiniert: körperlich, psychisch, ökonomisch, politisch, ideologisch. Dieser Mehrdimensionalität der Determination entspricht aber auch eine Mehrdimensionalität der Funktion. Dies erklärt die Wirksamkeit von Texten auf den unterschiedlichen Ebenen: Jede Erzeugung und Verwendung von Literatur ist nicht nur eine Intervention und parteiliche Stellungnahme im Kampf zwischen den rivalisierenden Ideologien einer Gesellschaftsformation, sondern leistet auch einen aktiven Beitrag zur Gestaltung und Ausdifferenzierung ihrer Widersprüche bis in die ökonomische und politische Instanz hinein.

8.5 Triebökonomie und Symbolordnung

Die materialistische Lektüre war gut beraten, psychoanalytische und ethnosoziologische Erkenntnisse zu rezipieren, die in einer triebökonomischen Begründung gesellschaftlicher Verkehrsregeln («Symbolordnungen» genannt) zusammenfließen.

Den Anstoß gab die Beobachtung, dass ähnlich wie das Problem der Texte und ihrer Codes (als Produkte einer Gesellschaftsformation) auch das Problem der Körper, ihrer Bedürfnisse und ihrer Beziehungen im klassischen historischen Materialismus nur am Rande auftaucht, so dass hier eine Erweiterung des Ansatzes sich förmlich aufzwang. Ausschlaggebend für diese Erweiterung wurden die Theorien von Bataille, unter Nutzung der Vermittlungsarbeit von Goux sowie von Herbert Marcuse.[138]

Belo verwendete bei seiner Markuslektüre die anthropologische Ökonomietheorie von Bataille vor allem, um seine eigenen Überlegungen über die Funktion der normativen Systeme von Reinheit und Unreinheit bzw. Schenkung und Verschuldung in der Geschichte Israels theoretisch zu präzisieren. Dabei wird der Begriff der Symbolordnung zentral, der ja schon bei den Codes auftaucht und nur dann zu Missverständnissen führt, wenn man ihn mit ganz andersartigen theologischen Symboltheorien vermischt.

Ähnlich wie bei Belo bildet die Körperlichkeit auch in den Werken von John Dominic Crossan[139] einen wichtigen Referenzrahmen seiner Jesusdeutungen. Beide rezipieren wichtige Erkenntnisse der britischen Anthropologin Mary Douglas[140] aus unterschiedlichen Phasen ihres Schaffens. Vor allem ihre Theorie des Körpers ist eine gute Erklärungshilfe bei den mit dem menschlichen Körper verbundenen Problemen in biblischen Texten:

> Der Körper ist ein Modell, das für jedes geschlossene System stehen kann. Seine Grenzen können für alle verletzbaren und bedrohten Grenzen stehen. Der Körper ist eine komplexe Struktur. Die Funktionen seiner verschiedenen Teile und deren Beziehungen zueinander können als Symbole für andere komplexe Strukturen dienen. Wir können Rituale, bei denen Körperausscheidungen, Muttermilch, Speichel und so fort verwendet werden, unmöglich deuten, wenn wir nicht willens sind, den Körper als Symbol der Gesellschaft zu verstehen und zu erkennen, dass die Kräfte und Gefahren, die der Ge-

138 Vgl. Bataille, G.: Der verfemte Teil (franz. 1949), in: ders.: Das theoretische Werk, Bd. 1, München 1975; ders., Der heilige Eros (franz. 1957), Frankfurt a. M. 1974; sowie die Vermittlungsarbeit von Goux, J.-J.: Freud, Marx. Ökonomie und Symbolik (franz. 1973), Frankfurt a. M., Berlin, Wien 1975, und von Marcuse, H.: Eros und Kultur. Ein philosophischer Beitrag zu Sigmund Freud, Stuttgart 1957.

139 Crossan, J. D.: Der historische Jesus, München 1994; ders., Jesus. Ein revolutionäres Leben, München 1996.

140 Douglas, M.: Ritual, Tabu und Körpersymbolik, Frankfurt a. M 1981; dies., Reinheit und Gefährdung, Frankfurt a. M. 1988.

sellschaftsstruktur zugeschrieben werden, sich musterhaft im menschlichen Körper reproduzieren.[141]

Die Ausdrucksweise «Körper als Symbol der Gesellschaft» könnte zu Missverständnissen führen. Es geht hier nicht um einen metaphorischen Ausdruck, vielmehr um die symbolische Ordnung im Sinne Belos, die nach Maßgaben des menschlichen Körpers organisiert wird. Ein anschauliches Beispiel liefert Clarice J. Martin mit ihrer Untersuchung der Augen und des Blicks als Bedeutungsträger in der erzwungenen Kommunikation der Sklaven mit ihren Herren, worin allgemein die Körpersprache als Trägerin von menschlicher Kommunikation und Interaktion erkennbar wird.[142]

Douglas integriert damit auch den traditionellen Symbolbegriff in ihre Theorie und demonstriert, dass seine Verwendung in der strukturalistischen Ethnologie nicht ganz so befremdlich ist, wie er manchem Theologen auf den ersten Blick erscheint.

Insgesamt hat die Einbeziehung des menschlichen Körpers und seiner Bedürfnisse in den materiellen Rahmen der Produktivkräfte und Produktionsverhältnisse, und zwar nicht nur des schönen Körpers wie in der antiken Kultur, sondern des geschundenen und leidenden Körpers, vor allem des Körpers der Frau, dazu geführt, dass die in der Bibel erzählten Heilungswunder eine neue Dimension und Strahlkraft bekommen, was der österreichische Bibelwissenschaftler Peter Trummer[143] in seinen Arbeiten zur «blutflüssigen Frau» und zur «Augenheilkunde» faszinierend vorgeführt hat. Das Bedürfnis nach einer gelingenden Reproduktion des menschlichen Körpers, unabhängig von Krankheit und Leiden, so wie es beispielsweise im Hunger aufbricht, hat Luzia Sutter Rehmann[144] dazu inspiriert, daraus eine grundlegende hermeneutische Perspektive zu entwickeln. Sie konnte zeigen, wie stark der Hunger «als Wut im Bauch» in der gesamten Bibel, nicht nur im Neuen Testament zu einem Motor und zur gesellschaftlichen Sprengkraft wird.

141 Douglas: Reinheit und Gefährdung, a.a.O. 115.

142 Vgl. Martin, C.J.: Es liegt im Blick – Sklaven in den Gemeinschaften der Christus-Gläubigen, in: Horsley, R. A. (Hg.): Die ersten Christen. Sozialgeschichte des Christentums, Bd. 1, Gütersloh 2007, S. 263 ff.

143 Trummer, P.: Die blutende Frau, Wunderheilungen im Neuen Testament, Freiburg, Basel, Wien 1991; ders.: Dass meine Augen sich öffnen. Kleine biblische Erkenntnislehre am Beispiel der Blindenheilungen Jesu, 2. Aufl. Stuttgart, Berlin, Köln 1999.

144 Sutter Rehmann, L.: Wut im Bauch. Hunger im Neuen Testament, Gütersloh 2014.

Mit den Händen zu greifen ist daher, warum die auf das materielle Sein gründenden Symbolordnungen die Infrastruktur einer Gesellschaft bilden, also zur traditionell «Basis» genannten Dimension gehören[145], weswegen in den Erzählungen der Bibel Essen und Trinken, Körperausflüsse und Berührungen keine Privatangelegenheiten sind, sondern gesellschaftlichen Regeln gehorchen müssen. Jesus zeigt vor allem im Markusevangelium, wie durch seine Mahlgemeinschaften und seine Krankenheilungen, sein Kontakt mit den ausgeschlossenen Körpern der Aussätzigen und Besessenen das Regelsystem seiner Gesellschaft aufgebrochen und ausgeweitet wird, was natürlich gleichzeitig auch einen Angriff auf deren tradierte Grundlagen bedeutet. Am Ende seines Lebens schlägt das bedrohte System zurück und bemächtigt sich des Körpers Jesu, um ihn zu zerstören und verschwinden zu lassen. Der Glaube seiner Bewegung an seine leibliche Auferstehung ist wiederum die dialektische Antwort, die den Richtern und Henkern allerdings verborgen blieb. Das Aufstehen der gepeinigten Körper aus Erniedrigung und Krankheit konnte so auch zum neuen und überzeugenden Bedeutungsträger für den Begriff der Auferstehung werden und diesen in den Verstehenskontext der sozialen Wirklichkeit und der politischen Kämpfe zurückbringen.[146]

Seit den Anfängen der materialistischen Bibellektüre ist diese ihre dritte theoretische Grundlage in ständiger Expansion begriffen. Der Diskurs des Körpers, in dem der Körper zur Methode wird, hat besonders durch den Einfluss von Michel Foucault[147] und Michel de Certeau[148] in der materialistischen Bibellektüre Fuß gefasst und eine Weiterentwicklung ihrer verschiedenen Strömungen bewirkt.[149] Die «Suche nach dem Leibhaftigen» hat mittlerweile auch die verschiedensten Ebenen der Geschichtswissenschaft erfasst. Geschichte bleibt nicht länger Konstrukt, sondern rückt dem Leben näher und wird zu dessen «leibhaftiger Vergangenheit»[150].

145 Vgl. auch Godelier, Ökonomische Anthropologie, a.a.O.

146 Vgl. Trummer, P.: Auferstehung jetzt – Ostern als Aufstand, Freiburg, Basel, Wien 2016.

147 Hinweise zu den Werken der nachfolgend genannten Autoren finden sich im Literaturverzeichnis.

148 Vgl. dazu Füssel, M.: Zur Aktualität von Michel de Certeau. Einführung in sein Werk, Wiesbaden 2018.

149 Füssel, K./Füssel, E.: Der verschwundene Körper. Neuzugänge zum Markusevangelium, Luzern 2001.

150 Lorenz, M.: Leibhaftige Vergangenheit. Einführung in die Körpergeschichte, Tübingen 2000.

Ansatz und Durchführung einer materialistischen Bibellektüre artikulierten sich sehr bald nach ihrer Präsentation im engeren Sinne in verschiedenen Strömungen, die bis heute durch Veröffentlichungen präsent sind:

a) Meine eigenen Arbeiten zur materialistischen Bibellektüre, unterstützt von Eva Füssel, schließen sich sehr eng an die «Pariser Schule» an, was vor allem auch bedingt ist durch die Übersetzung der wichtigsten französischen Autoren und durch die weiterführenden Publikationen des Ansatzes.[151] Zahlreiche Vertreter in Frankreich und Italien verstanden jedoch mehrheitlich jede linkspolitisch orientierte und auf Befreiung und Gerechtigkeit fokussierte Auslegung biblischer Texte als eine materialistische Lektüre, während man in Lateinamerika den Terminus wegen der ohnehin allgegenwärtigen, vom Vatikan lancierten Unterstellung, die Theologie der Befreiung wolle die Kirche marxistisch unterwandern, eher vermied.

b) Die «Amsterdamer Schule» versuchte Traditionen der linken Barth'schen Theologie mit einer radikalen Ernstnahme der hebräischen Sprache und der jüdischen Bibellektüre zu vereinen (z. B. Frans Hendrik Breukelman, Kleijs Hendrik Kroon, Dick Boer, Ton Veerkamp). Obwohl vom Marxismus inspiriert, verzichtete man auf das Etikett «materialistisch». Die viele Jahre von der Meisterschaft Veerkamps im Umgang mit der biblischen Tradition inspirierte und von Andreas Bedenbender (zu erwähnen ist hier aber auch seine bahnbrechende Habilitationsschrift von 2013) mustergültig betreute Zeitschrift «Texte und Kontexte», von 1978 bis heute, kann als deutsche Vermittlerin dieses Ansatzes gelten. Boer und Veerkamp haben 2008 und 2012 auf der Basis dieser Lektüre gründende, beeindruckende Entwürfe einer neuen systematisch entfalteten biblischen Theologie vorgelegt, wobei vor allem die Einheit der Heiligen Schrift und das Kanonproblem in den Vordergrund traten. Unterschiede gibt es in der Textanalyse, wo die Intertextualität (d. h. alle Texte der Bibel sind mit allen verknüpft und daher für die Interpretation heranzuziehen) den Vorrang gegenüber strukturalistischen Methoden bekommt. Kritik an der «Pariser Schule» wurde explizit von An-

151 Füssel, K.: Drei Tage mit Jesus im Tempel. Einführung in die materialistische Lektüre der Bibel, Münster 1987; Füssel, K./Füssel, E.: Der verschwundene Körper, a.a.O.; vgl. auch Dieter Schirmer, Hartmut Futterlieb und viele Initiativen in den Studentengemeinden.

dreas Pangritz[152] geübt, der Belo gerne die Leviten lesen wollte, weil die Dichotomisierung zwischen dem als fortschrittlich eingestuften System der Schenkung und dem priesterlich-reaktionär erscheinenden System der Reinheit in der Tendenz «kulturprotestantische» oder sogar antijudaistische Implikationen habe. Auch die Kritik von Rochus Zuurmond und eine detaillierte Beschreibung der Relation von Amsterdamer- und Pariser-Schule[153] sowie seine niederländische Einführung zu Clévenot (1976) soll hier nicht verschwiegen werden. Veerkamp hat in seinem epochalen Werk «Die Welt anders. Politische Geschichte der Großen Erzählung», 2012 der materialistischen Bibellektüre der Amsterdamer Schule ein unübersehbares Denkmal gesetzt, dessen Beschreibung unseren Rahmen sprengen würde.

c) Vorrangig im deutschen Sprachraum wurde unter Einbeziehung der Wirtschafts- und Kulturgeschichte der Antike und mit Hilfe vor allem auch soziologischer Untersuchungen (vgl. besonders Gerd Theißen) der traditionelle Ansatz der historisch-kritischen Methode zu einer sozialgeschichtlichen Bibelauslegung weiterentwickelt, die bis in die Gegenwart von den genannten Richtungen, auch wegen ihrer universitären Präsenz, das breiteste Publikationsspektrum aufzuweisen hat (besonders seien genannt: Luise und Willy Schottroff, Dorothee Sölle, Wolfgang und Ekkehard Stegemann, Frank Crüsemann, Rainer Kessler, Hans Gerhard Kippenberg, Hermann-Josef Venetz, Daniel Marguerat, Silvia Schroer, Peter Trummer), wobei im Anschluss an die Arbeiten von Luise Schottroff sich auch ein breites Spektrum von feministisch-sozialgeschichtlichen Auslegungen entwickelte; verwiesen sei stellvertretend auf die bereits erwähnte Arbeit von Luzia Sutter Rehmann. Unterschiede gegenüber der «Pariser Schule» sind ebenfalls bei der Rezeption von Texttheorien, der eher vorsichtigen Annäherung an den historischen Materialismus[154] sowie einer stärkeren Anbindung an feministische Perspektiven zu markieren.

In Nordamerika konnte, auch bedingt durch den Einfluss von feministischer Theologie und Befreiungstheologie, die materialistische

152 Vgl. Pangritz, A.: Jesus und das «System der Unreinheit» oder: Fernando Belo die Leviten gelesen, in: Texte und Kontexte 24, 7. Jg., 1984, S. 28–46.

153 Zuurmond, R.: Der Tod von Naam und Abihu, in: Texte und Kontexte 24, 7. Jg., 1984, S. 23–27.

154 Vgl. z. B. Stegemann, W./Stegemann, E.: Urchristliche Sozialgeschichte. Die Anfänge im Judentum und die Christusgemeinden in der mediterranen Welt, 2. Aufl. Stuttgart, Berlin Köln 1997.

Bibellektüre ebenfalls Fuß fassen.[155] Schon seit langem ist eine enorme Zunahme von sozialgeschichtlichen Forschungen zur Bibel und ihrer Umwelt zu verzeichnen, was durch die breite Anwendung sozialgeschichtlicher Hermeneutik und Forschungsmethoden zu einer beträchtlichen Differenzierung und ergebnisreichen Erweiterung der materialistischen Bibellektüre (im weiteren Sinne) geführt hat.

Es lassen sich verschiedene Forschungsrichtungen feststellen. Zunächst einmal gibt es eine an empirischer Breite und analytischer Schärfe gewinnende sozialgeschichtliche Richtung, die vor allem mit den Namen Norman Gottwald[156] und Richard A. Horsley verknüpft ist. Letzterer führt ein breites Feld sozialgeschichtlicher Untersuchungen zum frühen Christentum an, deren hermeneutisches Grundprinzip von der Sicht der kleinen Leute und ihrer Lebensumstände ausgeht.[157] Diese Richtung setzte sich durch Aufnahme außertheologischer Forschungsansätze in so genannten *Empire*-kritischen[158] und post-kolonialistischen Studien[159] fort. Ausgehend von den feministischen Grundlagenarbeiten konnten auch genderkritische Gesichtspunkte bis hin zur Queer-Diskussion integriert werden. Eine kreative Verknüpfung aller genannten Strömungen hat vor allem zur Entwicklung eines neuen Bildes des Apostels Paulus geführt, was durch die Studie von Davina C. Lopez, einer Schülerin von Brigitte Kahl, vorbildlich belegt wird.[160]

Wenn hier sehr unterschiedliche Ansätze, Entwürfe und Forschungen unter der Bezeichnung «materialistische Bibellektüre» versammelt sind, dann sollte dies nicht als Vereinnahmungsversuch, um dem Ansatz der materialistischen Bibellektüre genügend Breite und Bedeutsamkeit zu verleihen, missverstanden werden, denn die Menge der Übereinstimmungen dürfte die Differenzen und wechselseitigen Kritiken bei weitem überwiegen.

155 Vgl. dazu vor allem Brigitte Kahl, die über Belo eine Habilitationsarbeit vorgelegt hat, sowie ihren Überblick von 1993: Kahl, B.: Toward a Materialist-Feminist Reading, in: Schüssler-Fiorenza, E. (Hg.): Searching the Scriptures. A Feminist Introduction, Bd. 1, New York 1993, 225–240.

156 Vgl. seine Studien zur Gesellschaftsformation des vorstaatlichen Israel: Gottwald, N. K.: The Tribes of Yahweh. A Sociology of the Religion of Liberated Israel Maryknoll/NY 1979.

157 Vgl. das auf zehn Bände angelegte, von Horsley betreute Sammelwerk zur Sozialgeschichte des Christentums, dessen erster Band 2007 auf Deutsch erschienen ist: Horsley, R. A.: Sozialgeschichte des Christentums. Die ersten Christen, Gütersloh 2007.

158 Myers, Ch.: Binding the Strong Man. A Political Reading of Mark's Story of Jesus, Maryknoll/NY 1988.

159 Sugirtharaja, R. S. (Hg.): The Postcolonial Biblical Reader, London 2006.

160 Vgl. Lopez, D. C.: Apostle to the Conquered. Reimagining Paul's Mission, Minneapolis 2010. Dieses Werk liefert auch einen guten Überblick zu den oben genannten Richtungen.

TEIL III: PROFILE EINER BIBLISCH-SYSTEMATISCHEN THEOLOGIE IM ANSCHLUSS AN KARL MARX

9. Von der Kritik des Geldes zur Götzenkritik. Die Marxrezeption in Ansatz und Entfaltung einer politischen Befreiungstheologie

9.1 Die Brandmarkung von Geld und Kapital als Mammon, Baal und Moloch

9.1.1 Sinn und Zweck der Metaphern

Die Verwendung biblischer und theologischer Metaphern und Begriffe zur Bestimmung des Wesens von Geld und Kapital hat das Ziel, dadurch eine verborgene und im rein ökonomischen Diskurs nicht erscheinende Dimension dieser Größen sichtbar zu machen. Verwendet wird dabei sowohl die Argumentationsform der Analogie als auch die Argumentationsform der metaphorischen Transformation. Wie insbesondere letztere funktioniert, konnte bereits bei der Vorstellung dieser Argumentationsform am Beispiel der Mittlerfunktion des Geldes in Kapitel 5 aufgezeigt werden.

Durch die ökonomische Inwertsetzung von Dingen, Relationen, Funktionen, Tätigkeiten usw., also letztlich von allen Elementen des Alltagslebens, als Geldwert und als Kapital wächst diesen die Fähigkeit zu, sich das «Leben» der Dinge und der Menschen anzueignen, also auszubeuten. Diese «Auszehrung» kehrt auf Seiten der Dinge und der Menschen als Entfremdung und Selbstzerstörung wieder. Ein solcher zweiseitiger Vorgang kann aber besser durch Metaphern als durch analytische Begriffe erkennbar gemacht werden. Daher hat Marx für seine Erörterungen die Namen von in der Bibel auftauchenden Gottheiten mit den passenden Eigenschaften, nämlich «Mammon» und «Baal», ergänzt durch die Götzenfigur des «Goldenen Kalbs», und schließlich «Moloch» als Metaphern zu Hilfe genommen. Erkennbar ist, dass der biblische Kampf gegen die Götzen und die prophetische Götzenkritik von Marx zustimmend bewertet werden, so dass er die biblischen Metaphern und Bilder bei seiner Kritik der kapitalistischen Produktionsweise im Allgemeinen und des Geldes im Besonderen verwenden kann.

9.1.2 Machtfülle durch Schatzbildung. Das Geld als Mammon

9.1.2.1 Vorkommen bei Marx

Marx bezieht sich des Öfteren[1] auf die Stelle Mt 6,19–24, wobei er aus Vers 24 – «Niemand kann zwei Herren dienen ... Ihr könnt nicht Gott dienen und dem Mammon» – die Bezeichnung bzw. den Namen Mammon übernimmt, um damit metaphorisch das Wesen des Kapitals zum Ausdruck zu bringen.

Die Verwendung des biblischen Namens «Mammon», der zu einer kategorialen Bestimmung großer Geldmengen oder des Reichtums wird, durchzieht das gesamte Werk von Marx. Er behält den ursprünglichen Zweck dieser Bezeichnung bei. Sie inspiriert ihn aber vor allem zu einer fundamentalen Kritik des Geldes und des Kapitals als angeblich unvergänglichen Waren im Unterschied zu allen anderen Waren.

Marx nennt in einem Brief an Arnold Ruge[2] den Mammon auch «Herrn der Welt», womit nicht nur der Beginn von Vers 24: «Niemand kann zwei Herren dienen», aufgegriffen, sondern auch an Joh 12,31 erinnert wird, wo Jesus sagt, «dass der Herrscher (*archon*) dieser Welt hinausgeworfen wird». Wie so oft verknüpft Marx zwei Bibelstellen und ihre Aussagen, um seine eigene Aussage zu konstruieren, die eine neue Erkenntnis formuliert: Der Mammon wird zum Herrn der Welt! Die neu konstruierte Aussage gilt dann für das Geld, worauf Marx ja abzielte.

Von Marx wird durch Bezugnahme auf Mt 6,19–24 auch die in der Entwicklung des Geldes erreichte Stufe der Schatzbildung thematisiert, die allerdings nicht namentlich, sondern über die Funktion mit «Mammon» verknüpft ist. In der «Kritik der politischen Ökonomie» spielt Marx bei der Behandlung des Geizes als dem «Trieb

1 Vgl. oben die Angabe in Kapitel 2; dort der Verweis auf die «Grundrisse», S. 142, und nach der Mitteilung von Dussel an noch mindestens 14 weiteren Stellen, vgl. Dussel, E.: Las metáforas teológicas de Marx, Estella (Navarra) 1993, S. 201, FN. 23.

2 Vgl. MEW 1, S. 338 (Mai 1843).

der Schatzbildung» unverkennbar auf die gleiche Stelle an, wenn er schreibt:

> Der Schatzbildner verachtet die weltlichen, zeitlichen und vergänglichen Genüsse, um dem ewigen Schatz nachzujagen, den weder die Motten noch der Rost fressen, der ganz himmlisch und ganz irdisch ist.[3]

Diese Sparsamkeit ist «die negative Bedingung der Schatzbildung». Durch sie wird die «Entsagung auf den Reichtum in seiner stofflichen Wirklichkeit» zur Bedingung der «Aneignung des Reichtums in seiner allgemeinen Form»[4].

Der Vollständigkeit halber sei noch auf drei weitere Stellen hingewiesen, in denen das Stichwort «Mammon» vorkommt: 1) Anlässlich eines Kommentars zu einem «Proletarier»-Aufstand in Mailand (1853) bezeichnet Marx die herrschende Klasse als «Söhne Mammons»[5]. 2) In einem Zeitungsartikel über den «Zustand der britischen Fabrikindustrie» von 1859 lobt Marx die Verteidiger der Fabrikgesetze gegen die Fabrikherren als eine Haltung, «für die man in diesen Zeiten der Anbetung des Mammons nicht viele Parallelen finden wird»[6]. 3) In einem Brief an Friedrich Adolf Sorge (19. Oktober 1877)[7] beschwert sich Marx darüber, dass es in England, in diesem «Land des Mammons», immer wieder Versuche gibt, illegale Nachdrucke seiner Schriften herauszubringen.

9.1.2.2 Biblischer Befund und Hintergrundinformation

Bei den Synoptikern Matthäus (Mt 6,19–24) und Lukas (Lk 16,1–13) finden wir «Mammon» als eher despektierliche Bezeichnung für große Mengen an Reichtum und Geld, wobei vor allem bei Lukas (Lk 16,9) angesprochen wird, dass dieser «Besitz» auf unehrliche Weise erworben wurde, was sich in der Formulierung «Mammon der Ungerechtigkeit» (*mamona tes adikias*) niederschlägt. Die Einheitsübersetzung und andere Bibelausgaben verwenden stattdessen

3 MEW 13, S. 107.
4 Vgl. ebd. 106.
5 MEW 8, S. 527.
6 MEW 13, S. 203.
7 MEW 34, S. 302.

die adjektivische Konstruktion «ungerechter Mammon»[8], wodurch eine erhebliche Akzentverschiebung stattfindet, denn aus der Ungerechtigkeit des Akkumulationsprozesses wird eine Eigenschaft des Ergebnisses. Auch der *oikonomos tes adikias*, der den «Mammon» verwaltende *oikonomos* (daher mit «Verwalter» übersetzt) wird entsprechend als «ungerechter Verwalter» (Lk 16,8) bezeichnet, womit wiederum die Eigenschaft des Mammons auf den Verwalter übertragen wird, der ein *oikonomos tes adikias* ist, auch wenn nicht ausgeschlossen werden darf, dass der permanente Umgang mit Ungerechtigkeit selbst ungerecht macht.

Jedoch gibt es noch eine andere Perspektive. Auch wenn die Akkumulation des Mammons auf Ungerechtigkeit beruht, muss dies nicht seine «Verwertbarkeit» völlig negativ determinieren. Daher gibt Jesus immerhin den Rat: «Macht euch Freunde mit dem Mammon der Ungerechtigkeit» (Lk 16,9). Selbst das «schmutzige» Geld könnte «reingewaschen» werden, indem es dem Zweck der Gleichheit, des Ausgleichs und der Gerechtigkeit wieder unterstellt wird. Bei Lukas dürfte dies auch der Sinn des berichteten Schuldenerlasses sein, besonders dann, wenn nachweisbar ist, dass die geforderte Schuldenhöhe thorawidrig war. Mit seiner «Umwidmung» wäre aber auch der von Marx immer wieder thematisierte, potenziell unendlich weitergehende Mechanismus der Selbstvermehrung des Kapitals wenigstens an dieser Stelle gestoppt.

9.1.2.3 Ergänzungen

a) Sigmund Freud steuert in seinen Abhandlungen zur Analerotik[9] eine für empfindliche Gemüter leicht anstößig wirkende Information zur Etymologie der Bezeichnung «Mammon» bei, die er in Hinweise auf den üblichen Sprachgebrauch einbettet:

> Es ist bekannt, dass das Gold, welches der Teufel seinen Buhlen schenkt, sich nach seinem Weggehen in Dreck verwandelt … Bekannt ist ferner der

8 Dieter Pauly hat diesen Sachverhalt unter Berücksichtigung der grammatischen Problematik akribisch untersucht, vgl. Pauly, D:, «Ihr könnt nicht beiden dienen, Gott und dem Mammon» (Lk 16,13). Die Wiederherstellung einer gerechten Ökonomie und die Bekehrung eines Managers, in: Füssel, K./Segbers, F. (Hg.): «So lernen die Völker des Erdkreises Gerechtigkeit». Ein Arbeitsbuch zu Bibel und Ökonomie, Luzern, Salzburg 1995, S. 187–202, hier: S. 192 f.

9 Hier zitiert nach dem Teilabdruck in: Bornemann, E.: Psychoanalyse des Geldes. Eine kritische Untersuchung psychoanalytischer Geldtheorien, Frankfurt 1977, S. 87–92.

> Aberglaube, der die Auffindung von Schätzen mit der Defäkation zusammenbringt, und jedermann vertraut ist die Figur des «Dukatenscheißers». Ja schon in der altbabylonischen Lehre ist Gold der Kot der Hölle, Mammon = ilumanman.[10]

Freud ergänzt seine Ausführungen, indem er auf exegetische Studien und Erkenntnisse zurückgreift: «Mammon (*Manunon*) ist babylonisch man-man, ein Beiname Nergals, des Gottes der Unterwelt.»[11] Der Mammon ist also das Ergebnis der Defäkation des behaglich am Feuer sitzenden Nergals oder, kurz und knapp und vulgär formuliert, einfach nur «Teufelsscheiße». So weit müssen wir aber wohl nicht gehen, um uns vom Mammon nicht blenden zu lassen.

b) Dies tat z. B. auch nicht Martin Luther, als er in seiner Kommentierung des 1. Gebotes den Mammon aufs Korn nahm:

> Es ist mancher, der meinet, er habe Gott und alles genug, wenn er Geld und Gut hat, verlässt und brüstet sich drauf so steif und sicher, dass er auf niemand nichts gibt. Siehe, dieser hat auch einen Gott, der heißet Mammon, das ist Geld und Gut, darauf er alle sein Hertz setzet, welches auch der allergemeinest Abgott ist auf Erden. Wer Geld und Gut hat, der weiß sich sicher, ist fröhlich und unerschrocken, als sitze er mitten im Paradies, und wiederümb, wer keins hat, der zweifelt und verzagt, als wisse er von keinem Gott. Denn man wird ihr gar wenig finden, die guts Muts seien, nicht trauern noch klagen, wenn sie den Mammon nicht haben; es klebt und hängt der Natur an bis in die Gruben.[12]

Nicht nur die mitreißende Sprache Luthers besticht. Dies gilt auch für seine Klarsichtigkeit bezüglich des aufkommenden Frühkapitalismus, dessen Prozesscharakter er sehr wohl durchschaut hat, obwohl er hier von ihm nicht als ökonomische Gesellschaftsformation, sondern als die davon geprägte Haltung und Mentalität angeprangert wird, weil sie in krassem Gegensatz steht zu der Forderung des 1. Gebotes. Friedrich-Wilhelm Marquardt verweist im Anschluss an Luthers Kritik auf eine daraus folgende theologische Konsequenz: «Ökonomie wird zu einem Problem im Bereich der Rede von Gott, aus einer ethischen zu einer dogmatischen Frage.»[13] Die nicht nur inhaltliche, sondern auch zeitliche Übereinstimmung zwischen ihm

10 Ebd. 90.
11 Ebd. 92.
12 Zit. nach: Marquardt, Fr.-W.: Gott oder Mammon, in: Einwürfe 1, München 1983, S. 176–216, hier: S. 183.
13 Ebd. 183.

und der Theologie der Befreiung ist frappant, vor allem auch deswegen, weil beide voneinander relativ unabhängig den gleichen Wechsel in der theologischen Systematik markiert haben.[14]

9.1.3 Die Fruchtbarkeit des Kapitals. Die Anbetung des Baals und des Goldenen Kalbs

9.1.3.1 Vorkommen bei Marx

Es empfiehlt sich, die beiden Stichworte «Baal» und «Goldenes Kalb» zusammen zu behandeln, da sie durch den Aspekt der Fruchtbarkeit, die sie symbolisieren, miteinander verbunden sind, aber auch weil beide, verglichen mit Mammon und Moloch, doch von Marx sehr spärlich aufgegriffen werden.

a) Die Verwendung des Götternamens Baal hat keine tragende argumentative Funktion, sondern nur einen parodistischen oder abschätzigen Charakter. Bei der Kritik an Bruno Bauer, die Marx und Engels im gemeinsamen Werk «Die heilige Familie» äußern, taucht der Name Baal in einer fingierten Rede Jahwes an das Volk Israel auf. Marx und Engels legen sie aber Bauer in den Mund. Dieser beklagt sich in ihr über seine Gegner, so wie Jahwe über den Abfall seines Volkes und dessen Hinwendung zu anderen Göttern, wie eben Baal.[15] Die Rede ist aus biblischen Versatzstücken komponiert, was noch einmal die Bibelkenntnis der beiden Autoren unterstreicht. Die Nennung von Baal erfolgt durch das Einfügen einiger abgewandelter Verse aus dem Bericht über die Reform des Königs Joschija in 2 Kön 23,4–10, wobei aber die Maßnahmen gegen Baal und Moloch vermischt werden. Enrique Dussel zitiert eine Bemerkung von Marx über das Verhalten der Börsianer beim Fallen der Aktienkurse, in der jener die Börse als «Baalstempel» bezeichnet, in den diese Hals über Kopf stürzen, um ihre Staatsanleihen zu verkaufen.[16] Die metaphorische Übertragung soll wohl verdeutlichen, dass im «Baalstempel» Börse der Fruchtbarkeit des Kapitals in Form von Aktiengewinnen gehuldigt wird, was das gesamte Verhalten der Börsianer determiniert.

14 Mir ist keine Untersuchung darüber bekannt, ob es zwischen beiden Protagonisten erkennbare Wechselwirkungen gegeben hat, obwohl es auch von Anfang an einen protestantischen Flügel in der Theologie der Befreiung gab.

15 MEW 3, S. 92.

16 Vgl. Dussel: Las metaforas teológicas, a.a.O. 89; leider gibt Dussel eine falsche Fundstelle an.

b) Es gibt zumindest zwei Verwendungen der Bezeichnung «Goldenes Kalb» durch Marx, die beide in Artikeln für die *New-York Daily Tribune* auftauchen. – In seinem Beitrag von 1853 über eine relativ verfahrene diplomatische Situation, in die die vier «Westmächte» Preußen, Österreich, England und Frankreich als Schutzmächte des türkischen Sultans wegen der Bedrohung desselben durch den russischen Zaren verwickelt sind, denunziert Marx mit aggressiver Tonart den sich parlamentarisch zu Wort meldenden, vorgeblichen Friedenswillen der Oligarchie und der westlichen, insbesondere der englischen Bourgeoisie gegenüber dem Zaren, als pures Kapitalinteresse:

> Eines müsste wenigstens klargeworden sein, dass es die Börsenjobber und die auf Frieden spekulierenden Bourgeois sind, die in den Regierungen von der Oligarchie vertreten werden, die Europa an Russland ausliefern und dass wir, um den Übergriffen des Zaren Widerstand zu leisten, vor allem das schändliche Reich dieser gemeinen, kriecherischen und niederträchtigen Anbeter des veau d'or (goldenen Kalbs) stürzen müssen.[17]

Mit bissigen Worten geißelt Marx 1859 den Staatsstreich von Louis-Napoleon (Napoleon III.) sowie die Unterstützer und Nutznießer seines Regimes, dabei auch die römisch-katholische Kirche nicht schonend:

> Neben der militärischen Gewalt ließ der vom Glück begünstigte Usurpator all seine Künste spielen, um die Reichen und Mächtigen, die Geschäftstüchtigen und Spekulanten unter seine Fahne zu sammeln.

Auch die britische Aristokratie und Königin Viktoria vermag Louis-Napoleon zu umgarnen, und er wird von diesen gefeiert:

> Die englische Börse trank der französischen zu, die Apostel der Börsenspekulation beglückwünschen sich und schütteln sich die Hände, und man war davon überzeugt, dass das Goldene Kalb endlich doch zum allmächtigen Gott erhoben war und dass sein Aaron der neue französische Autokrat sei.[18]

Die Anleihe bei der Geschichte vom «Goldenen Kalb» im 32. Kapitel des Buches Exodus der hebräischen Bibel ist deutlich, das generelle Schema der Marx'schen Metaphernverwendung und ihr ausgemachtes Ziel bleiben es auch.

17 MEW 9, S. 325.
18 MEW 13, S. 284–285.

9.1.3.2 Biblischer Befund und Hintergrundinformation

a) Das Wort «Baal» bedeutet wörtlich übersetzt «Herr» oder «Besitzer». Es ist die Bezeichnung für eine kanaanäische Gottheit, die als Wettergott und damit als Garant der Fruchtbarkeit verehrt wurde. Durch die Überlieferung der Geschichte Israels wird belegt, dass die Gottheit «Baal» in unterschiedlichen Ausprägungen und an unterschiedlichen Orten verehrt wurde. Namentlich aufgeführt werden in der hebräischen Bibel der Baal-Berit, der «Herr des Bundes» in Sichem (vgl. Ri 8,33; 9,4), der Baal-Peor (vgl. Num 25,3–5), der Baal-Sebub, der «Herr der Fliegen» in Ekron (vgl. 2 Kön 1,2) und der Baal von Sidon (vgl. 1 Kön 16,31). In der Auseinandersetzung Israels mit Kanaan nimmt der Göttername «Baal» immer mehr die Rolle der Bezeichnung eines «Götzen» an, da dessen Verehrung als eine gefährliche Konkurrenz zum Jahwe-Kult angesehen wurde. Diese Konkurrenzsituation beseitigt König Joschija, als er im Zuge seiner religiösen Reformen rigoros gegen den Götzendienst einschreitet und alle auf Baal und Aschera verweisenden Kultgegenstände aus dem Tempel entfernen lässt.[19] Vor allem die Propheten Elija (vgl. 1 Kön 18) und Hosea (Hos 2,4–11.18; 9,10–13) wenden sich mit vernichtender Kritik gegen diese «Götzenverehrung», wobei Elija in seinem Kampf das Adjektiv «vernichtend» sehr wörtlich nimmt (vgl. das in 1 Kön 18,40 erwähnte Massaker an den Priestern des Baals).

b) Eindrücklich und erschreckend ist die Geschichte von der Herstellung eines so genannten «Goldenen Kalbs» im 32. Kapitel des Buches Exodus. Zu denken ist eher an einen jungen Stier, ein im ganzen Orient verbreitetes Symbol der Zeugungskraft und Fruchtbarkeit.[20] Sie markiert innerbiblisch den Anfangspunkt und die Leitmotive einer radikalen Bearbeitung des Gegensatzes zwischen dem aus der Knechtschaft befreienden, aber unsichtbaren Gott und dem glänzend sichtbaren und Sicherheit gewährenden Gold als Konkurrenten um die «Anhänglichkeit»[21] des menschlichen Herzens.

19 Vgl. 2 Kön 23,4–7.

20 Eine ausführliche Behandlung der Geschichte vom «Goldenen Kalb» habe ich in dem Beitrag «Der Kult des Goldes, die Zerstörung des Menschen und der Zorn Gottes» durchgeführt, veröffentlicht in: Jakob W./Moneta J./ Segbers, F. (Hg.): Die Religion des Kapitalismus. Die gesellschaftlichen Auswirkungen des totalen Marktes, Luzern 1996, S. 130–149.

21 Erinnert sei an die lehrreiche Definition von Martin Luther: «Woran unser Herz hängt, das ist unser Gott», frei zitiert nach der von Marquardt angegebenen Originalversion in Lutherdeutsch: Marquardt: Gott oder Mammon, a.a.O. 117.

Der Text berichtet, dass das Volk lange auf Mose warten musste, als sich dieser im Zwiegespräch mit dem Allerhöchsten befindet und die beiden Tafeln mit den Zehn Geboten ausgehändigt bekommt. Die ungeduldigen Volksgenossen verlangen von Aaron: «Auf, mache uns einen Gott, der vor uns herzieht» (Ex 32,1). Es gibt offenbar nichts, was nicht gemacht werden könnte. Auch Götter oder Götzen sind in beliebiger Form und Zahl von geschickten Arbeitern herstellbar. So einfach ist das. Aaron sammelte den Goldschmuck des Volkes ein, «schmolz (ihn) in eine Form ein und goss daraus ein goldenes Kalb. Da riefen sie: ‹Das ist dein Gott Israel, der dich aus Ägypten herausgeführt hat!›» (Ex 32,4). Das Ergebnis wird gefeiert, und in die Rezeption der Geschichte wird die Feier als «Tanz ums Goldene Kalb» eingehen.

Machen wir es kurz: Die Geschichte endet brutal. Mose vollstreckt den Zorn seines Gottes, und seine «schnelle Eingreiftruppe», die Leviten, bringen 3 000 Götzendiener um. Diesen Akt lassen wir unkommentiert. Er soll auch nicht dadurch entschärft werden, dass seine Historizität bezweifelt wird. Eine besondere Aufmerksamkeit verdient aber die Aktion des Mose selbst. Mose zerstört nicht nur den «Goldenen Stier», sondern der von ihm buchstäblich pulverisierte Götze, den er auf das Trinkwasser streut, muss auch in einer rigoros durch Mose verordneten Symbolhandlung vom Volk «konsumiert» werden (Ex 32,20). Symbolisch wie real wird damit vorgeführt, dass die an den Götzen entäußerten und von ihm angeeigneten Kräfte des Menschen zurückgewonnen und von den Subjekten wieder angeeignet werden können und auch müssen. Die Rückkehr des Volkes zu seinem Bundesgott inszeniert in einem, wie die Entmachtung der Götzen auch die Entfremdung überwindet, die sich im Götzendienst manifestiert hatte.

9.1.3.3 Die bleibende Lehre

Die Bibel beschönigt nichts und scheut sich nicht vor Widersprüchen. Kaum ist das Volk Israel dem Sklavenhaus Ägypten entronnen, da vergisst es seine Erfahrungen, seine Hoffnungen und seine Visionen. Ausgerechnet in jener Stunde, wo der Gott Israels den Kern der Thora, jene grundsätzliche Weisung übermitteln will, an der sich zu orientieren das Volk Israel trotz allem bis heute nicht müde geworden ist, fällt es zurück in einen immer wieder neu seinen Weg bedrohenden resignativen Realismus. Es erliegt dem Glanz des

Goldes und der Verführungskraft des Götzendienstes, und auch die Führungskräfte sind nicht dagegen gefeit. Aaron wird zum ausführenden Organ des Rufes nach der Herstellung von handgreiflicher, sinnenfälliger, eindeutiger Orientierung. Die Verlässlichkeit des Selbstgemachten, besonders dann, wenn es eine goldene Aura hat, wird der drückenden Last des Selbstzweifels und der Selbstverantwortung vorgezogen.

Es erscheint einfacher, sich einen Götzen zu *machen* und sich diesem zuzuwenden, als dem Gott des Exodus zu folgen, der uns keine Ruhe lässt und unerbittlich zum Auszug aus erniedrigenden und verfremdenden Verhältnissen aufruft, dazu drängt und auch Anleitung/Weisung gibt.

9.1.4 Die Opferlogik[22] des Kapitals. Der Gott Moloch

9.1.4.1 Vorkommen bei Marx[23]

Marx benutzt die Bezeichnung «Moloch» vorrangig zur Charakterisierung und Kritik der alles vereinnahmenden und Leben verschlingenden Macht erstens des Geldes und der Geldpolitik, zweitens der kapitalistischen Industrie und schließlich drittens des Finanzkapitals. Es gibt allerdings auch eher religionsphilosophisch motivierte Erwähnungen des Götternamens Moloch, womit die Existenz der Götter als eine Einbildung und die Pervertierung der Gottesverehrung in einen Kult der Selbstaufopferung kritisiert werden.[24]

In einer Polemik gegen «das offizielle England», das dem Volk «Tausende von Leben» durch eine brutale Steuerpolitik raubt, erinnert Marx ausdrücklich an die Kinderopfer für Moloch:

> Es ist bekannt, dass die Herrscher von Tyrus und Karthago den Zorn der Götter besänftigten, nicht indem sie sich selbst opferten, sondern indem sie

22 Mit der «Opferlogik» des «Kapitals» setzt sich Dussel in seiner zitierten Arbeit durchgehend auseinander, besonders aber im gleichnamigen Kapitel: La lógica sacrificial de El Capital, a.a.O. 213–233, wobei Dussel in der Kapitelüberschrift sich auf «Das Kapital» von Marx bezieht, in dem natürlich die Kritik der Opferlogik entfaltet wird.

23 Vgl. den Artikel von Bas Wielenga zum Stichwort Moloch, in: Haug, W. F. u. a. (Hg.): Historisch-kritisches Wörterbuch des Marxismus (HKWM), Bd. 9/II, Berlin 2021.

24 Vgl. die Bemerkungen in seiner Dissertation, MEW 40, S. 370, und in der «Heiligen Familie», MEW 2, S. 21.

den Armen Kinder abkauften, um sie dem Moloch in die glühenden Arme zu schleudern.[25]

Auch bei seiner Kritik der Kinderarbeit nimmt Marx Bezug auf den kanaanäisch-phönizischen Gott Moloch, wobei dieser im Vergleich mit dem «Blutsaugertum» der englischen Industrie, die bedingungslos ihre Opfer, gerade auch unter den Kindern, fordert, noch vergleichsweise besser abschneidet:

> Die Mittelklasse hatte durch die notorischen Organe ihrer Wissenschaft ... vorhergesagt und nach Herzenslust demonstriert, dass jede gesetzliche Beschränkung der Arbeitszeit die Totenglocke der englischen Industrie läuten müsse, einer Industrie, die vampirmäßig Menschenblut saugen müsse, vor allem Kinderblut. In alten Zeiten war der Kindermord ein mysteriöser Ritus der Religion des Moloch, aber er ward nur bei besonders feierlichen Gelegenheiten praktiziert; vielleicht einmal im Jahr, und zudem hatte Moloch keine besondere Liebhaberei für die Kinder der Armen.[26]

Neben der Systemkritik wird in beiden Zitaten erkennbar, dass insbesondere auch das «Kinderopfer» Marx erzürnte, der ja für seine Kinderliebe bekannt war. Dass es in beiden Fällen in Abwandlung um die Kinder der Armen geht, liegt nicht am Moloch, der nur «Kinder fressen» will, sondern an der Situation der Armen, die ihre Kinder verkaufen müssen.

Die Spitze der menschenverschlingenden Gefräßigkeit des Kapitals ist erreicht in der Form des zinstragenden Kapitals:

> In seiner Eigenschaft als zinstragendes Kapital gehört dem Kapital aller Reichtum, der überhaupt je produziert werden kann, und alles, was es bisher erhalten hat, ist nur Abschlagzahlung an seinen all-engrossing Appetit. Nach seinen eingebornen Gesetzen gehört ihm alle Surplusarbeit, die das Menschengeschlecht je liefern kann. Moloch. [27]

Die bürgerlichen Lehrer der Nationalökonomie vergessen die schon Adam Smith geläufige Erkenntnis über die Arbeit als Schöpferin des Werts und knien, fasziniert von der Eigendynamik des Kapitals, vor diesem «Fetisch in Reinkultur»[28] nieder, der «als ein Mo-

25 Marx, K.: Agitation gegen Preußen (22. März 1855), in: MEW 11, S. 132 f.

26 Marx, K.: Inauguraladresse der Internationalen Arbeiter-Assoziation (gegründet am 28. September 1864), in: MEW 16, S. 11.

27 Marx, K.: Das Kapital. Dritter Band, MEW 25, S. 410.

28 Zur Fetischtheorie von Marx vgl. das folgende Teil-Kapitel.

loch erscheint, der die ganze Welt als das ihm gebührende Opfer verlangt»[29]. Damit ist auch der Moloch seinerseits in die obersten Ränge des «Pantheons der falschen Götter» aufgestiegen, wie Dussel zur zitierten Stelle anmerkt.[30] Wem die Äußerungen von Marx über das zinstragende Kapital angesichts der Null-Zins-Geldpolitik der internationalen Institutionen in den letzten Jahren als zu theatralisch, oder gar überholt zu sein scheinen, der möge sich die Mechanismen genauer ansehen, die stattdessen zur Selbstvermehrung des Kapitals in Gang gesetzt werden, denn keinesfalls ist die Dominanz dieser Grundtendenz des Kapitals durch diese Zinspolitik verschwunden.

9.1.4.2 Biblischer Befund und Hintergrundinformation[31]

Der Name Moloch als Bezeichnung einer Gottheit ist in Texten der biblischen Überlieferung aus dem 7. und 6. Jh. v. Chr. belegt (Lev 18,21; 20,2–5; 2 Kön 23,10; Jer 32,35). Ursprünglich stammte er aus phönizischen und ammonitischen[32] Kulten der religiösen Umwelt des Volkes Israel, in denen göttlichen Mächten Menschenopfer dargebracht wurden. Das Wort Moloch lässt sich auf die hebräische Wurzel *Molech* zurückführen:

> Aufgrund von außerbiblischen Parallelen vermutet man, dass der eigentliche Name der Gottheit «Melech» («König») lautete, von den jüdischen Überlieferern der Bibel aber wie «Boschet» («Schande») vokalisiert wurde, um so die fremde Gottheit herabzusetzen.[33]

Rituelle Kinderopfer wurden aber offensichtlich auch im Kontext Israels dargebracht, was in 2 Kön 17,31 erwähnt wird, wobei auch darauf hingewiesen wird, dass Jahwe und die Landesgötter parallel verehrt wurden. Der heftigen Kritik am Verhalten der Könige in den so genannten Königsbüchern ist zu entnehmen, persönlich erwähnt wird dabei König Manasse, dass sie ihre Söhne «durchs Feuer gehen

29 Marx, K.: Theorien über den Mehrwert, MEW 26.3, S. 448.
30 Vgl. Dussel: Las metaforas teológicas, a.a.O. 218.
31 Einen ersten und kurzen Überblick bietet der Artikel «Moloch», in: Rienecker, F./Maier, G. (Hg.), Lexikon zur Bibel, Brockhaus, 7. Aufl., 2008, S. 1082–1083.
32 Als Gott der Ammoniter wird in der Bibel Milkom oder Moloch genannt (vgl. 1 Kön 11,5.7.33). Nehemia ist streng gegen «Mischehen» zwischen Juden und Ammoniterinnen, da er befürchtet, dass diese Frauen den Götzendienst einschleppen könnten (Neh 13,23 ff.).
33 Vgl. Sach- und Worterklärungen, in: Die Bibel. Nach Martin Luthers Übersetzung revidiert, Deutsche Bibelgesellschaft 2017, S. 350.

ließen» (2 Kön 21,6). Ob diese Formulierung auch so gelesen werden kann, dass es sich um eine reine Symbolhandlung ohne tödlichen Ausgang handelte, ist nicht abschließend geklärt.

Diese Opferrituale waren aber schon früh als Gräuel verpönt, und für ihren Vollzug wurde entsprechend den Weisungen der Thora die Todesstrafe angedroht:

> Jahwe redete zu Mose also: «Sprich zu den Israeliten: Jeder von den Israeliten oder von den Fremden, die sich in Israel aufhalten, der von seinen Kindern dem Molech eines hingibt, soll mit dem Tode bestraft werden; die Bevölkerung des Landes soll ihn steinigen.» (Lev 20,1–2)

In den folgenden Versen wird die Strafandrohung zweimal wiederholt und verstärkt durch den Zusatz, dass JWHW sie selbst vollziehen wird.

In der Reform des Königs Joschija von Juda, der generell gründlich mit dem «Götzendienst», auch dem Baalskult, aufgeräumt hat, werden die Opfer abgeschafft, indem die Opferstätte unbrauchbar gemacht wird:

> Er verunreinigte die Feuerstätte (Tofet) im Tal Ben-Hinnom, damit niemand mehr seinen Sohn oder seine Tochter zu Ehren des Molech durchs Feuer gehen ließe. (2 Kön 23,10)

Das genannte Tal spielt auch eine Rolle in der Abrechnung des Propheten Jeremia mit dem Molochkult:

> Seht, es kommt die Zeit, spricht der Herr, da wird man (die Stätte) nicht mehr «Tofet» nennen und «Ben-Hinnom» sondern «Würgetal». (Jer 7,32)

Forschungen zu Welt und Umwelt der Bibel legen den Schluss nahe, dass mit dem Namen oder Ausdruck Moloch nicht eine einzelne Gottheit gemeint war, dass also kein individueller Gottesname vorliegt, sondern die Opfer und speziell Menschenopfer verlangende Haltung von Gottheiten überhaupt gekennzeichnet werden sollte.[34] Diese Auffassung würde auch gestützt durch die Feststellung, dass die Gottheit als «König» angesprochen wurde, was schließlich kein Eigenname, sondern ein funktionsbezogener Titel ist.

34 Hierzu vgl. Theologisches Wörterbuch zum Alten Testament (ThWAT), Bd. 4, Stuttgart 1984, 957–967.

9.1.4.3 Bleibende Präsenz

Im heutigen Sprachgebrauch taucht der altmodisch klingende Begriff Moloch trotzdem immer noch auf. Er bezeichnet im Einklang mit der Bibel und mit Marx eine alles verschlingende Macht, der man sich nur mit Mühe entziehen kann.

Bas Wielenga zitiert in seinem Artikel die Auffassung von Paul Tillich, der im Moloch das «Urbild aller politischen Dämonie» sowie ein Bild der «menschenzerstörenden Dämonie der Wirtschaft» sieht, womit auch ein «überragendes Symbol» vorliegt dafür, wie Herrschaft und Krieg … ihre Erstgeburt verschlingen»[35].

Eine bleibende Präsenz hat die biblische Kritik und Ablehnung des «Prinzips Moloch», wie ich es nennen möchte, aber vor allem durch ihre Aufnahme und Weiterentwicklung in der Fetischismusanalyse von Marx gefunden.

9.1.5 Geld als Gott: Allgegenwart, Allmacht, Erlösungskraft

Bei der Herausarbeitung der Göttlichkeit des Geldes hat Marx über das bisher Dargestellte hinaus aber auch die Übertragung der Eigenschaften der Allgegenwart, der Allmacht und der Erlösungskraft von Gott auf das Geld untersucht. Dabei wird schließlich der Signifikant «Gott» (wenn wir «Gott» als Makro-Zeichen ansehen) zu einer Metapher dadurch, dass linguistisch der Signifikant vom «An-und-für-sich-Sein» Gottes, dem Signifikat, abgelöst wird. «Gott» bezeichnet jetzt eine andere Wirklichkeit, nicht mehr sich selber. Dieser Übergang von Gott aufs Geld und die Übertragung der genannten Eigenschaften aber ist eine «Einbahnstraße» und keine Parallele, denn die realen ökonomischen Funktionen des Geldes lassen sich keineswegs durch Metaphernbildung umgekehrt wieder auf Gott übertragen. Man vergegenwärtige sich, wie absurd es klänge, wenn man von Gott als Preisangabe, Zirkulationsmittel oder Schatzbildner reden würde.

Das Geld ist für Marx wesentlich *die Ware als solche,* die allgegenwärtige Ware, die nicht durch Anwesenheit an einem bestimmten Ort charakterisiert wird.[36] Er spricht dem Geld auch das Attribut Allmacht zu, neben dem Allgegenwärtigsein damit das zweite Mal

35 Vgl. Tillich, P.: Der Widerstreit von Raum und Zeit. Schriften zur Geschichtsphilosophie, GW VI, Stuttgart 1963, S. 44 f.

36 Vgl. «Grundrisse», S. 140, 142 und 871.

eine traditionell Gott zugeschriebene Eigenschaft. In den «Philosophisch-ökonomischen Manuskripten» von 1844 lesen wir:

> Das *Geld*, indem es die *Eigenschaft* besitzt, alles zu kaufen … alle Gegenstände sich anzueignen, ist also der *Gegenstand* im eminenten Besitz. Die Universalität ist die Allmacht seines Wesens; es gilt daher als allmächtiges Wesen.[37]

Marx exemplifiziert diese Allmacht später in den «Grundrissen» anhand des Tatbestandes, dass selbst die heiligsten Dinge verkäuflich und somit vor dem Zugriff des Geldes nicht sicher sind:

> Es gibt nichts Unveräußerliches, da alles gegen Geld veräußerlich. Es gibt nichts Höheres, Heiliges etc., da alles durch Geld aneigenbar. Die «res sacrae» und «religiosae» … die eximiert sind vom «commercium hominum» [also die heiligen und religiösen Dinge, gemeint sind vor allem Reliquien, die dem menschlichen Handel entzogen sind, K. F.], existieren nicht vor dem Geld –, wie vor Gott alle gleich sind.[38]

Hier könnte zusätzlich eine Anspielung auf Röm 2,11 vorliegen, wonach es vor Gott kein Ansehen der Person gibt, womit noch ein zusätzliches Merkmal Gottes auf das Geld übertragen wird. Dies wäre aber auch ein weiterer Beleg für die Methode von Marx, zwei Vergleichspunkte miteinander zu verbinden, um die angestrebte Aussage zu verstärken.

Mit einer noch komplizierteren Verquickung von ökonomischen und theologischen Theorieelementen erläutert Marx die erlösende Kraft des Goldes und des Geldes, ohne das Wort «erlösen» explizit zu benutzen, wobei aber der in der Formulierung der Kapitelüberschrift verwendete Begriff «Metamorphose» als Stellvertreter für «Erlösung» gelesen werden darf:

> Als Gold oder in ihrem Dasein als allgemeines Äquivalent ist die Ware unmittelbar darstellbar in den Gebrauchswerten aller anderen Waren, die in ihren Preisen alle das Gold zugleich als ihr Jenseits anstreben, zugleich aber die Note anzeigen, worin es erklingen muss, damit ihre Leiber, die Gebrauchswerte, auf Seite des Geldes, ihre Seele, der Tauschwert, aber in das Gold selbst springt.[39]

37 MEW Erg. I, S. 563.
38 Vgl, «Grundrisse», S. 723.
39 Vgl. Zur Kritik der Politischen Ökonomie, MEW 13, S. 73 f. (Im Abschnitt: Die Metamorphose der Waren, wird der *Kauf* als «Schlussmetamorphose der Ware bezeichnet. Dann folgt die zitierte Stelle.)

Folgende metaphorische Zuordnungen tragen die Struktur des «Erlösungsprozesses»: So wie der erlösungsbedürftige Mensch dem Jenseits zustrebt, so streben die Waren dem Gold als ihrem Jenseits zu. So wird das Gold ein Jenseits. Die Ware ist zusammengesetzt wie der Mensch: Der Gebrauchswert entspricht dem Leib, der Tauschwert entspricht der Seele. Der Preis als der geldförmige Ausdruck des Wertes der Waren ist das Element, durch welches das Streben sich artikuliert, denn das Geld verweist auf seine glänzendste Gestalt. Wenn der Tauschwert ins Gold «überspringt», gelangt damit nicht nur die «Seele der Ware» in ihr Jenseits, sie nimmt dabei auch den «Leib der Ware», ihren Gebrauchswert, mit ins Jenseits, was aber nur gelingt, weil der Leib durch das Geld zu seiner Seele gekommen ist. Marx kannte offensichtlich die christliche Lehre von der «Auferstehung des Fleisches», durch welche die griechische Auffassung von der Unsterblichkeit der Seele, die zu ihrem Ursprung zurückkehrt, überboten wurde.

Warum machte sich Marx diese argumentative Mühe? Wir können ihn nicht mehr fragen, aber wir dürfen vermuten, dass er den Ökonomen zeigen wollte, dass sie auch nur Theologen sind. Da sollten wir Theologen nicht zu früh jubeln, denn für Marx war damit nur bewiesen, dass die Ökonomen keine exakten Wissenschaftler sind, nicht dass die Theologen recht haben.

Noch eine kurze Bemerkung zur Methode: Vorherrschend bei dieser Analyse des Wesens der Ware und des Geldes ist die Argumentationsform der Analogie (Gebrauchswert verhält sich zu Tauschwert wie Leib zu Seele), deren Basis eine metaphorische Abbildung ist (das Gold wird zum Jenseits usw.).

9.1.6 Resümee

Der Moloch, aber auch der Mammon, obwohl es auf der ökonomischen Oberfläche zunächst nicht so erscheint, haben keine eigene Lebenskraft. Denn beide Größen ermöglichen den Besitzern des Kapitals, ohne eigene Arbeit ihre Bedürfnisse und mehr zu befriedigen, nur durch die Akkumulation und Einverleibung der Ergebnisse fremder Arbeit und des gesamten, die Arbeit tragenden Lebensprozesses. Metaphorisch ausgedrückt: sie trinken Blut und erscheinen dann als Träger des Lebens. Auch das heutige Finanz-

und Spekulationskapital ist aus sich heraus unfähig, irgend etwas zu produzieren. Ebenso wenig hat ein «Goldenes Kalb» jemals Zinsen oder Boni abgeworfen oder konnte davon leben. Es wird von den Menschen am Leben erhalten, die ihr Gold für seine Herstellung spendeten und dann um es herumtanzen. Der Tanz ums «Goldene Kalb» ist zu einer stehenden Metapher geworden, die auch in unserer Zeit noch als zugkräftig eingestuft wird. So war im Jahre 1988 auf einem Transparent bei einer Demonstration in Frankfurt gegen die Politik der Großbanken zu lesen: «Das Goldene Kalb ernährt sich vom Brot der Armen und vom Blut der Schlachtfelder». Ich glaube, dass wir immer noch diese Metaphorik benutzen können, um die Bewegungsform zu beschreiben, die das Kapital den Einzelnen und den Völkern vorschreibt, das Kapital, das an die Stelle des Goldes getreten ist und mittlerweile selbst durch seine digitalisierten Formen jede sinnliche Qualität verloren hat. Die alles bestimmende Macht des so fast unsichtbar gewordenen Geldes stellt eine neue Herausforderung dar, weil sie keiner goldenen Standbilder mehr bedarf, um Anerkennung zu mobilisieren. Das macht es aber auch so schwer, die prophetische Kritik am Götzendienst direkt auf Markt, Geld, Kapital und vor allem auf das Spekulationskapital unmittelbar anzuwenden – also auf Optionen, Futures und wie diese Derivate in ihrer modernsten digitalisierten Form alle heißen mögen. Das hat auch Marx wohl bemerkt und daher so oft zur metaphorischen Transformation der Gegenstände seiner Kritik Zuflucht genommen.

9.2 Die Analyse und Kritik des Fetischcharakters der Ware und des Kapitals

9.2.1 Die beiden Phasen der Religionskritik von Marx

Die Erfassung der Relevanz des Umgangs von Marx mit der Bibel und seine Verwendung theologischer Metaphern im Rahmen seiner religionskritischen Analysen und Überlegungen für eine ideologiekritische Theologie machen wenigstens ansatzweise eine entsprechende Vergegenwärtigung der Argumentationsformen und wesentlichen Gedankengänge dieser Religionskritik notwendig.

Es lassen sich in der Religionskritik von Marx grob zwei Phasen unterscheiden. Erstens: die Kritik der Religion in den so genannten Frühschriften, denen auch die unten folgenden, zu geflügelten Worten gewordenen Zitate (etwa: Religion als Opium und Protest) entstammen. Und zweitens: die Fetischismuskritik als höchstes Stadium der Kritik des fantastischen Widerscheins des Reellen im Ideellen und damit auch als höchstes Stadium der Entfaltung der Religionskritik, worauf wir im Folgenden ausführlich eingehen.

9.2.2 Die Entfaltung und Anwendung der Fetischkonzeption

In dem wegweisenden Kapitel «Der Fetischcharakter der Ware und sein Geheimnis» im ersten Band des «Kapital»[40] leitet Marx, beginnend beim religionswissenschaftlichen Ursprung des Begriffs Fetisch zur Bezeichnung magischer Artefakte (vgl. das portugiesische Wort *feticao:* machen, herstellen), den Fetischcharakter der Ware und darauf aufbauend eine Definition des Fetischismus ab.

Ich referiere zunächst einige wichtige Ergebnisse dieses Kapitels, in dem übrigens auch die Methode von Marx gut greifbar wird. – Zu Beginn des «Kapital» arbeitet Marx den Doppelcharakter der Ware heraus, die einerseits einen konkreten Gebrauchswert hat, weswegen man überhaupt an einem Austausch interessiert ist, zugleich aber auch einen Tauschwert, d. h. eine quantitative Größe, die als Maßstab eine Verrechnung möglich macht. Weiter führt Marx aus, dass in diesem Tauschwert der Waren, nicht in ihrem Gebrauchswert, das treibende Motiv kapitalistischer Produktionsweise gegeben ist, wobei vom konkreten Charakter der Privatarbeiten abstrahiert werden muss, um die Produkte überhaupt als gleichsetzbare austauschen zu können. Dieses Dominantwerden des Tauschwerts verwandelt jedes Produkt menschlicher Arbeit, insofern es als Ware auftritt, aus einem selbstverständlichen und trivialen in «ein sinnlich übersinnliches Ding», dessen «Analyse ergibt, dass sie (die Ware) ein sehr vertracktes Ding ist, voll metaphysischer Spitzfindigkeit und theologischer Mucken»[41]. Welcher Vertracktheit ist Marx da auf die Spur gekommen? Und worin bestehen die theologischen Mucken und ihr Beitrag zur Vertracktheit?

40 Marx, K.: Das Kapital. Erster Band, MEW 23, Berlin 1968, S. 85–98.
41 MEW 23, S. 85; die folgenden Zitate sind alle S. 86 entnommen.

Marx stellt sich auch selbst diese Frage: «Woher also entspringt der rätselhafte Charakter des Arbeitsproduktes, wenn es Warenform annimmt? Offenbar aus dieser Form selbst.» Die Waren sind Produkte selbstständig durchgeführter, privater Arbeit mit meist strikter Arbeitsteilung. Erst wenn die Produkte ausgetauscht werden, entsteht ein gesellschaftlicher Zusammenhang zwischen den Produzenten. Obwohl die Arbeit schon dadurch, dass die Menschen füreinander arbeiten, eine gesellschaftliche Form hat, sind es natürlich die Waren, durch die der Kontakt hergestellt wird. Die Waren scheinen so eine Macht über die Menschen zu gewinnen, wodurch eine entscheidende Verkehrung stattfindet, die zu einer gesellschaftlichen Gewalt wird, dadurch dass man sie in ihrer Verkehrtheit anerkennt. Marx deckt diese Verkehrung auch sofort auf, wenn er schreibt:

> Das Geheimnisvolle der Warenform besteht also einfach darin, dass sie den Menschen die gesellschaftlichen Charaktere der Arbeitsprodukte selbst, als gesellschaftliche Natureigenschaften dieser Dinge zurückspiegelt, daher auch das gesellschaftliche Verhältnis der Produzenten zur Gesamtarbeit als ein außer ihnen existierendes gesellschaftliches Verhältnis von Gegenständen. Durch dies Quidproquo [diese Verwechslung, K. F.] werden die Arbeitsprodukte Waren, sinnlich übersinnliche oder gesellschaftliche Dinge.

Marx deckt nach einer Zwischenüberlegung zur Sinneswahrnehmung auf, worin die «theologischen Mucken» bestehen:

> Es ist nur das bestimmte gesellschaftliche Verhältnis der Menschen selbst, welches hier für sie die phantasmagorische Form eines Verhältnisses von Dingen annimmt. Um daher eine Analogie zu finden, müssen wir in die Nebelregion der religiösen Welt flüchten. Hier scheinen die Produkte des menschlichen Kopfes mit eigenem Leben begabte, untereinander und mit den Menschen im Verhältnis stehende selbständige Gestalten.

Marx macht uns die Arbeit leicht, wenn er selbst die angewandte Denkform als Analogie bezeichnet (vgl. 7.1). Wir erkennen hier aber auch leicht ein Wiederaufgreifen der Aussagen aus der ersten Phase der Religionskritik und der «Kritik der Hegelschen Rechtsphilosophie», wobei jedoch die religionswissenschaftlichen Erkenntnisse über die Wirkung der Fetische in der Naturreligion mit einfließen. Marx schließt auch lapidar ab:

> Dies nenne ich den Fetischismus, der den Arbeitsprodukten anklebt, sobald sie als Waren produziert werden, und der daher von der Warenproduktion unzertrennlich ist.[42]

Wie wörtlich er bisweilen den Fetischcharakter der Waren nimmt, belegt eine Stelle, an der er ein kleines Gedankenspiel durchführt:

> Könnten die Waren sprechen, so würden sie sagen, unser Gebrauchswert mag den Menschen interessieren. Er kommt uns nicht als Dingen zu. Was uns aber dinglich zukommt, ist unser Wert.[43]

Die Waren sprechen aus, was sie nicht sind, und dokumentieren so, wie gut sie schon die Lektion des Fetischismus gelernt haben.

Im 3. Band des «Kapital» zeigt Marx, wie der Fetischcharakter der Ware sich auf das Kapital in Form des zinstragenden Kapitals überträgt, wobei er eine neue «Seinsstufe» erklimmt. Während im Kaufmannskapital die Geldvermehrung noch über den Kauf und Verkauf von Waren geschieht, also ein gesellschaftliches Verhältnis zwischen verschiedenen Akteuren sichtbar wird, gilt dies nicht mehr für das zinsbringende Kapital. In diesem

> ... erreicht das Kapitalverhältnis seine äußerlichste und fetischartigste Form ... Es ist das fertige Kapital, Einheit von Produktionsprozess und Zirkulationsprozess, und daher in bestimmter Periode bestimmten Mehrwert abwerfend. In der Form des zinstragenden Kapitals erscheint dies unmittelbar, unvermittelt durch Produktionsprozess und Zirkulationsprozess. Das Kapital erscheint als mysteriöse und selbstschöpferische Quelle des Zinses, seiner eigenen Vermehrung. Das Ding (Geld, Ware, Wert) ist nun als bloßes Ding schon Kapital, und das Kapital erscheint als bloßes Ding; das Resultat des gesamten Reproduktionsprozesses erscheint als eine, einem Ding von selbst zukommende Eigenschaft; es hängt ab von dem Besitzer des Geldes, d. h. der Ware in ihrer stets austauschbaren Form, ob er es als Geld verausgaben oder als Kapital vermieten will. Im zinstragenden Kapital ist daher dieser automatische Fetisch rein herausgearbeitet, der sich selbst verwertende Wert, Geld heckendes Geld ... Das gesellschaftliche Verhältnis ist vollendet als Verhältnis eines Dings, des Geldes zu sich selbst. Statt der wirklichen Verwandlung von Geld in Kapital zeigt sich hier nur ihre inhaltslose Form. Hier ist die Fetischgestalt des Kapitals und die Vorstellung vom Kapitalfetisch fertig.[44]

42 MEW 23, S. 86–87.
43 Ebd. 97.
44 MEW 25, S. 405.

Es gibt also unter dem Diktat des Kapitalfetischs im Regelwerk des Kapitalismus eine Fortpflanzung des Fetischcharakters, beginnend bei der Ware. Dieser verwandelt die lebendige Arbeit in Lohnarbeit und die Produktionsmittel, die mehrheitlich ja nur Arbeitsinstrumente sind, über die Eigentumsverhältnisse in Kapital, das seinen Zenit erreicht im Finanzkapital als der reinsten und auch heute bedeutendsten Form des Kapitalfetischs, in dem er sich zugleich radikalisiert und sich sogar selbst bedroht, wie die permanenten Finanzkrisen beweisen. Es ist also nicht verwunderlich, wenn die Kapitalismuskritik von Papst Franziskus in der Kritik des Geldfetischismus ihren Schwerpunkt hat, wobei in der Papstkritik noch weitere Motive wirksam werden.

Marx könnte sich damit begnügen, einfach nur den Charakter des zinstragenden Kapitals offengelegt zu haben. Er will jedoch mehr. Er will zeigen, wie sehr hierbei eine Usurpation göttlichen Wesens stattfindet, wobei durch die Fähigkeit zur Selbsterzeugung das Kapital die Position des Schöpfers übernimmt, von dem man nicht nur unabhängig wird, sondern den man damit ablöst. Aus einem sich im Produktions- und Zirkulationsprozess durchsetzenden ökonomischen Mechanismus wird ein gesellschaftliches Verhältnis, das sich als die alles bestimmende Wirklichkeit präsentiert. Und dies ist seit jeher eine der wesentlichen Eigenschaften Gottes. Der seit Nietzsches berühmtem Diktum oft thematisierte und beschworene «Tod Gottes» nimmt eine neue Form an. Aber dies ist eine andere Weise als der von Gegnern und Anhängern Marx unkritisch unterstellte Atheismus.

9.2.3 Rückbindung an die frühe Religionskritik

Bei der weiteren Entfaltung der Fetischismusanalyse im hierfür zentralen Kapitel greift Marx aber auch seine These aus der ersten Phase der Religionskritik wieder auf, dass sich eine verkehrte Welt in einem verkehrten Bewusstsein, nämlich der Religion, widerspiegelt. Er wendet sie nun bei der Analyse des Fetischismus an:

> Für eine Gesellschaft von Warenproduzenten, deren allgemein gesellschaftliches Produktionsverhältnis darin besteht, sich zu ihren Produkten als Waren, also als Werten, zu verhalten und in dieser sachlichen Form ihre Privatarbeiten aufeinander zu beziehen als gleiche menschliche Arbeit, ist das Chris-

> tentum mit seinem Kultus des abstrakten Menschen, namentlich in seiner bürgerlichen Entwicklung, dem Protestantismus, Deismus usw. die entsprechendste Religionsform.[45]

Für die Antwort auf die uns seit dem 1. Kapitel unserer Überlegungen stets begleitende Frage, was Marx unter Religion versteht, wird hier ein wesentliches Detail beigetragen. Es wäre sicher eine lohnende Untersuchung, herauszufinden, inwieweit Max Weber sich bei seinen Arbeiten von dieser zitierten Stelle hat inspirieren lassen. Fest steht jedenfalls, dass Marx vor Weber einen Zusammenhang zwischen dem Protestantismus und dem «Geist des Kapitalismus» bemerkt hat. Er stellt eine Ähnlichkeit her zwischen dem Produzenten, der nur durch den Markt mit den anderen Produzenten verbunden ist, und dem individuellen Frommen, der nur durch das Menschsein als solchem mit den anderen Frommen verbunden ist. So wird der Protestantismus zu der Religionsform, die zum Kapitalismus passt.

9.2.4 Das Kapital als Anlass zur Entfaltung einer Trinitätsmetaphorik

Zusätzlich zu den referierten Gesichtspunkten zur Beurteilung des Kapitals und seiner angemaßten Göttlichkeit hat Marx auch die traditionelle Trinitätstheologie[46] herangezogen, um die Logik des Zusammenhangs von Wert und Mehrwert in der Kapitalbildung mit einer theologischen Metaphorik und Begrifflichkeit darzustellen und damit als pseudo-religiöses Phänomen, als Mystifikation, durchschaubar und dadurch überwindbar zu machen. Auch hier bildet die Feststellung, dass der Wert der Waren über die Form des Geldes hinaus im Kapital den Charakter einer sich selbst bewegenden Substanz gewinnt, den entscheidenden Anknüpfungspunkt:

> Er [der Wert] unterscheidet sich als ursprünglicher Wert von sich selbst als Mehrwert, als Gott Vater von sich selbst als Gott Sohn, und beide sind vom selben Alter und bilden in der Tat nur eine Person, denn nur durch den Mehr-

45 MEW 23, S. 93.

46 Vergleiche aus dem Bereich der Trinitätstheologie finden sich bei Marx und Engels im Zusammenhang mit politischer Polemik und philosophischer Kritik einerseits (vgl. MEW 1, S. 213, 571, 577; MEW 4, S. 200 und vor allem «Zur Kritik der Hegelschen Rechtsphilosophie», MEW 1, S. 242–256), sowie mit rein ökonomischen Überlegungen andererseits (vgl. besonders MEW 23, S. 169 f. und auch MEW 25, S. 822–839; MEW 26.3, S. 445, 472, 493). Bei intensiver Suche dürften sich wahrscheinlich noch versteckte Anspielungen finden. Die wohl kompletteste Bestandsaufnahme liefert Buchbinder, a.a.O. 394–410.

wert von 10 Pfd.St. werden die vorgeschossenen 100 Pfd.St. Kapital, sobald sie dies geworden, sobald der Sohn und durch den Sohn der Vater erzeugt, verschwindet ihr Unterschied wieder und sind beide Eins, 110 Pfd.St.[47]

Die Trinitätsmetaphorik dieser Ausführungen zur Wertproblematik bedarf einer kurzen Erläuterung, da einige Gleichungen aufgestellt werden, was den Mathematiker auch unabhängig von der behandelten Materie neugierig macht.

Es gilt: «ursprünglicher Wert» = «Gott Vater»; «Mehrwert» = «Gott Sohn». (Der Mehrwert entsteht durch die Zirkulation des ursprünglichen Wertes < – > der Sohn wird vom Vater gezeugt.)

Die Behauptung, dass beide gleich alt seien, lässt sich zur Not noch rechtfertigen, wenn man die Stelle Joh 1,1 des Johannesprologs zu Hilfe nimmt, wonach der Logos schon im Anfang, also vor Beginn der Zeit, bei Gott war. Dann aber formuliert Marx eine handfeste Häresie, wenn er die Einheit von beiden so beschreibt. Gott-Vater und Gott-Sohn sind nur eine Person (oder ist gemeint: jeweils eine Person?), insofern sie zusammen ein und dasselbe Kapital bilden, in welchem der Unterschied zwischen Wert und Mehrwert verschwindet, wobei aber der Sohn auch den Vater erzeugt und beide Eins sind, so dass gilt: Vater + Sohn = Eins = Kapital. In der traditionellen Lehre heißt es ausführlicher und passender, dass der Sohn «eines Wesens *(homoousios)* mit dem Vater»[48] ist.

Aber Marx bleibt mit seiner Metaphorik der Trinität gewissenhaft und vergisst nicht, auch den Heiligen Geist als die dritte Person der Trinität ins Spiel zu bringen. Er kennt sich erstaunlicher Weise auch im katholischen Beichtspiegel aus und weiß daher, dass die Sünden wider den Heiligen Geist nicht nachgelassen werden.

Der öffentliche Kredit wird zum Credo des Kapitals. Und mit dem Entstehen der Staatsverschuldung tritt an die Stelle der Sünde gegen den heiligen Geist, für die keine Verzeihung ist, der Treubruch an der Staatsschuld.[49]

Nur implizit wird auch der Heilige Geist mit einbezogen, wenn Marx von der «trinitarischen Formel»[50] spricht und, ohne aber eine

47 MEW 23, S. 269 f.

48 Vgl. zum Streit um das *homoousios* die Diskussion auf dem Konzil von Nicäa (325 n. Chr.) und die Aufnahme des Begriffs in das Glaubensbekenntnis (griechischer und lateinischer Text siehe DS 225–226).

49 MEW 23, S. 782.

50 Vgl. den Beginn des 48. Kapitels in: MEW 25, S. 822–839.

exakte jeweilige Zuordnung der drei Elemente seiner Formel zu den drei Personen vorzunehmen oder gar eine funktionale Analogie unterstellen zu wollen, die folgende Dreigliederung aufbaut:

> Im Kapital – Profit oder noch besser Kapital – Zins, Boden – Grundrente, Arbeit – Arbeitslohn, in dieser ökonomischen Trinität als dem Zusammenhang der Bestandteile des Werts und des Reichtums überhaupt mit seinen Quellen ist die Mystifikation der kapitalistischen Produktionsweise, die Verdinglichung der gesellschaftlichen Verhältnisse, das unmittelbare Zusammenwachsen der stofflichen Produktionsverhältnisse mit ihrer geschichtlich-sozialen Bestimmtheit vollendet: die verzauberte, verkehrte und auf den Kopf gestellte Welt, wo Monsieur le Capital und Madame La Terre als soziale Charaktere und zugleich unmittelbar als bloße Dinge ihren Spuk treiben.[51]

Marx bezeichnet diese Zusammenhänge als «Religion des Alltagslebens»: Er hätte genauso gut auch «Fetischismus» sagen können, denn es geht ihm auch jetzt nicht um eine bessere Erklärung, sondern um eine Verdeutlichung der Zusammenhänge durch ihre metaphorische Überhöhung.

Die Drei-Stufen-Semiotik der Darlegung von Marx wird sehr gut sichtbar: Kapital und Erde sind zunächst «bloße Dinge» (erste Stufe), so dann «soziale Charaktere» (zweite Stufe) und schließlich Metaphern in einem symbolischen System (dritte Stufe).

Generell lässt sich festhalten, dass die Einführung des theologischen Attributs «trinitarisch» in einen ökonomischen Kontext eine doppelte Funktion erfüllt: Erstens sollen damit in polemischer Absicht die ökonomischen Behauptungen und Aussagen als unwissenschaftlich und irreführend eingestuft werden, und zweitens soll aber gleichzeitig die genau wegen dieser Schwäche von den Ökonomen an den Tag gelegte Hybris und Anmaßung göttlicher Würde aufgedeckt werden. Dabei wird aber nichts ausgesagt über den Wahrheitsgehalt der Trinitätslehre als theologischer Theorie. Sie wird nicht dadurch falsch, dass sie zweckentfremdet angewendet wird. In beiden Fällen artikuliert auch der späte Marx immer noch sein ursprüngliches religionskritisches Anliegen. Der Vulgärökonom und der scholastische Theologe flüchten beide unter Erklärungsdruck in die «Nebelregion» der Religion.

51 MEW 25, S. 838.

9.3 Die Entmachtung der Fetische als Ausgangspunkt und Motivation einer theologischen Kritik des Götzendienstes und des Kapitalismus

9.3.1 Die Entmachtung der Fetische

Der eigentliche Effekt des Fetischismus besteht erstens darin, dass die Waren eine eigene, von den Produzenten nicht beabsichtigte Gesetzlichkeit entfalten (indem sie beispielsweise andere Waren zu verdrängen beginnen, was Arbeitsplätze kostet, wodurch wiederum Menschen einander zu verdrängen beginnen), eine Logik, die in der verschleiernden Sprache der herrschenden Ideologie als «Systemrationalität» und «Sachzwänge» bezeichnet wird. Zweitens besteht er darin, dass der Warenfetisch verbirgt, dass die Ware und ihr Wert der menschlichen Arbeit entspringen und ihre scheinbar unkontrollierte Bewegung nur das Resultat einer über den Tausch vermittelten, notwendigen Gleichsetzung verschiedener menschlicher Arbeiten ist. Dabei macht die Analyse klar, dass auch die so genannten Sachzwänge das Resultat menschlichen Handelns sind. Das Getane als Ergebnis unseres Tuns gewinnt Macht über das weitere Tun. Daher muss man die eigenen Handlungen, nicht nur die Arbeit im engeren Sinne – weswegen es sinnvoll ist, zwischen Arbeit und Tätigkeit bzw. Praxis zu unterscheiden –[52], so gestalten und durchführen, dass sie zu förderlichen und nicht zu behindernden oder sich selbst suspendierenden Bedingungen des weiteren Handelns werden. Es kann also prinzipiell keine unüberwindbare Schranke zwischen den intentionalen Handlungen der Akteure und einer ihren eigenen Gesetzen folgenden Systemrationalität geben. Es sei denn, man sähe die durch das menschliche Handeln geschaffenen Verhältnisse immer und unter allen Bedingungen als irreversibel an. Dazu gibt es logisch und vorerst auch empirisch keinen Grund – mit der Einschränkung, dass unsere Erde, wer weiß wie lange noch, die Folgen unseres Handelns verkraftet.

Der ideologische Trick der Rechtfertigung der entgegengesetzten Auffassung über die Handlungszwänge gemäß der geistlosen Maxime, «wer A sagt, muss auch B sagen», funktioniert so, dass den prinzipiell durch menschliches Handeln steuerbaren sozialen, politischen und wirtschaftlichen Prozessen die Qualität von unabänderlichen

52 Vgl. die epochalen Überlegungen und Distinktionen von Hannah Arendt in: Vita activa oder vom tätigen Leben, Neuausgabe München 1981, dort besonders 3. und 5. Kapitel.

Naturgesetzen angedichtet wird. Anders gelagert wäre eine Rede von Sachzwängen bei der Problematik der irreversiblen Zerstörung der Biosphäre, dem Klimawandel und möglichen Folgen von Katastrophen der Atomindustrie. Hier könnte der Begriff Sachzwang erstmals hilfreich sein: Angesichts der Gefahr unseres Untergangs sind wir gezwungen, anders zu handeln, als uns die Kapitallogik aufdrängen will.

Dass die Sachzwänge aber zusätzlich und nicht nur heute die politische Gestalt einer herrschaftsförmigen Gesellschaft annehmen, die das freie gesellschaftliche Individuum verhindert, hat Marx schon sehr früh in den «Grundrissen» dargelegt und den Grund benannt:

> Die gesellschaftliche Beziehung der Individuen aufeinander als verselbständigte Macht über den Individuen, werde sie nun vorgestellt als Naturmacht, Zufall oder in sonst beliebiger Form, ist notwendiges Resultat dessen, dass der Ausgangspunkt nicht das freie gesellschaftliche Individuum ist.[53]

Ausgehend von seiner minutiösen Analyse der Wertform unterstreicht Marx im «Kapital» fortwährend, wie sehr das Kapitalverhältnis eine besondere Form der Knechtschaft, also einer Vermittlung zwischen Herrschenden und Beherrschten ist, die deswegen funktioniert, weil sie eine besondere Form der gesellschaftlichen Synthesis ist, ohne die kein Zusammenleben funktioniert.[54] Arbeiter und Kapitalist sind beide auf ihre Weise gezwungen, den anderen gemäß dem Zwangsverhältnis zu (re-)produzieren.

> Der Arbeiter selbst produziert daher beständig den objektiven Reichtum als Kapital, ihm fremde, ihn beherrschende und ausbeutende Macht, und der Kapitalist produziert ebenso beständig die Arbeitskraft als subjektive … abstrakte, in der bloßen Leiblichkeit des Arbeiters existierende Reichtumsquelle, kurz den Arbeiter als Lohnarbeiter.[55]

Wie schon in seinen vorherigen Werken begnügt sich Marx nicht damit, den Fetischcharakter der kapitalistischen Verhältnisse, von

53 Marx, K.: Grundrisse der Kritik der politischen Ökonomie (1857–1858), Berlin 1974, S. 111.

54 Darauf hat besonders Alfred Sohn-Rethel aufmerksam gemacht, vgl. Sohn-Rethel, A.: Geistige und körperliche Arbeit. Zur Theorie der gesellschaftlichen Synthesis, revidierte und ergänzte Ausgabe, Frankfurt 1972. Die Theorie von Sohn-Rethel und seine Erklärung dieser Zusammenhänge wird eingehender dargestellt in: Füssel, K.: Die Misere der Werte unter der Diktatur des Tauschwerts, in: Bruhin, J./Füssel, K./Petzel, P.: Misere und Rettung. Beiträge zu Theologie, Politik und Kultur. Nikolaus Klein SJ zu Ehren, Luzern 2006, S. 299 ff.

55 Marx, K.: Das Kapital I, MEW 23, S. 596.

der Warenproduktion bis zum Kapitalverhältnis, nur offen zu legen. Denn eines dürfte klar sein: Ausgangspunkt und Endpunkt der Kritik der politischen Ökonomie von Marx ist die Verwirklichung des freien, nicht entfremdeten Individuums. Von der «Deutschen Ideologie» (1845/46) und dem «Kommunistischen Manifest» (1848) über die «Grundrisse» (1857/58) bis zum «Kapital» (1867) bleibt dies durchgängig das zentrale Thema.

Es geht ihm daher in letzter Instanz um die Überwindung dieses Fetischismus durch die Bildung «eines Vereins freier Menschen»[56], der nicht nur den Prozess der Produktion der Waren, sondern die gesamte Produktion und Reproduktion ihrer Lebensmöglichkeiten bewusst gestaltet, also planend und kontrollierend in die Hand nimmt, was man in Kurzform «Sozialismus» nennen könnte. Mit der Überwindung des Fetischismus würde nach Marx aber auch die Religion als bloße Widerspiegelung verschwinden.

> Der religiöse Widerschein der wirklichen Welt kann überhaupt nur verschwinden, sobald die Verhältnisse des praktischen Werkeltagslebens den Menschen tagtäglich durchsichtig vernünftige Beziehungen zueinander und zur Natur darstellen. Die Gestalt des gesellschaftlichen Lebensprozesses, d. h. des materiellen Produktionsprozesses, streift nur ihren mystischen Nebelschleier ab, sobald sie als Produkt frei vergesellschafteter Menschen unter deren bewusster planmäßiger Kontrolle steht.[57]

Ob Marx dabei nur das Verschwinden der Religion vor Augen hatte oder die Möglichkeit zulässt, dass Wesen und Funktion von Religion sich grundsätzlich auch zum Positiven hin verändern könnten – eine Frage, die mich in dieser Arbeit durchgehend beschäftigt –, bleibt auf Grund der «Aktenlage» prinzipiell offen, allerdings mit dem Zusatz, dass Marx letztere Möglichkeit nirgendwo strukturell und zwingend ausgeschlossen hat.

Soll diese Überwindung konstruktiv und dauerhaft gelingen, ist dabei vor allem die nicht nur ideologietheoretische, sondern allgemeingültige Erkenntnis über den Zusammenhang von gesellschaftlichem Sein und gesellschaftlichem Bewusstsein, von Deutungskategorien und Praxisformen in Rechnung zu stellen. Der kategoriale Rahmen, durch den die gesellschaftliche Wirklichkeit wahrgenommen wird, ist den Verhältnissen inhärent. Kategorien und Phäno-

56 MEW 23, S. 92.
57 MEW 23, S. 94.

mene sind sozusagen homolog, weil ein bestimmtes gesellschaftliches System sich die es abbildende Entsprechung im Bewusstsein so schafft, dass diesem die dadurch begriffenen Verhältnisse als selbstverständlich erscheinen. Darin liegt das offenbare Geheimnis etwa der TINA-Formel – *There is no alternative* – oder der gläubigen Anbetung der Allmacht des freien Marktes.[58]

Beide Ebenen, der kategoriale Rahmen und die über ihn wahr- und angenommenen Verhältnisse, jede für sich genommen und dann noch einmal ihre Wechselwirkung im Bewusstsein, müssen transformiert und neu gestaltet werden, wenn die als unmöglich hingestellte Alternative nicht nur möglich, sondern auch durchsetzbar werden soll.

9.3.2 Die Götzen der Unterdrückung und der befreiende Gott

Dieser Einblick in die Fetischismusanalyse von Marx und ihre Anwendbarkeit machen es verständlich, warum gerade die Rezeption dieses Teils der Theorien von Marx durch die lateinamerikanische Theologie der Befreiung bereits in deren Anfängen stattfand und dazu geführt hat, dass die kapitalistischen Verhältnisse und ihre Macht in theologischen Termini als Götzen der Unterdrückung und ihre Anerkennung oder sogar Verehrung als Götzendienst identifiziert wurden.[59]

Unter dem Eindruck der lateinamerikanischen politischen Entwicklungen und der in der Dependenztheorie analysierten ökonomischen Verhältnisse begriff die Theologie der Befreiung den von den kirchlichen Basisgemeinden mitgetragenen politischen Kampf der Volksbewegungen um Befreiung theologisch als Kampf gegen die «Götzen der Unterdrückung und der Ausbeutung». Bereits 1980 veröffentlichte eine Gruppe von Befreiungstheologen eine Studie, die nicht nur das entscheidende Stichwort «Götzendienst» auf die Tagesordnung setzte, sondern auch durch ihre bibeltheologische Grundlegung die Richtung der weiteren Auseinandersetzung vorgab:

58 Diese Entsprechung haben Alfred Sohn-Rethel und Franz Hinkelammert, offensichtlich unabhängig voneinander, in ihren Werken beispielhaft analysiert.

59 Die Ausführungen in den folgenden Abschnitten greifen in einigen Punkten auch zurück auf den Artikel: Füssel, K./Ramminger, M.: Kritik des Götzendienstes und des Fetischismus in der Theologie der Befreiung und bei Papst Franziskus, in: Segbers, F./Wiesgickl, S. (Hg.): «Diese Wirtschaft tötet» (Papst Franziskus). Kirchen gemeinsam gegen Kapitalismus, Hamburg 2015, S. 76–90.

> Die zentrale Frage heute in Lateinamerika ist nicht die Frage des *Atheismus*, das ontologische Problem, ob Gott existiert oder nicht … Die zentrale Frage ist der *Götzendienst* als die Verehrung der falschen Götter des Systems der Unterdrückung. Tragischer als der Atheismus ist der Glaube an die falschen Götter des Systems und das Hoffen auf sie. Jedes System der Unterdrückung kennzeichnet sich genau dadurch, dass es Götter schafft und Götzen hervorbringt, die Unterdrückung und Lebensfeindschaft heiligen.[60]

Franz J. Hinkelammert, Mitautor der genannten Arbeit, zeigte 1981 in einem epochalen Werk auf, welches die «ideologischen Waffen des Todes» sind, mit denen diese «falschen Götter» legitimiert und so am Leben erhalten werden.[61] Das kapitalistische System und die es inszenierenden Mächte sind keineswegs «Gott los», um es in ein Wortspiel zu kleiden. Sie entwickeln ihre eigene sich absolut setzende Ideologie, welche funktioniert wie eine Theologie im schlechten, d. h. ihrem eigentlichen Zweck entfremdeten Sinne. Hinkelammert hat aufgezeigt, wie sehr dabei auf mythologische Motive zurückgegriffen wird und auch ein manipulativer Einsatz der religiösen Sprache sowie biblischer Texte bis hin zur Bergpredigt zur Legitimation des Bestehenden geschieht.[62]

Die dabei stattfindende Rezeption der Fetischismustheorie von Marx bewegt sich auf drei Bezugsebenen: a) auf der Ebene des Wesens der als Fetisch charakterisierten Phänomene, b) auf der Ebene der Wirkungen des Fetischismus im Bewusstsein der Akteure und c) auf der Ebene der ideologischen Rechtfertigung von beidem sowie

60 Vgl. Assmann, H. u. a.: Die Götzen der Unterdrückung und der befreiende Gott, Münster 1984 (span. Original 1980).

61 Vgl. Hinkelammert, F. J.: Die ideologischen Waffen des Todes. Zur Metaphysik des Kapitalismus, Freiburg (Schweiz)/Münster 1985 (span. Original 1981). Wer sich unter «ideologischen Waffen» auf die Schnelle nichts vorstellen kann, der sei hingewiesen auf die «Doktrin der nationalen Sicherheit», die damals (1981) im öffentlichen politischen Diskurs auch bei uns präsent war; vgl. dazu die Aufarbeitung in der Publikation: Duchrow, U./ Eisenbürger, G./ Hippler, J. (Hg.): Totaler Krieg gegen die Armen. Geheime Strategiepapiere des amerikanischen Militärs, München 1989. Hinkelammert zielt aber auch auf die philosophischen und ökonomietheoretischen Gewährsleute des neoliberalen, geopolitischen Systems ab: Karl Popper, Friedrich August von Hayek und viele andere, mit denen er sich bis heute wissenschaftstheoretisch und theologisch vehement auseinandergesetzt hat; vgl. vor allem Hinkelammert, F. J.: Kritik der utopischen Vernunft. Eine Auseinandersetzung mit den Hauptströmungen der modernen Gesellschaftstheorie, Luzern, Mainz 1994, sowie sein jüngstes Buch: Ders.: Gott wird Mensch und der Mensch macht die Moderne. Zur Kritik der mythischen Vernunft in der abendländischen Geschichte. Ein Essay, Luzern 2021.

62 Franz Hinkelammert hat die Strategie der Vereinnahmung der Theologie der Befreiung durch einflussreiche Marktideologen wie den damaligen IWF-Chef Michel Camdessus aufgedeckt und in einen größeren Zusammenhang analytisch eingeordnet in einem Essay: Hinkelammert, F. J.: Über den Markt zum Reich Gottes? Von der Verurteilung zur Vereinnahmung der Befreiungstheologie, in: Orientierung 60 (1996), Heft 9, S. 98–102; Heft 10, S. 115–120.

ihres Verhältnisses zu ökonomischen, philosophischen und politischen Theorien.

Die theologische Transformation der Fetischismusanalyse muss aber auch auf ihrem Niveau und in ihren Argumentationsfiguren diese drei Ebenen widerspiegeln. Dies wird ermöglicht durch die analoge Anwendung einer theologischen Begrifflichkeit, einem Verfahren, dessen sich ja auch Marx selbst in seinem Umgang mit der Bibel bedient hat. Dabei wird ökonomischen und ideologischen Sachverhalten und Argumenten eine neue, nämlich theologische Qualität hinzugefügt. Diese neue Qualität ermöglicht ihrerseits eine zusätzliche Kraftentfaltung bei der Entmachtung der Fetische, was z. B. beim Engagement der kirchlichen Basisbewegungen in den Volksbewegungen feststellbar ist.[63]

Indem die von Marx als Fetisch charakterisierten Größen (Geld, Kapital usw.) analog durch Wechsel des Diskursfeldes als «Götter» bzw. «Götzen» benannt werden, können auch ihre Wirkungen als Unterwerfung und Anbetung und damit als Götzendienst aufgefasst und ihre Legitimierung als pseudo-theologische «Dogmenlehre»[64] eingestuft werden.

Wie vertrackt dabei die verschiedenen Momente ideologischer, ethischer und theologischer Natur ineinandergreifen, hat Hinkelammert in einer beispielhaften Argumentation offen gelegt: Es geht um eine Situation, ihre Wahrnehmung und Bewertung,

> ... in der der Mensch seine Entscheidung über Leben und Tod an einen Warenmechanismus delegiert hat, für deren Ergebnisse er sich – obwohl dieser Mechanismus sein Werk ist – nicht mehr verantwortlich weiß. Und diese Unverantwortlichkeit projiziert er in einen Gott mit unendlich legitimer Willkür; es ist der Gott des Privateigentums, der Armee und der Geschichte. Das wahre Wesen dieses Gottes aber ist die Weigerung des Menschen, sich für die Ergebnisse des Werkes seiner Hände verantwortlich zu wissen.[65]

Der Mensch erzeugt die falschen Götter, die über ihn eine Macht gewinnen, die sie nicht hätten, wenn der Mensch sie ihnen nicht durch Aufgabe seines Subjektseins verliehen hätte. Diese subtile Selbstent-

63 Michael Ramminger hat dies durch eine Rekonstruktion der Beteiligung der Bewegung der «Christen für den Sozialismus» an der *Unidad popular* unter Salvador Allende in Chile überzeugend nachgewiesen; vgl. Ramminger, M.: «Wir waren Kirche ... inmitten der Armen». Das Vermächtnis der Christen für den Sozialismus in Chile von 1971–1973, Münster 2019.

64 Dieser Begriffswahl kommt entgegen, dass früher, etwa noch zur Zeit von Max Weber, zum universitären Lehrfach Nationalökonomie auch die Disziplin «Dogmengeschichte» gehörte.

65 Hinkelammert: Die ideologischen Waffen des Todes, a.a.O. 25.

mündigung des Menschen liest sich wie eine Umkehrung der von Feuerbach unterstellten Projektion menschlicher Fähigkeiten in ein sie überhöhendes Wesen.

Die gesamte Argumentation offenbart nicht ohne Grund eine auffällige Nähe zur prophetischen Götzenkritik, was nicht verwunderlich ist, da ebenso wie die Fetischtheorie von Marx auch eine fortgeschrittene biblische Theologie ein entscheidender Impulsgeber war für den in der Theologie der Befreiung vorgenommenen «epistemologischen Bruch» mit einer deduktiv-spekulativen Theologie.[66]

Die Propheten zeigen mit aller Strenge auf, dass die Prozesse der lebensfeindlichen Anhäufung von Reichtum und der dies ermöglichenden unterdrückerischen Herrschaft Götzendienst sind und dass die Verfestigung sozialer Ungerechtigkeit aus fehlender Gotteserkenntnis resultiert und umgekehrt wieder die Erkenntnis des wahren Gottes verhindert. So ist der Kampf des Propheten Elija gegen die Baalspropheten und den Baalsglauben zugleich ein Kampf gegen den das Volk unterdrückenden König Achab (1 Kön 17,1–19,21). Der Prophet Deuterojesaja (Jes 44,9–20) und auch die Psalmen (vgl. Ps 115) verspotten genüsslich die Nichtigkeit der Götzen als Machwerke und decken die Peinlichkeit des Götzendienstes als Anbetung des Werkes der eigenen Hände auf. Der Prophet Hosea entfaltet den Grundgedanken, dass Gewalt, Mord und Diebstahl die unmittelbaren Folgen mangelnder Gotteserkenntnis sind (Hos 4,1–6).

Bei der prophetischen Kritik wie auch in Psalm 115 wird sehr betont, dass die Götzen von Menschen gemacht, ein Machwerk ihrer Hände (vgl. Jes 44,17) sind. Wenn wir auf das Wortfeld von machen, gemacht (factum), Mach-Werk achten, springt die Nähe zum portugiesischen feticao, dem Ursprungswort für «Fetisch», ins Auge. Es ist also nicht übertrieben zu sagen, dass die Propheten *avant la lettre* bereits den «Fetischcharakter» der Götzen erkannt hatten, wobei sie gar nicht bestritten, dass Götzen auch als Kunstwerke erscheinen (vgl. Jes 40,19–20).

Es lohnt sich, die Passage bei Jesaja genau zu lesen, da in ihr eine verblüffende Dialektik zutage tritt. Aus den gleichen Naturstoffen, aus denen durch die menschliche Arbeit Mittel zur Stillung der menschlichen Grundbedürfnisse hergestellt werden (erwähnt sind Brot und Braten, Holz und Feuer, um sich zu wärmen), werden auch

66 Als Beleg hierfür vgl. die Ausführungen von Pablo Richard in: Die Götzen der Unterdrückung, a.a.O. 11–38.

die Götzen gefertigt, vor denen man sich dann niederwirft und sie anfleht: «Hilf mir, denn du bist ja mein Gott» (Jes 44,17). Offensichtlich sollen die gleichen Materialien, welche die Grundbedürfnisse befriedigen, auch den Hunger nach Transzendenz stillen. Der Prophet stöhnt darüber, dass die Menschen diesen Fehlschluss nicht erkennen und daher vergebens beten, denn «nicht wird er seine Seele retten» (V. 20). Diese prophetische Perspektive des Ausgangs von der Befriedigung der menschlichen Grundbedürfnisse und der Produktion von Waren als Gebrauchsgütern sowie der Entfremdung der menschlichen Arbeit durch die Verkehrung von Lebensmitteln in Machtmittel begünstigt konsequenter Weise die Rezeption der Fetischismusanalyse von Marx und seiner Erkenntnis, dass es hier um eine Frage auf Leben und Tod geht.

Die Herrschaft der Fetische bewirkt, dass durch die von ihnen erzeugte Verkehrung die Bedrohung der Lebenschancen des Menschen verdeckt wird, wobei es zutiefst um den Grundgegensatz von Leben und Tod geht. Was der konkreten Reproduktion des menschlichen Lebens dienen soll und dabei das Produkt seiner Arbeit ist, wird zur unterdrückenden und das Leben des Menschen bedrohenden tödlichen Instanz.

Es ist genau dieser fundamentale Gegensatz von Leben und Tod, welcher seit den ersten Erzählungen von der Selbstoffenbarung Gottes auch die Gottesfrage strukturiert. Der lebendige Mensch in seiner konkreten Existenz und gerade auch in seiner leiblichen Bedürftigkeit ist und bleibt das Kriterium für das Ziehen der «roten Linie» zwischen dem Gott des Lebens und den «Götzen des Todes».

Eine kleine Zwischenbemerkung sei hier erlaubt: Das Setzen dieses Kontrapunktes im Gottesverständnis stützt auch die Berechtigung der in Kapitel 3 vorgelegten Interpretation des Verhaltens von Marx, wonach dieser einen an der Exodustradition orientierten praktischen Gottesglauben implizit akzeptiert.

Die neue Schwerpunktsetzung durch die Theologie der Befreiung hatte zwei Konsequenzen: Erstens rückte die radikale Kritik des Götzendienstes ins Zentrum der Auseinandersetzung um die Gottesfrage und drängte dabei traditionelle Fragestellungen einer eher metaphysisch orientierten Gotteslehre und die abstrakte Auseinandersetzung mit einem theoretischen Atheismus in den Hintergrund. Zweitens wurde parallel dazu eine theologische Kapitalismuskritik formuliert, welche darauf insistierte, dass die Kritik des Kapitalismus nicht ein Fall für die Sozialethik oder die so genannte Christliche Soziallehre ist, wie sie traditionell in den großen Sozialenzykliken niedergelegt wurde. Vielmehr gehört sie ins Zentrum der biblischen und systematischen Theologie, da es nicht um soziales Fehlverhalten, sondern um eine Diskussion über das Gottsein Gottes geht und dabei um eine Frage über Leben und Tod. Vor allem diese Neugewichtung machte die Päpste Johannes Paul II. und seinen Nachfolger Benedikt XVI. zu den Kritikern, um nicht zu sagen, zu den Feinden der Theologie der Befreiung, wobei sie mit dem Vorwurf marxistischer Unterwanderung der Theologie einen offenen Kampf gegen die Theologie der Befreiung zu legitimieren versuchten. Gott sei Dank hat sich dies unter Papst Franziskus nachdrücklich verändert.

9.3.3 Grundzüge einer theologischen Kapitalismuskritik

Bei den Stellungnahmen von Papst Franziskus fällt auf, dass er im Einklang mit der Theologie der Befreiung von der Götzenkritik zur expliziten Fetischismusanalyse fortschreitet und diese zur Grundlage einer theologischen Kapitalismuskritik macht.

Papst Franziskus hat sich die «Götzenkritik» der Theologie der Befreiung zu eigen gemacht und in seiner Enzyklika *Evangelii gaudium* (EG) mit einer bisher bei päpstlicher Kapitalismuskritik unbekannten Schärfe die kapitalistische Wirtschaftsweise angeklagt. Er prägte den mittlerweile schon zu einem geflügelten Wort gewordenen Satz: «Diese Wirtschaft tötet» (EG 53). Der Papst konkretisiert seinen Satz, bevor er zu einer längeren kritischen Bestandsaufnahme (vgl. EG 54–59) ausholt, mit dem Beispiel eines Obdachlosen, der auf der Straße erfriert, was die Herrschenden nicht bewegt, während sie das Nachgeben der Aktienkurse beklagen. In seinen anschließenden Ausführungen verweist der Papst auf den Götzendienst, verwendet aber auch ausdrücklich die Marx'sche Kategorie des «Fetischismus des Geldes»:

> Einer der Gründe dieser Situation liegt in der Beziehung, die wir zum Geld hergestellt haben, denn friedlich akzeptieren wir seine Vorherrschaft über uns und über unsere Gesellschaften. Die Finanzkrise, die wir durchmachen, lässt uns vergessen, dass an ihrem Ursprung eine tiefe anthropologische Krise steht: die Leugnung des Vorrangs des Menschen! Wir haben neue Götzen geschaffen. Die Anbetung des antiken goldenen Kalbs (vgl. Ex 32,1–35) hat eine neue und erbarmungslose Form gefunden im Fetischismus des Geldes und in der

> Diktatur einer Wirtschaft ohne Gesicht und ohne ein wirklich menschliches Ziel. (EG 55)

Es geht aber nicht nur um die allmächtige Ware «Geld». Das Geld als Fetisch ist vielmehr ein Teil der gesamten Struktur jener ökonomischen Verhältnisse, die vom Papst eine «Diktatur» genannt werden, deren Ziel nicht die Freiheit und Gleichheit der Menschen ist, sondern ihre Unterwerfung. Papst Franziskus zieht die Parallele: So wie die Produzenten des Goldenen Kalbes damals sich aus freien Stücken ihre Freiheit aufgaben, um einen Götzen tanzten und damit die Transzendenz ihres Gottes leugneten, so handeln auch die modernen Menschen als Agenten des Kapitalismus.

In seiner Rede vor dem Welttreffen der sozialen Bewegungen in Rom im Oktober 2014 spricht Franziskus wiederum vom Götzen Geld und setzt dem interessanterweise aber nicht das christliche Gottesbild entgegen, sondern vielmehr den Menschen als Ebenbild Gottes.

> Ja, im Zentrum jedes gesellschaftlichen oder wirtschaftlichen Systems muss der Mensch stehen, Gottes Ebenbild, dazu geschaffen, dem Universum einen Namen zu geben. Wenn der Mensch an die Seite gerückt und die Gottheit Geld an seine Stelle gesetzt wird, geschieht diese Umwertung aller Werte.[67]

Analog zur bereits zitierten Argumentation der Propheten verweist der Papst bei den als Götzen bezeichneten Mechanismen des Kapitalismus also nicht in erster Linie auf die theologisch-systematischen Konsequenzen, die sich aus der Leugnung der Transzendenz ergeben, was bei seiner Position als Papst durchaus nachvollziehbar gewesen wäre. Vielmehr setzt er den lebendigen Menschen und seine Bedürfnisse als Kontrapunkt, dem natürlich ein entsprechendes Gottesverständnis korrespondiert.

Aber wie die Theologie der Befreiung so wählt auch der Papst in der Gottesfrage die Priorität der Praxis vor der Theorie.

Das kapitalistische System ist nicht etwa deshalb gottwidrig, weil die Kapitalisten einen falschen Gottesbegriff haben, sondern weil es die Lebensmöglichkeiten des Menschen und auch der Erde zerstört. Den letzten Gesichtspunkt greift Papst Franziskus dann in der

67 Ansprache von Papst Franziskus vor den Teilnehmern am Welttreffen der Sozialen Bewegungen in der Alten Synodenaula, Rom, Dienstag, 28. Oktober 2014, abgedruckt in: Segbers/Wiesgickl (Hg.): «Diese Wirtschaft tötet», a.a.O. 247.

Enzyklika *Laudato si* (2015) wieder auf und entfaltet ihn mit dem Schwerpunkt Schöpfung weiter. Mit seiner Auffassung trifft sich der Papst auch mit der Grundtendenz der Arbeiten von Hinkelammert zum «kategorischen Imperativ»[68] und damit natürlich auch mit dessen Ursprung bei Marx.

Die alten Götter und die neuen Götzen müssen bekämpft werden, nicht nur weil sie eine Karikatur und Verhöhnung des wahren Gottes sind, sondern vor allem, weil sie Mächte des Todes sind. Auf der Metastufe haben das kapitalistische System und seine «Propheten» allerdings auch ein falsches Gottesverständnis, das sie aber eher unbewusst und auch nicht pseudo-theologisch in der Theorie, sondern durch ihre ökonomische und politische Praxis vertreten.

Die Erwähnung der biblischen Geschichte vom Goldenen Kalb als geschichtlich-biblischem Prototyp eines Fetischs spitzt sich zu in der grundsätzlichen Auffassung, dass zwischen Kapitalismus und Transzendenz, die schon vom Ursprung ihrer Begrifflichkeit her auf völlig disparaten Ebenen liegen, ein gegensätzliches Verhältnis, nämlich ein Verhältnis der prinzipiellen Unverträglichkeit, besteht. Der Kapitalismus ist nicht das Ganze der Welt, er ist nicht die alles bestimmende Wirklichkeit, obwohl er dieses Attribut der Göttlichkeit usurpiert hat. Darauf insistiert Papst Franziskus. Die altehrwürdige metaphysische und theologische Kategorie der Transzendenz bekommt hier eine neue politisch-ökonomische Bedeutung und Brisanz. Transzendenz kommt von transzendieren, d. h. dem Überschreiten von Grenzen. In ihrer theologischen Kapitalismuskritik ziehen die Theologie der Befreiung und Papst Franziskus eine ebenso provokative wie Hoffnung weckende Schlussfolgerung: Der Kapitalismus muss nicht nur, er kann auch überwunden werden, denn eine andere Welt ist nicht nur möglich, es gibt sie schon immer als das im Bestehenden abwesend-anwesende ganz Andere, ob wir dieses nun «das Jenseits der Grenze», das «Reich der Freiheit» oder das «Reich Gottes» nennen, das ist sekundär[69] – wenn auch nicht völlig.

Doch wer wagt es, solche Positionen in den aktuellen weltweiten Auseinandersetzungen und Konflikten einzubringen, ohne durch

68 Vgl. Hinkelammert, F. J.: Der Mensch als höchstes Wesen für den Menschen, in: Eigenmann, U./Füssel, K./Hinkelammert, F. J. (Hg.): Der himmlische Kern des Irdischen, Luzern, Münster 2019, S. 65–96; ders.: Gott wird Mensch, a.a.O. 32 ff.

69 Erinnert sei an dieser Stelle an das bekannte Lied von Ernesto Cardenal und seiner Vision von einem Land, «in dem die Ausbeutung abgeschafft ist», und damit auch daran, dass Ernesto Cardenal mit seinen Liedern und Dichtungen der Spiritualität der Befreiungstheologie zu einer internationalen poetischen Geltung verholfen hat.

den Mainstream einer in den Medien omnipräsenten neoliberalen Weltanschauung als unverbesserlicher Gefühlsromantiker ausgegrenzt zu werden?

Natürlich bleibt die theologische Kapitalismuskritik nicht auf die Stellungnahmen des Papstes beschränkt. Es gab sie schon vorher, und sie wird hoffentlich, durch ihn bestärkt, konsequent weitergeführt.

Hand in Hand mit der Theologie der Befreiung hat die politische Theologie von Johann Baptist Metz, aufgenommen und kontextuell erweitert von seinen Schülern und Schülerinnen,[70] seit der Entfaltung ihrer Grundlinien in der «Theologie der Welt» und deren Weiterführung in «Glaube in Geschichte und Gesellschaft»[71] das Fundament für eine theologische Kritik des Kapitalismus gelegt, auch wenn dieser nicht immer ausdrücklich hinter der Metapher «Welt» als deren Wesen benannt wurde.

Hat die «politische Theologie» nicht den «eschatologischen Vorbehalt» gegen jede vorschnelle Identifikation des Erreichten mit dem erwartungsvoll Gesuchten, eine in Kirche und Gesellschaft in gleicher Weise beobachtbare Tendenz, geltend gemacht? Hat sie nicht die kritische Erinnerung gegen den geschichtsvergessenen Einmarsch in die Eindimensionalität wachgerufen? Hat sie nicht gegen den Triumphalismus der Siegergeschichte dafür plädiert, die Geschichte aus der Perspektive der Opfer, der Unterdrückten und Gedemütigten, und damit subversiv zu lesen und anzueignen? Hat sie nicht durchgehend darauf insistiert, dass die Rede vom befreienden und richtenden Gott auch die Kritik weltweiter ungerechter Wirtschaftsverhältnisse miteinschließt?

Ist nicht die Selbstoffenbarung Gottes in der Bibel mit einer Kritik der ökonomischen und politischen Ausbeutungs- und Herrschaftsverhältnisse unmittelbar und inhaltlich verknüpft? Gehört nicht zum biblischen Offenbarungsverständnis das tiefe Wissen, dass den ökonomischen und politischen Verhältnissen zuerst ihre Legitimations- und Deutungsgrundlage entzogen werden muss, damit der Zwang zu ihrer Anerkennung gebrochen werden kann? Weist nicht

70 Erwähnt sei hier vor allem das Institut für Theologie und Politik (ITP) in Münster, das im außerakademischen Bereich durch Präsenz in den sozialen Bewegungen, aber auch durch theoretische Weiterarbeit – verwiesen sei etwa auf die aktuelle, mit internationaler Beteiligung geführte Diskussion zu Walter Benjamin – die politische Theologie in die öffentlichen Diskurse einbringt.

71 Vgl. die einschlägigen Überlegungen in den genannten Werken: Metz, J. B.: Zur Theologie der Welt, Mainz/München 1968, S. 99 ff. und ders., Glaube in Geschichte und Gesellschaft, Mainz 1977, S. 77–119.

gerade deswegen die Kritik Jesu und der Propheten, immer über das offensichtliche Unrecht hinausgehend, auf die Verfälschungs- und Verdummungsdiskurse der Mächtigen und ihrer Medien, damals wie heute, hin?

Wenn darauf eine bejahende Antwort gegeben werden muss, kann die politische Theologie sich nicht mit dem totalen Machtanspruch der Grundgesetze des Kapitalismus und ihrem Eindringen in alle Lebensbereiche und Weltregionen kritiklos abfinden. Dabei muss sie davon ausgehen, dass es nicht bei einem ideologiekritischen Geplänkel bleiben wird, sondern dass die maßgeblichen Auseinandersetzungen auf dem Gebiet der Ökonomie als Theorie und Praxis, gerne als «die Wirtschaft» bezeichnet, stattfinden werden, also auf einem Gebiet, wo nach der Meinung der Herrschenden die Theologie, wenn überhaupt, nur ein untergeordnetes Rederecht hat.

Bei näherem Hinsehen entpuppt sich diese Haltung jedoch selber wieder als ein raffinierter Versuch zur Immunisierung der Ökonomie und ihrer Theoriebildung gegen eine grundsätzliche, ihre weltanschaulichen Prämissen und Wertimplikationen in Frage stellende Kritik, denn es gibt zwischen der «politischen Ökonomie», die seit der theoretischen Begründung des Kapitalismus in den Werken von Adam Smith[72] umfassender aufgebaut ist und argumentiert als ihre speziellen Untergliederungen Volkswirtschaftslehre und Betriebswirtschaft, sowie der Theologie als Wissenschaft zumindest eine zweifache Beziehung: a) Theologische bzw. metaphysische Aussagen gehören auch zum Erkenntnisobjekt der politischen Ökonomie, da solche Aussagen nicht nur wichtige immaterielle Komponenten jedes sozialen Systems bilden, sondern weil insbesondere Werturteile – nicht ohne Grund ist heute der Wertediskurs so dominant – eine für die menschliche Gesellschaft existenzielle Notwendigkeit darstellen; b) die Beziehung zwischen politischer Ökonomie und Theologie beschränkt sich jedoch nicht auf die Analyse des philosophisch-theologischen Anteils im Erkenntnisobjekt, sondern betrifft auch die Selbstreflexion der poli-

72 Vgl. Smith, A.: Der Wohlstand der Nationen, und ders.: Theorie der ethischen Gefühle. Es wird hier bewusst auf die politische Ökonomie und nicht einfach auf das universitäre Lehrfach «Wirtschaft» Bezug genommen, um die gesellschaftliche Verflechtung sichtbar zu machen; vgl. dazu u. a. Zinn, K. G.: Politische Ökonomie. Apologien und Kritiken des Kapitalismus, Opladen 1987, sowie Krätke, M. R.: Kritik der politischen Ökonomie heute. Zeitgenosse Marx, Hamburg 2017.

tischen Ökonomie,[73] d. h. es geht einmal um die Frage, welchen Zweck politische Ökonomie als Wissenschaft verfolgt und wem sie verantwortlich ist, zum andern um die Frage, welche philosophischen oder speziell metaphysischen Prämissen die Ökonomie enthält (man denke nur an die Harmoniekonzeption der klassischen Ökonomietheorie bei Smith und seine Rede von der «unsichtbaren Hand» oder an die Beschwörung des «Schleiers der Unwissenheit» bei Handlungsentscheidungen durch Friedrich August von Hayek)[74]; Marx geht sogar so weit zu sagen: Die Nationalökonomie drückt nur auf ihre Weise die moralischen Gesetze aus.»[75]

Die Theologie reklamiert daher mit guten Gründen ein grundsätzliches Mandat zur Kritik der politischen Ökonomie im Allgemeinen und des Kapitalismus im Besonderen, und sie braucht sich daher keineswegs auf Fragen der Wirtschaftsethik oder der «Christlichen Soziallehre» zu beschränken. Bis auf die Ausnahmen im Rahmen der politischen Befreiungstheologien (um einmal die Einheit von lateinamerikanischer Befreiungstheologie und der politischen Theologie von Metz in eine Gemeinschaftsbezeichnung zu fassen) sowie auf Seiten der evangelischen Theologie die Arbeiten von Ulrich Duchrow[76] hat vor allem die akademisch etablierte Theologie dieses Mandat nur zaghaft oder gar nicht wahrgenommen.

73 Dass bei diesem Aspekt keine interessegeleitete Spekulation des Theologen vorliegt, belegt ein Ereignis, das in der FAZ, am 30. März 1994 berichtet wurde: «Der amerikanische Religionsphilosoph Michael Novak erhält den diesjährigen Templeton-Preis für Fortschritt in der Religion … Der 60 Jahre alte Novak gelte ‹als Pionier einer neuen Disziplin, der Theologie der Ökonomie›, teilte die nach dem britischen Finanzier Sir John Templeton benannte Stiftung in New York mit.»

74 Zu diesen eindeutig spekulativen und keineswegs empirischen Elementen der ökonomischen Theoriebildung hat Hinkelammert in seinen Werken immer wieder mit profunden Analysen Stellung genommen; verwiesen sei vor allem auf sein bereits erwähntes Werk: Kritik der utopischen Vernunft. Eine Auseinandersetzung mit den Hauptströmungen der modernen Gesellschaftstheorie, Luzern, Mainz 1994.

75 Marx, K.: Ökonomisch-philosophische Manuskripte (1844), MEW Erg 1, S. 551.

76 Vgl. u. a. Duchrow, U.: Weltwirtschaft heute – Ein Feld für Bekennende Kirche?, München 1986; ders.: Alternativen zur kapitalistischen Weltwirtschaft. Biblische Erinnerung und politische Ansätze zur Überwindung einer lebensbedrohenden Ökonomie, Gütersloh, Mainz 1994; ders.: Gieriges Geld. Auswege aus der Kapitalismusfalle. Befreiungstheologische Perspektiven, München 2013.

10. Rezeption und Weiterentwicklung der Religionskritik zu einer konstruktiven Basis befreiender Religion

10.1 Das Problem einer mehrheitlich akzeptablen Definition von Religion

a) Die Frage, was Marx unter Religion verstand, hat uns während der bisherigen Überlegungen zum Thema «Marx und die Bibel» von Anfang an, explizit oder auch nur implizit, beschäftigt.

In diesem Schlusskapitel soll noch einmal eine Antwort auf die Frage nach Wesen und Funktion der Religion in der Gesellschaft versucht werden, wobei auch Vorschläge und theoretische Überlegungen aus dem nicht-marxistischen, religionswissenschaftlichen Kontext einbezogen werden.

b) Mit der Nennung des Begriffes Religion als geschichtlicher Realität, als Bestandteil der Gesellschaft und als individuellem Verhalten verbindet sich spontan eine Menge von Assoziationen. Wir denken an die historisch überlieferten und noch heute präsenten Religionen und ihre Traditionen und Institutionen, an bestimmte gedankliche Konstruktionen und Inhalte, an Rituale und Handlungsanweisungen, an Gebete und vor allem auch an wichtige oder heilige Texte, wie besonders im Judentum, Christentum und Islam. Wir denken an Identifizierungen und Distanzierungen. Der eine erinnert sich als Mitglied einer Religionsgemeinschaft an freudvolle Erlebnisse und an manche Verärgerung, der andere meint, alles längst hinter sich zu haben, und spielt die Rolle des distanzierten Beobachters, Kritikers, Verächters oder völlig Uninteressierten. Eines steht jedoch fest: Die Religionen einen und spalten die Welt, in der bisherigen menschlichen Geschichte wie auch heute, sei es durch Glaubensfragen, Riten und Symbole oder ethische Fragen wie die nach dem Verhältnis zum bewaffneten Kampf bei der Durchsetzung der eigenen Überzeugungen und Haltungen.

Religion ist also unbestreitbar ein facettenreiches und multidimensionales, aber wohl auch in sich widersprüchliches Phänomen. Der empirischen Vielfalt entspricht eine Vielzahl von Herangehensweisen und Forschungsansätzen, die ihrerseits wieder ein breites Spektrum von Verwendungsweisen des Begriffs Religion erzeugen. Diese reichen von philosophischen und theologischen Wesensdefinitionen über religionswissenschaftliche Funktionsbeschreibungen bis hin zur Vermengung von Religion und Magie mit der Unterstellung der Existenz eines übersinnlichen, von besonderen Mächten bewohnten Bereichs, an die man eine ehrfurchtsvolle Bindung pflegt. Entsprechend wird der Kult als wesentliches Definitionsmerkmal angesehen, oder eine umfassende und ausgearbeitete Gottesidee oder eine universale Ethik.

Die Schwierigkeit, Religion auf den Begriff zu bringen, verschärft sich noch einmal, wenn nicht zum Kreis der abrahamitischen Religionen zählende Entwürfe und Systeme (Buddhismus, Hinduismus, Stammesreligionen) explizit in die Definition mit einbezogen werden sollen. Ergiebiger als eine Untersuchung der Divergenz zwischen den verschiedenen Definitionen von Religion ist jedoch das Verfolgen der Frage, welches komplementäre Potenzial jeweils bei den verschiedenen Ansätzen vorhanden ist und für eine differenzierte Erfassung des Phänomens Religion fruchtbar gemacht werden kann.

c) Der folgende Definitionsvorschlag ist vor dem Hintergrund der Beschäftigung mit dieser Problematik entstanden: Unter Religion verstehen wir 1) die spezifische Form eines durch die materiellen Verhältnisse bedingten gesellschaftlichen und individuellen Bewusstseins, das über eine spezifische Wirklichkeitsinterpretation und Handlungsorientierung verfügt; dieses Bewusstsein wird 2) in Riten, symbolischen Formen und heiligen Texten materialisiert, welche als Tradition dauerhaft verfügbar sind; dabei wird 3) die individuelle und soziale Existenz des Menschen mit dem «Ganzen» von Natur, Gesellschaft und Geschichte in einen umfassenden, die Welt der Erfahrung übersteigenden Sinnzusammenhang gebracht, der sich in personaler (Theismus) oder in unpersönlicher Form (Pantheismus, Deismus), als Einheit (Monotheismus) oder als Koexistenz einer Vielzahl von göttlichen Mächten bzw. Personen (Polytheismus) darstellen kann; dieser Sinnzusammenhang und die ihm entsprechenden Praxen vermitteln 4) einerseits den religiösen Subjekten eine eigene Identität und Handlungsorientierung und 5) grenzen sie aber auch andererseits als Gruppe sozial ab. Dieses multidimensionale System vermag Macht und Herrschaft sowohl zu legitimieren als auch zu delegitimieren.[77]

77 Man vgl. hierzu die Definition im Lexikonartikel «Religion» von Füssel, K./Huber, S./Walpen, B.: in: Enzyklopädie zu Philosophie und Wissenschaften, Bd. IV, Sp. 102–114, Hamburg 1990.

10.2 Streiflichter aus der Diskussion der letzten Jahre über die Zukunft der Religion

Zur Beurteilung der Zukunft der Religion in der kapitalistisch dominierten Welt wähle ich zunächst zwei Kontrastpunkte: Der eine ist eher regional ausgerichtet, der andere hat die globale Situation im Blick. Welchen Trendberichterstattern sollen wir mehr Gewicht beimessen?

> Über die Religion ist im aufgeklärten Europa scheinbar alles schon gesagt worden. Nun aber, da nach ihrer Abschaffung gestrebt wird, da im öffentlichen Diskurs nicht einmal mehr nostalgische Erinnerungen an das christliche Abendland genannt werden (dürfen), da sanfte Gefühle für das Wort zum Sonntag und der Dank für die arbeitsfreien Feiertage christlicher Herkunft nicht mehr in die Zeit passen, da die europäische Verfassung auch ohne christliche Wurzeln als Meisterwerk politischer Ingenieurskunst durchgeht, da der mündige Politiker Gott für sein Amt nicht mehr braucht, da an die Stelle einer ehrfurchtgebietenden «höheren Instanz» nicht einmal mehr Doktor Murkes gesammeltes Schweigen treten darf – nun also stehen die Intellektuellen vor einer epochalen Aufgabe: Was die Religion einst für den Menschen bedeutete, was die Glaubens- und Morallehren des Christentums, was die Anstrengungen der Kirche(n) und ihrer Diener vollbrachten, das müssen wir nun selbst erfinden und leisten.[78]

Diese Beleuchtung der Situation endet nicht resignativ, sondern mit einer eindeutigen Leistungsaufforderung. Die insgesamt eher auf eine traurig-idyllische mitteleuropäische Bestandsaufnahme hinauslaufende Darstellung steht allerdings in einem deutlichen Kontrast zur eher geopolitischen Gesamtlage.

Erleben wir in unseren Tagen ein neues Erwachen der religiösen Sehnsüchte, eine Remythologisierung der Gesellschaft, die Wende zu einer Epoche gelungener Ganzheitlichkeit oder einen Rückfall in Barbarei und Bürgerkriege, die Wiederkehr von Rassismus und Fremdenhass, eine in individuelle Aggression umschlagende kollektive Verzweiflung? Was nimmt also zu, Religion oder Gewalt, oder beide und warum?

Unsere gesellschaftliche Wirklichkeit wird in der tonangebenden heutigen Soziologie und Kulturtheorie fast einhellig mit Stichworten wie Säkularisierung, Modernisierung, Pluralisierung und Individualisierung beschrieben. Auch Religion als funktionales Subsystem

78 Heinz-Joachim Fischer, aus: Frankfurter Allgemeine Zeitung, 25. 10. 2004.

dieser Gesellschaft unterliegt gemäß diesem Ansatz den Folgen dieser dominanten Trends. Dieser Erklärungsansatz bildet auch dann noch eine normative Orientierungsmarke, hinter die nicht mehr zurückgegangen werden kann, wenn das Projekt der Säkularisierung als «missglückt» charakterisiert wird, weil die Angst vor der neu gewonnenen Freiheit viele heutige Menschen zur Flucht in die Sicherheit alter und neuer Formen von Religiosität verführt und die Wiederkehr alter Götter fördert.

Einerlei, welcher religionssoziologischen Betrachtungsweise man sich verschreibt, es kann nicht geleugnet werden, dass in den letzten 30 Jahren religiöse Bewegungen eine neue Konjunktur erlebt haben. Auffallend dabei ist, dass sowohl die traditionellen Formen der Religion wie auch die Modereligionen der Esoterik und des New Age, aber auch ein militant auftretender Islam, ihr Gesicht unter der Diktatur des Marktes als dem im weltweiten Kapitalismus entscheidenden Medium nachhaltig verändert haben. Der Markt scheint auch «das Unbedingte, das Heilige, die Götter, in ein Bedingtes, Relatives, zwischen dem man wählen kann» (Hartmut Zinser), zu verwandeln. Wenn er das aber wirklich kann, war auch schon vorher das Absolute nicht wirklich absolut, sondern schien nur so. Der Markt bringt nur diesen Schein zum Vorschein und nichts anderes. Richtig ist allerdings, dass mit der Hochkonjunktur neuer und alter Formen von Religion nur der allgemeine Zwang sichtbar wird, dass im globalisierten Kapitalismus sich auch Sinnangebote und Weltanschauungen als Ware anbieten müssen, wenn sie den Konsumenten erreichen und seine Zustimmung gewinnen wollen. Eher unauffällig artikuliert sich jedoch in diesen Phänomenen das Faktum, dass der Kapitalismus auch selber religionsförmig ist. Diese Erkenntnis verdanken wir nicht zuletzt Walter Benjamin, der damit gleichzeitig unterstrichen hat, wie leistungsfähig eine auf die Erkenntnisse von Marx zurückgreifende Religionskritik sein kann. Dass die marxistische Gesellschaftstheorie und damit auch ihre Religionskritik seit dem Scheitern der östlichen sozialistischen Projekte lange Zeit mit schweren Verdächtigungen belegt oder rundweg als untauglich abgelehnt wurde, eine Attitüde, die aber immer mehr zurückgeht, hat durchschaubare Gründe, darf uns aber gerade deswegen nicht davon abschrecken, dem Beispiel Walter Benjamins zu folgen und eine neuerliche Probe aufs Exempel zu machen.

Wir wollen daher noch einmal kurz die wesentlichen Züge der Thesen von Marx über die Religion in Erinnerung rufen, wobei nicht zu sehr auf die doch erkennbaren Unterschiede in den beiden Phasen seiner Religionskritik abgehoben sein soll.

Für ihn ist die Religion ein fantastischer Widerschein des Reellen im Denken des Menschen. Die Abhängigkeit des Ideellen vom Reellen wird in der Literatur meist in dem Begriffspaar Basis und Überbau festgehalten, obwohl diese Kategorien bei Marx nicht so dominant benutzt werden, wie es erscheinen mag. Hierauf ist in Abschnitt 10.5 noch einmal einzugehen.

Spontan und unbewusst behandelt das primitive Denken die Natur als Welt von Personen und die subjektive Welt dieser personifizierten Realitäten als objektive, dem Menschen und dessen Denken gegenüber unabhängige und transzendente Wirklichkeit. Im «Kapital» betont Marx die Analogie zwischen den religiösen Formen der Ideologie und den spontanen Vorstellungen, die sich die Menschen über den Ursprung und das Wesen des Warenwertes machen. Das, was Marx Warenfetischismus genannt hat, beruht auf der Tatsache, dass für das spontane Bewusstsein der Wert der Waren, der in Wirklichkeit geronnenen Arbeit, also das Ergebnis eines Verhältnisses zwischen Personen, sich als rätselhafte, geheimnisvolle Eigenschaft der Dinge selbst darstellt. Sämtliche Kategorien der Marktwirtschaft partizipieren an diesem Fetischismus, der seinen Höhepunkt in der Vorstellung des Kapitals erreicht, d. h. in der Vorstellung vom Geld produzierenden Geld, vom neuen Wert schaffenden Wert:

> In der Tat aber wird der Wert hier das Subjekt eines Prozesses, worin er unter dem beständigen Wechsel der Formen von Geld und Ware seine Größe selbst verändert, sich als Mehrwert von sich selbst als ursprünglichem Wert abstößt, sich selbst verwertet. Denn die Bewegung, worin er Mehrwert zusetzt, ist seine eigne Bewegung, seine Verwertung also Selbstverwertung. Er hat die okkulte Qualität erhalten, Wert zu setzen, weil er Wert ist. Er wirft lebendige Junge oder legt wenigstens goldene Eier.[79]

Dasjenige, was dem spontanen Bewusstsein der an der kapitalistischen Produktionsweise mitwirkenden Individuen verborgen bleibt, ist die unsichtbare, interne Struktur ihrer gesellschaftlichen Verhält-

79 MEW 23, S. 169.

nisse, nämlich der Mechanismus der Mehrwertbildung, also die Tatsache, dass der Lohn des Arbeiters nicht das Äquivalent des von ihm geschaffenen Wertes darstellt, die Tatsache, dass der Profit unbezahlte Arbeit ist. Dem spontanen Bewusstsein stellt diese tiefgreifende, aber unsichtbare Realität sich in umgekehrter Weise dar. Der Wert, der in Wirklichkeit ein gesellschaftliches Verhältnis ist, erscheint als Eigenschaft der Dinge selbst. Der phantasmagorische Charakter dieser Vorstellung besteht also in einer Verdinglichung der Produktionsverhältnisse und einer Personifikation der Dinge.

Zusammenfassend lässt sich sagen, dass für Marx die Religion eine phantasmagorische Sicht des gesellschaftlichen Lebens, eine illusorische Vorstellung der internen Strukturen der gesellschaftlichen Verhältnisse und der Natur ist. Sie ist ein Bereich, in dem der Mensch sich entfremdet, d. h. sich eine imaginäre Vorstellung von seinem Dasein macht und mit illusorischen Mitteln auf diese imaginäre Realität einzuwirken versucht. Für Marx sind religiöses Denken und Handeln das Produkt bestimmter gesellschaftlicher Verhältnisse, und sie können nur durch Umgestaltung dieser Verhältnisse verändert werden. Es ist also nicht das Bewusstsein, das sich selbst entfremdet, sondern es ist die Wirklichkeit, die dergestalt ist, dass sie dem Zugriff des Bewusstseins ihre interne Struktur vorenthält. Marx erwartet das Ableben der Religion also nicht von einer theoretisch geführten Kritik, nicht von einem Widerstreit der Ideen. Die Religion kann nur verschwinden auf Grund der Veränderung der Gesellschaft und der Herstellung gesellschaftlicher Verhältnisse, die auf der Aufhebung der Klassenausbeutung und der Übernahme des Produktionsprozesses und der gesellschaftlichen Organisation durch die Produzenten selbst beruhen.

Das sind die allseits bekannten Thesen von Marx. Sie sagen aber nichts darüber aus, ob erstens Religion auch gedacht werden kann als adäquate Widerspiegelung autonomer menschlicher Produktion und freier Vergesellschaftung und ob zweitens Religion überhaupt und erschöpfend nur als Widerspiegelung begriffen werden kann, d. h. ob Religion nicht in sich eine substanziell eigenständige und funktional mehrwertige Größe sein kann. Hier hat die marxistische Theorie eine Lücke, über deren kreative Schließung mehrfach nachgedacht werden muss.

Wir müssen jedoch auch daran erinnern, dass nach der Auffassung von Marx bezüglich der wissenschaftlichen Analyse und Kritik der Religion, «das Wichtigste noch zu leisten sei»:

> Es ist in der Tat viel leichter, durch Analyse den irdischen Kern der religiösen Nebelbildungen zu finden, als umgekehrt, aus den jedesmaligen wirklichen Lebensverhältnissen ihre verhimmelten Formen zu entwickeln.[80]

Unseres Wissens haben sich wenige Marxisten auf diesem schwierigen theoretischen Weg vorgewagt. Und doch ist eine solche Analyse notwendig für die Ausarbeitung einer wissenschaftlichen Theorie der Ideologien, der Rolle gesellschaftlicher Vorstellungen im gesellschaftlichen Handeln und, noch weitgehender, einer wissenschaftlichen Erklärung der Mechanismen, auf Grund derer der Mensch sich bei der Entwicklung seiner gesellschaftlichen Verhältnisse spontan entfremdet. Dies aber setzt voraus, dass der Zusammenhang von Mythos, Ideologie und Religion neu geklärt wird. Hierzu möchte ich im nächsten Punkt drei Thesen vorlegen.

Zuvor ein Hinweis zu den irdischen Göttern, denn sie sind das eigentliche Problem der Religionskritik. Beispielsweise ist der «Machtfetisch» so ein irdischer Gott, ebenso das Handy, ebenso das Militär, natürlich und vor allem das Geld. Der Ausdruck «irdische Götter» übersetzt nach Meinung unseres Freundes Franz Hinkelammert die Kritik von Marx besser als der altertümliche Ausdruck «Götzen».

10.4 Mythos, Ideologie und Religion: Übereinstimmung und Differenz – drei Thesen

Die von der marxistischen Religionskritik angestoßene und auf sie aufbauende Diskussion macht es nötig, eine begriffliche Differenzierung vorzunehmen, da oft die Konturen zwischen den Kategorien Mythos, Ideologie und Religion verschwimmen und Religion oft verkürzend einfach als Ideologie oder modernisierte Mythologie abgestempelt wird.

Vor allem der Mythos ist eine Kategorie des politischen und nicht nur des philosophischen Diskurses der letzten Jahrzehnte, was vor allem

80 MEW 23, S. 393.

durch die Arbeiten von Leszek Kolakowski, Hans Blumenberg u. a.[81] sowie die resümierende Darstellung der Forschungsergebnisse durch Kurt Hübner[82] belegt ist. Hübner deckt die Gegenwärtigkeit des Mythos in unserer Welt auf, indem er, gestützt auf die zeitgenössische Mythos-Forschung, die Grundformen mythischen Denkens, hier auch Dichtung (Hölderlin) und Theologie mit einbeziehend, entwickelt und den traditionellen Gegensatz von Mythos und Wissenschaft, relativiert. Er hinterfragt dabei das wissenschaftliche Rationalitätskonzept auf seine vorwissenschaftlichen und unhintergehbaren Wurzeln. Dadurch kann er auch dem Mythos einen vor der Vernunft standhaltenden Wahrheitsanspruch zubilligen. Aus der Frage: Wie rational ist der Mythos?, entspringt auch die Frage: Wie irrational ist die Wissenschaft?

Ich möchte mich nicht auf eine inhaltliche Diskussion der verschiedenen Positionen einlassen, was Hinkelammert in den letzten Jahren in seinen Veröffentlichungen ausführlich getan hat, sondern einen meinem eigenen Ansatz näherliegenden Strukturvergleich vornehmen.[83] Dazu formuliere ich drei Thesen.

These 1: Ideologie und Mythos sind in den Funktionen, die sie gemeinsam haben, äquivalent, d. h. sie erfüllen die gleiche Aufgabe, aber in unterschiedlicher Form.

Die Funktionaläquivalenz möchte ich kurz erläutern: Mythos und Ideologie sind Modelle einer gleichen, durch drei Funktionen gebildeten Struktur. Diese Funktionen sind: 1) die Identitätssicherung bzw. Selbsterhaltung des Individuums; 2) die soziale Integration bzw. Identifikation mit der Gemeinschaft und ihren Werten; 3) Normenbegründung und Welterklärung.

Die Ideologie rückt in die Lücke, die ein zerstörter Mythos hinterlässt. Sie übernimmt daher zunächst die Aufgabe der Erfüllung der genannten drei Funktionen, woran der Mythos gescheitert ist. Dabei reduziert die Ideologie die Inhalte des Mythos auf das politisch Notwendige. Die poetische Dimension des Mythos wird ganz abgeschnitten und gegebenenfalls durch rhetorische Redundanz ausgeglichen. Die Relation zur Natur wird durch die unmittelbare Relation zum Herrscher bzw. zur politischen Zentralgewalt ersetzt. Die Ideologie übernimmt gegenüber dem Mythos damit zusätzlich und

81 Vgl. Kolakowski, L.: Die Gegenwärtigkeit des Mythos, München 1974; Blumenberg, H.: Arbeit am Mythos, Frankfurt a. M. 1979.

82 Vgl. Hübner, K.: Die Wahrheit des Mythos, München 1985.

83 Einen ersten Annäherungsversuch macht dazu auch Hübner, von Roland Barthes ausgehend: Vgl. Hübner, Die Wahrheit des Mythos, a.a.O. 357, 365.

explizit die Funktion der Herrschaftslegitimation. Damit ist nicht behauptet, dass der Mythos keine herrschaftssichernde Funktion habe, sondern nur, dass diese implizit in Form einer Relation zur Natur oder einer Ritualisierung physiologisch-biologischer Verfasstheit gegeben ist.

Beispiel: Im Einzelnen lässt sich dies bei den Fallbeispielen der Ethnologie bestätigen. Nehmen wir als Muster die militarisierten Hochlandkulturen Neu-Guineas, wo den Männern eine übernatürliche Kraft zur Beeinflussung der Natur zugeschrieben wird. Der Mythos setzt so die natürliche Abhängigkeit der Männer von der Gebärfähigkeit der Frauen außer Kraft und dient so der Aufrechterhaltung des Machtmonopols der Männer. Man könnte daher folgende Abgrenzung vornehmen: Überall dort, wo die Funktion der Herrschaftssicherung die Struktur des Mythos überdeterminiert, die Geltungsgründe der Herrschaft also in ihr eigenes Wesen verlagert werden, geht der Mythos in Ideologie über.[84]

Die bereits in der durch den Mythos geprägten Gesellschaft ansatzhaft zur Durchsetzung der Grundfunktionen ausgebildeten Institutionen werden parallel zur Ideologiebildung ausdifferenziert und beginnen sich im Laufe der Zeit zu verselbständigen, um schließlich in Klassengesellschaften zu einer eigenständigen ideologischen Instanz neben Ökonomie und Politik zu werden. Über die auch im Mythos vorhandene Regelung der sozialen Kommunikation (in Form des Austauschs von Frauen, Gütern und Nachrichten) hinaus übernimmt damit die Ideologie die Funktion einer kollektiven Identitätssicherung durch Herausbildung der Staatsmacht, die ihrerseits zur höchsten Form der Ideologie wird.

These 2: Die Religion ist gegenüber dem Mythos das umfassendere System. Neben dem mythischen Element enthält die Religion magische Elemente wie aber auch rituelle Elemente und Elemente einer rationalen Dogmatik und Ethik.

Die mythischen Elemente der Religion bleiben allerdings den nicht-religiösen Anteilen des Mythos funktionsäquivalent. Gerade deswegen kann eine Religion auf den Mythos nicht verzichten, wenn sie diesen ablösen und seine Leistungsfähigkeit überbieten will. Jedes Entmythologisierungsprogramm bedeutet daher gleichzeitig auch immer eine Schwächung von Religion und die Zerstörung ihrer eigentümlichen Leistungskraft.

84 Vgl. hierzu Stadler, M.: Aber du sollst Männer töten, in: Kursbuch 67, 1982, S. 73–87.

These 3: Auch gegenüber der Ideologie ist Religion das umfassendere System. Religion ist überall dort mit der Ideologie funktionsäquivalent, wo sie sich in einer Gesellschaft zur Erfüllung der für die Ideologie charakteristischen Funktionen in Dienst nehmen lässt.

Diese Funktionsäquivalenz und das Phänomen, dass Religion oft die «bessere Ideologie» ist, verleiten zur abstrakten Gleichsetzung von Religion und Ideologie insgesamt, wobei sowohl die inhaltliche Verschiedenheit der Elemente vernachlässigt als auch die allgemeine Gestaltungleichheit der beiden Systeme übersehen wird. Religion kann also auch Ideologie, Ideologie aber nie Religion sein.

10.5 Religion ist mehr als Opium und Protest. Religion als Form der Infrastruktur

Maurice Godelier, ein marxistischer Philosoph und Kulturanthropologe, hat versucht, die Überlegungen von Marx weiterzuentwickeln und die oben erwähnte Lücke ein wenig zu schließen.[85] Nach Godelier dürfen die klassischen marxistischen Begriffe von Basis (Infrastruktur) und Überbau (Superstruktur) nicht als konkrete Begriffe zur Klassifizierung unterschiedlicher gesellschaftlicher Institutionen benutzt werden, sondern müssen vielmehr als abstrakte Begriffe zur Unterscheidung verschiedener gesellschaftlicher Funktionen aufgefasst werden. Durch Verwendung der Termini «reell» und «ideell» knüpft Godelier auch enger an die Unterscheidung von materieller und ideeller Produktion bei Marx an.[86]

So verstanden bezeichnet man mit Infrastruktur (d. h. der Struktur der Produktionsverhältnisse) das System jener gesellschaftlichen Beziehungen, die a) die Verfügung über die Produktionsmittel, b) die Verteilung der Arbeitskraft und c) die Verteilung der produzierten Güter regeln. Entsprechend lässt sich mit Superstruktur (wiewohl Godelier hier keine eindeutige Definition geliefert hat) jenes System der gesellschaftlichen Verhältnisse bezeichnen, das die

85 Vgl. Godelier, M.: La part idéelle du réel, in: L'Homme, Heft Juli/Dezember 1978, S. 155–187; eine deutsche Übersetzung dieses wegweisenden Aufsatzes von Godelier wurde als Kapitel 3: Der ideelle Teil der Wirklichkeit aufgenommen, in: Godelier, M.: Natur, Arbeit, Geschichte, Hamburg 1990, S. 131–172.

86 Zum Verhältnis von Basis und Überbau, Infrastruktur und Superstruktur, reel und ideell vgl. die methodologischen Texte von Marx im Anhang.

Regeln und Verfahrensordnungen begründet, symbolisiert, theoretisiert und auch durchsetzt.

In der kapitalistischen Gesellschaft wird die Aufgabe der Infrastruktur durch das ökonomische System wahrgenommen, welches sich mehr oder weniger deutlich von den übrigen gesellschaftlichen Verhältnissen unterscheidet. Gleichzeitig werden in dieser Gesellschaft die Funktionen der Superstruktur durch eine Gruppierung nichtökonomischer gesellschaftlicher Institutionen wahrgenommen wie das politische System, das Bildungssystem und die Religion. Dies hat Marx dazu geführt, etwas zu bemerken, was man vor dem Kapitalismus noch nicht beobachten konnte: den in letzter Instanz determinierenden Charakter der Produktionsverhältnisse. Andererseits aber hindert uns die Struktur des Kapitalismus daran, eine nicht weniger bedeutsame Tatsache zu erfassen, nämlich die Möglichkeit, dass Aufgaben der Infrastruktur auch durch andere gesellschaftliche Institutionen als nur die unmittelbar ökonomischen erfüllt werden können.

Der erste methodische Schritt, den es also bei der Erfassung der die Infrastruktur bildenden Einrichtungen einer Gesellschaft zu tun gilt, besteht darin, sich endgültig von einer schematischen Einteilung zu befreien, die bestimmte Institutionen entweder immer nur der einen oder der anderen Seite zuteilt. Nichts erlaubt uns im Vorhinein, d. h. vor empirischen Untersuchungen, den Charakter der Institutionen festzulegen, welche die Infrastruktur bilden, und die Art und Weise, wie die Funktionen der Superstruktur erfüllt werden. Was Marx also entdeckt hat, war nichts anderes als eine Rangordnung von Funktionen, die es in jeder beliebigen Gesellschaft zu geben scheint, nämlich die für die Reproduktion einer Gesellschaft wesentlichen Funktionen, die er daher Basis nannte, und für die Reproduktion nicht unmittelbar notwendige Funktionen, die deshalb den Namen des Überbaus erhielten.

Aus dieser Entdeckung lässt sich nichts über die Eigenart einer ganz bestimmten Gesellschaft ableiten, und es kann aus ihr allein noch keinerlei Vorhersage über die Wirkungsweise gegebener Institutionen und Verhältnisse gemacht werden. Der Gedanke einer «Determination in letzter Instanz», der immer bei der Verwendung des Begriffspaares Basis und Überbau mitgedacht wird, beinhaltet nach Godelier nichts anderes als eine Hypothese über die Rangordnung der Funktionen, welche die Reproduktion und Transformation einer

Gesellschaft in Gang halten. Diese Hypothese dient der empirischen Forschung nur als heuristische Grundlage: Sie lässt sich verifizieren, wobei allerdings der konkrete Inhalt, mit dem man sie im Einzelfall füllt, sich ausschließlich aus dem Forschungsprozess selber ergibt. Anders gesagt: Die Behauptung, dass die Basis in letzter Instanz den Überbau determiniert, hat nur einen methodologischen Sinn. Sie weist uns einen Weg der Forschung neben vielen anderen.

In gleicher Weise behandelt Godelier auch den marxistischen Begriff der Dominanz. Hier sei sogleich das Bedenken aufgegriffen, dass die Dominanz des religiösen Systems für eine Gesellschaft nur dann positiv ist, wenn diese Dominanz sich befreiend und nicht unterdrückerisch auswirkt.

Für Godelier ist die kapitalistische Gesellschaft die erste in der Geschichte, wo das ökonomische System durch seine besondere Existenzweise sowohl determinierend als auch dominant ist. Dies besagt im Einzelnen, dass das ökonomische System einerseits jene Relationen umfasst, die für die Reproduktion der kapitalistischen Gesellschaft als solcher notwendig sind (insofern ist es determinierend und legt die Grenzen der Entwicklung und Funktionsweise aller anderen gesellschaftlichen Verhältnisse fest), andererseits bildet es aber auch jenen Kanal, über den offensichtlich die Mehrzahl der übrigen gesellschaftlichen Praktiken und Überzeugungen strukturiert werden (und insofern ist die Ökonomie dann auch dominant).

Die im Vorangehenden entfalteten Überlegungen führen uns jedoch zu dem Schluss, dass dies möglicherweise nur im Kapitalismus so ist, in anderen Gesellschaftsformationen aber auch ganz anders sein könnte. Für Godelier ist ein einzelnes System in einer bestimmten Gesellschaft nämlich nur deswegen dominant, weil es im Innern dieser Gesellschaft die Rolle der Infrastruktur spielt, wie auch immer im Übrigen seine institutionelle Form und die anderen Funktionen, die es wahrnimmt, beschaffen sein mögen. Andersherum formuliert: die Beschaffenheit des dominanten Systems einer bestimmten Gesellschaft kann man nur mit Hilfe empirischer Untersuchungen über diese Gesellschaft ermitteln. Man muss also, von Einzelfall-Studien ausgehend, aufdecken, welches System im Innern der Gesellschaft die Rolle der Infrastruktur spielt, um dann zu überprüfen, wie dieses System die Praxisformen und Überzeugungen der Mitglieder dieser Gesellschaft beherrscht. Die Theorie bedarf also der empirischen Forschung und kann deren konkrete Ergebnisse nicht vorwegnehmen.

Godelier beruft sich mit seinem Ansatz ausdrücklich auf die Religionswissenschaft. Für ihn ist nämlich die Religion nicht nur ein System von Überzeugungen, sondern auch ein System von Praxisformen. Mit Hilfe der Religion deuten verschiedene Gruppen der Gesellschaft nicht nur die Umstände, unter denen sie leben, sondern gestalten auch ihr Handeln, das zum Ziel hat, diese Situation gegebenenfalls zu verändern. Das System der religiösen Praktiken und Überzeugungen kann in bestimmten Fällen für eine Gesellschaft sogar die Rolle der Infrastruktur übernehmen. Godelier behauptet, dass dies bei den Gesellschaften Mesopotamiens, der Inkas, Eskimos und Mbutis in Afrika der Fall war bzw. ist.

Die Funktion der Religion variiert also von einer Gesellschaft zur anderen. Wenn nach Godelier die Religion offensichtlich auch als Infrastruktur wirken kann, dann determiniert sie in diesem Fall alle anderen gesellschaftlichen Verhältnisse in ihrer Entwicklung und Funktionsweise, womit sie natürlich die Gesellschaft insgesamt dominiert, wie im alten Israel. Hier ist wahrscheinlich die Ursache dafür zu suchen, dass in vielen nicht-kapitalistischen Gesellschaften die Religion empirisch jenes Feld konstituiert, in dem sich jegliche Form von Klassenbewusstsein und Klassenkampf entwickelt. Dies erklärt zudem die politische und ökonomische Bedeutung von religiösen Streitigkeiten und Häresien im Laufe der Geschichte. Ebenso kann man davon ausgehen, dass überall dort, wo die Religion das dominante System darstellt, die Veränderung der Gesellschaft sich immer gleichzeitig auch als Veränderung der Religion ereignet, dass in einer solchen Gesellschaft also jede soziale Revolution gleichzeitig eine Transformation des Sakralen nach sich zieht.

Allgemein gilt: Als solche gehört die Religion weder zur Infrastruktur noch zur Superstruktur. Bisweilen kann sie Basisaufgaben übernehmen, bis hin zu dem Punkt, dass sie das dominante System einer Gesellschaft wird. Die Religion ist also in sich kein notwendiges Hindernis für die Revolutionierung der gesellschaftlichen Verhältnisse im Sinne des marxistischen Revolutionsbegriffes. Im Gegenteil, sie kann oft das einzige Mittel darstellen, um eine Revolution auch politisch und ökonomisch in Gang zu bringen. Statt einer abstrakten und ungeschichtlichen Theorie der Religion das Wort zu reden, sollten daher Christen und Marxisten gemeinsame Anstrengungen unternehmen, eine empirische fundierte Theorie der Funktionsweise von Religion als einer konstruktiven Basis von umfassender Befreiung in verschiedenen Gesellschaftsformationen zu entwickeln.

10.6 Kurzer Hinweis auf ethnologische und soziologische Ansätze in der Religionswissenschaft

10.6.1 Ethnologische Ansätze

Die gesellschaftswissenschaftliche Untersuchung der Religion ist kein Monopol des Marxismus. Religionskritik und Säkularisierung ebnen auch den Weg für die Ethnologie und Soziologie der Religion, deren erste klassische Untersuchungen Ende des 19. Jahrhunderts erscheinen. Beide stimmen insofern miteinander überein, als sie Religion nicht als abstrakte Größe oder individuelle Befindlichkeit, sondern als empirisch beschreibbare, gesellschaftliche Gegebenheit betrachten.

Den ersten umfassenden ethnologischen Ansatz zur Analyse der Religion legt James George Frazer (1854–1941) in seinem umfangreichen Werk *The Goulden Bough* (1928) vor, das evolutionstheoretisch angelegt ist und entweder rezipierend oder kritisierend an die Arbeiten von Auguste Comte, Edward Tylor[87] und Herbert Spencer anknüpft. Frazer bearbeitet umfangreiches, religionsgeschichtliches und ethnografisches, durch Feldforschung gewonnenes Material und teilt im Anschluss daran die Gesellschaftsformen und Kulturen anhand ihrer Weltbewältigungspraxis in drei Stadien ein: das magische, das religiöse und das wissenschaftliche Stadium. Diese folgen jedoch nicht hermetisch getrennt zeitlich aufeinander, sondern können sich wechselseitig durchdringen. Mit dem ethnologischen Ansatz wird erstmals die Beschränkung auf geschriebenes Material zur Analyse der Entstehung und Entwicklung von Religion aufgehoben. Über Lucien Lévy-Bruhl mit seiner These vom prälogischen Denken entwickelt sich die ethnologische Forschung weiter zum Funktionalismus von Bronislaw Malinowski (1881–1942) und Alfred Radcliffe-Brown (1881–1955), der die Bedeutung der Religion für die Integration der Gesellschaft betont.

Aus dieser kulturanthropologischen und ethnologischen Tradition kommend hat Clifford Geertz eine vor allem bei Theologen

87 Vgl. Theorie des Animismus (1871).

beliebte Definition von Religion vorgeschlagen. Für ihn ist Religion «ein Symbolsystem, das darauf zielt, starke, umfassende und dauerhafte Stimmungen und Motivationen in den Menschen zu schaffen, indem es Vorstellungen einer allgemeinen Seinsordnung formuliert und diese Vorstellungen mit einer solchen Aura von Faktizität umgibt, dass die Stimmungen und Motivationen völlig der Wirklichkeit zu entsprechen scheinen.»[88] Der Bibeltheologe Gerd Theißen hat sich durch diese Definition inspirieren lassen und sie als Ausgangsbasis zu einer breit angelegten Darstellung des frühen Christentums genutzt. Er definiert «Religion als 1) kulturelles Zeichensystem, das 2) einer letztgültigen Wirklichkeit entspricht und 3) Lebensgewinn verheißt»[89]. Religion wird dabei zunächst als semiotisches System betrachtet, das aber auch einen systemischen und kulturellen Charakter hat. Das Besondere des religiösen Zeichensystems sieht Theißen in der «Kombination von drei Ausdrucksformen ... Mythos, Ritus und Ethos»[90]. So importiert er letztlich die von uns vorgeschlagenen Bestimmungselemente der Definition von Religion.

10.6.2 Soziologische Analysen: Emile Durkheim

Emile Durkheim (1858–1917), der in Frankreich die Soziologie als akademische Erfahrungswissenschaft begründet hat, zieht aus einer exemplarischen Untersuchung des Totemismus in Australien den Schluss, dass der Ursprung der Religion in ihrer sozialen Regulierungsfunktion liegt. Über Riten und Symbole garantiert sie die Einheit der Gruppe und begründet deren Institutionen durch Bezug auf die «heiligen Dinge und Orte», die als Gemeinschaftsgüter einen besonders verpflichtenden Charakter haben. Damit wird Religion der symbolische Ausdruck des Abhängigkeitsgefühls von der die Individuen erhaltenden Gemeinschaft und schließlich der Ehrfurcht vor der übergeordneten gesellschaftlichen Macht. Das Kollektivbewusstsein entsteht aus einer Integration des Bewusstseins der Einzelnen bei gemeinsamen zugleich rituellen und alltagspraktischen Handlungen (wie etwa bei der Jagd). Auch wenn das Objekt der Religion eigentlich immer die eigene Gesellschaft ist, entwickelt sich

88 Geertz, C.: Religion als kulturelles System, in: ders.: Dichte Beschreibung. Beiträge zum Verstehen kultureller Systeme, Frankfurt 1983, S. 44–95, hier: S. 8.

89 Theißen, G.: Die Religion der ersten Christen, Gütersloh 2008, S. 19.

90 Ebd. 20 f.

nach Durkheim durch ekstatische Erlebnisse der Kollektivität die Religion zu einer über der profan-realen liegenden, idealen zweiten Welt, der eine höhere Würde zuerkannt wird, wodurch die religiösen Vorstellungen ein Eigenleben führen können.

10.6.3 Soziologische Analysen: Max Weber

Ähnlich wie Durkheim möchte sich Max Weber (1864–1920) nicht mit den Inhalten der Religion befassen. Er beginnt daher seine systematische Darstellung der Religionssoziologie mit der Erklärung:

> Allein wir haben es überhaupt nicht mit dem Wesen der Religion, sondern mit den Bedingungen und Wirkungen einer bestimmten Art von Gemeinschaftshandeln zu tun, dessen Verständnis auch hier nur von den subjektiven Erlebnissen, Vorstellungen, Zwecken des Einzelnen – vom Sinn – aus gewonnen werden kann[91] ...

Von diesem Gedanken der subjektiven Sinnhaftigkeit des sozialen Handelns ausgehend und mit der durch ihn begründeten verstehenden Methode untersucht Weber die Wechselbeziehungen zwischen Religion und Gesellschaft. Es werden dabei drei religionssoziologische Grundprobleme behandelt:

> 1. Die Wirkung religiöser Ideen auf die Alltagsethik und das wirtschaftliche Verhalten der Laien, 2. Die Wirkung von Schichten und Ständen auf religiöse Ideen und 3. Die Bestimmung des spezifisch Okzidentalen auf Grund eines Vergleichs der Ursachen und Wirkungen religiöser Überzeugungen in verschiedenen Kulturen.[92]

Hauptanliegen Webers ist das dritte Problem: Er untersucht es unter anderem in den berühmten Aufsätzen «Die protestantische Ethik und der Geist des Kapitalismus»[93], in denen er die religiösen Grundlagen der innerweltlichen Askese, die Berufskonzeption des Protestantismus und die ihr entsprechende rationale Gestaltung der Lebensführung behandelt. Besonders letztere sieht er als für die okzidentale Kulturentwicklung entscheidend an. Es sind daher gerade die Kategorien der Rationalität (Rationalitätstypus) und Rationali-

91 In: Wirtschaft und Gesellschaft, 1922, S. 227.
92 Savramis, D.: Religionssoziologie: Eine Einführung Sammlung Dialog 24, München 1968, S. 42.
93 Gesammelte Aufsätze zur Religionssoziologie I, 1920, 8. Auflage, Tübingen 1988, S. 1–206.

sierung, mit denen er wichtige Aspekte des religiösen Phänomens erschließt. So erklärt er das zentrale religiöse Bedürfnis nach Erlösung aus dem «Versuch einer systematischen praktischen Rationalisierung der Realitäten des Lebens» infolge des Anspruchs, «dass der Weltverlauf, wenigstens soweit er die Interessen der Menschen berührt, ein irgendwie sinnvoller Vorgang sei»[94].

10.7 Charakter und Zukunft der Religion im gegenwärtigen Kapitalismus

10.7.1 Die zwei Typen von Religion nach Erich Fromm

Ein interkultureller Vergleich zeigt, dass alle Religionen in der Geschichte auf das elementare Verlangen der Menschen nach einem gelingenden Leben ohne Gewalt, ohne Tränen, ohne Angst, ohne Lüge, ohne Zerstörung zu antworten bemüht sind. Alle Religionen stellen also einen Versuch dar, gegen das Schicksalhafte, das Entsetzliche und das Hoffnungslose der Welt an der Möglichkeit persönlicher Identität und Sinnvergewisserung, an der Versöhnbarkeit der Widersprüche und der Realisierbarkeit des Menschseins, also an der Erfüllbarkeit der kollektiven Menschheitssehnsüchte festzuhalten. Die Frage, ob diese Hoffnung auch über die Todesgrenze hinausgreift, ob die irdische Identität in einer jenseitigen aufbewahrt wird, wird dabei in den verschiedenen Religionen allerdings unterschiedlich beantwortet.

Untersucht man insbesondere die christliche Religion jedoch auf ihren faktischen Beitrag zur Entwicklung der Humanität des Einzelnen sowie für eine freiheitliche und gerechte Gesellschaftsordnung, so zeigen sich überraschende Widersprüche: Die christliche Religion wirkte in ihrer Geschichte bis heute sowohl revolutionär als auch reaktionär, messianisch als auch resignativ und weltflüchtig, befreiend als auch unterdrückerisch. Religion kann also einmal im Dienst des menschlichen Fortschritts (individuell, sozial, politisch) stehen, zum andern kann sie ihn auch behindern oder ihn sogar zunichte machen. Um diese Doppelfunktion von Religion zu erfassen, hat Erich Fromm eine idealtypische Unterscheidung in zwei Typen von Religion vor-

94 Ebd. 476.

geschlagen.[95] Hans-Eckehard Bahr hat diese Typologie aufgegriffen und weiterentwickelt.[96] Dies lässt sich schematisch so darstellen:

Typ 1: Die repressiv-autoritäre Religion. Ihre gesellschaftliche Funktion kann als reaktionär, autoritätsfixiert und systemkonform, ihr Einfluss auf das Individuum als manipulativ, entfremdend, domestizierend (Sündenangst mit gleichzeitiger Erzeugung von Opferbereitschaft), ja bisweilen sogar als versklavend bezeichnet werden (vgl. Religion als «Opium», als Vertröstung auf ein besseres Jenseits).

Typ 2: Die emanzipativ-humanitäre Religion. Ihre gesellschaftliche Funktion kann als transformierend, befreiend und gerechte Strukturen und Gemeinschaften fördernd, ihr Einfluss auf das Individuum als Heilsgewissheit und Sinn spendend, zu eigenständigem wie auch solidarischem Handeln ermutigend und auch zu prophetischer Kritik befähigend, bezeichnet werden (vgl. Religion als Protest gegen das Elend, als Kampf für eine bessere Welt, hier und jetzt).

Der Antagonismus zwischen diesen beiden Typen von Religion hat in unserer Zeit neue Ausprägungen und Spielformen gefunden. Ich denke vor allem an den Gegensatz von Instrumentalisierung der traditionellen Religion im Kapitalismus bei gleichzeitigem Auftreten des Kapitalismus selbst als Religion auf der einen Seite und einem befreienden, messianischen Christentum auf der anderen Seite, wobei hier allerdings keine idealtypischen Eins-zu-Eins-Abbildungen der oben aufgezählten, unvollständig bleibenden Eigenschaften vorgenommen werden können und auch nicht sollen.

10.7.2 Kapitalismus *und* Religion – Kapitalismus *als* Religion

Prinzipiell muss auch der Kapitalismus, um bei allen Mitgliedern der Gesellschaft Zustimmung zu erlangen, den Eindruck erwecken, dass er Glück für alle produziert und in seine Verheißungen alle Mitglieder der Gesellschaft eingeschlossen sind (Prinzip der Inklusivität). Doch sowohl die Geschichte als auch der gegenwärtige Zustand der kapitalistischen Gesellschaften beweisen, dass er strukturell unfähig ist, dies praktisch und auf Dauer zu leisten. Seine Unfähigkeit ver-

95 Fromm, E.: Haben oder Sein. Die seelischen Grundlagen einer neuen Gesellschaft, 11. Aufl., München 1981, S. 130ff.

96 Vgl. Bahr, H. E.: Ohne Gewalt, ohne Tränen? Religion 1, Religion 2, in: ders.: Religionsgespräche, Darmstadt, Neuwied 1975, S. 48 ff.

sucht er dadurch zu kaschieren, dass er selber als Religion auftritt und nicht nur als Religionsersatz. Die Thesen von Walter Benjamin[97] führen hier auf den richtigen Weg der Analyse und Kritik der Art und Weise, wie der Kapitalismus auf diesen Zwang reagiert. Als Benjamin 1921 sein berühmtes Fragment «Kapitalismus als Religion» verfasste, äußerte er darin den Verdacht, dass er mit seinen Thesen wohl nicht auf breite Zustimmung hoffen dürfe. Heute wird ihm wohl noch kaum jemand widersprechen.

Der Kapitalismus ist konstitutionell dazu gezwungen, sein Angebot zu erweitern, d. h. sich von der Ebene der Ökonomie auf die Ebene der Religion emporzuschwingen und damit sich selbst als Religion zu präsentieren, die vorhandene traditionelle Religion also nicht nur zu nutzen, sondern sie in allen ihren Funktionen zu beerben. Dies wird besonders in Zeiten der Krise deutlich sichtbar, weil dort seine prinzipielle Ausschließungstendenz öffentlich greifbar wird. Die Unfähigkeit des gegenwärtigen Kapitalismus, eine menschenwürdige Existenz für alle Menschen auf der Welt zu garantieren, und der sich abzeichnende Erdrutsch in die Armut auch in den reichen Gesellschaften Europas könnten den Kapitalismus in eine allgemeine Legitimationskrise stürzen, der er dadurch zu begegnen sucht, dass er sich religiöse Potenzen aneignet und instrumentalisiert.

Dieser Sachverhalt soll durch Beschreibung einiger Phänomene verdeutlicht werden, wobei die Tiefenstruktur nicht immer so deutlich zutage tritt wie bei Benjamin. Die Grundlinien eines Evangeliums des Marktes bei Friedrich August von Hayek, dem Papst der Neoliberalen, in dessen Zentrum die demütige Unterwerfung des Menschen unter die Vorsehung des Marktes und die Verurteilung der Hybris der Planung stehen, sollen hier nicht entfaltet werden. Denn als größere Herausforderung müssen die in den Strategien der Vertreter eines Kultmarketing, wie beispielsweise bei Norbert Bolz und David Bosshart[98], stattfindende Übernahme der Grundeinsicht Benjamins, dass der Kapitalismus eine reine Kultreligion sei, und deren affirmativ-aggressive Entfaltung angesehen werden.

Das Kultmarketing als postmoderne Spielform der Säkularisierung betreibt gleich ein doppeltes Geschäft: Einerseits plündert es

97 Zu diesen Thesen von Walter Benjamin hat das ITP in Münster anlässlich ihrer Konzipierung 1921, also vor genau 100 Jahren, einen Sammelband mit internationaler Autorenschaft veröffentlicht, vgl. Füssel, K./Ramminger, M. (Hg.): Kapitalismus. Kult einer tödlichen Verschuldung. Walter Benjamins prophetisches Erbe, Münster 2021.

98 Bolz, N./Bosshart, D.: Kultmarketing. Die neuen Götter des Marktes, Düsseldorf 1995.

hemmungslos die Schätze der jüdisch-christlichen Tradition und beerbt ungeniert die «Werte und Güter» der Kirche wie Gemeinschaftsbildung, Sinnstiftung, Ästhetisierung des Lebens. Andererseits macht es aus der Kritik des Warenfetischismus bei Marx und Benjamin eine skrupellose Affirmation des Fetischcharakters der Ware. Der Kapitalismus wird zur stärksten aller Religionen erklärt.

Ob es um Jeans oder Bier geht, um Autos oder Parfums, um Versicherungen oder Turnschuhe: die Werbung ist voller religiöser Symbole und Motive. Das ist nicht neu, und die geschickten Appelle der Marketingstrategen an unser Unterbewusstsein sind auch denjenigen klar, die nie etwas von den Kategorien Bewusstseinsindustrie und Fetisch gehört haben. Die Konsumenten folgen diesen Appellen ohne Gegenwehr und fühlen sich wohl dabei, selbst wenn es ihr Geld und am Ende unbemerkt auch das selbstbestimmte Leben kostet.

Neu ist allerdings die selbstbewusste Verkündigung des Kapitalismus als «ultimativer Religion», die nicht länger vorhandene religiöse Symbole nur aufgreift, sondern direkt die ungesättigten religiösen Bedürfnisse zu befriedigen beansprucht, wozu nach Auskunft der «Trendmagier» Bolz und Bosshart das Christentum zum Beispiel nicht länger fähig ist. Da kaum jemand es erträgt, ohne Sinn – und das heißt eben ohne Religion – zu leben, übernimmt die postmoderne Werbung die Funktion der Religion und entfaltet eine neue Spiritualität des Konsums.

Erstaunlich bis ärgerlich ist, dass ausgerechnet die Überlegungen von Marx entgegen ihrer ursprünglichen Intention benutzt werden, um der Religion der Absatzsteigerung und der Inthronisation des Geldes als des obersten Gottes dieser Religion einen Plausibilitätsrahmen zu liefern. Marx hatte, ausgehend von der Unterscheidung zwischen Gebrauchswert und Tauschwert der Ware, gezeigt, wie sich über den Tausch eigenständige Verkehrs- und Lebensformen entwickeln, in deren Zentrum eine wesentliche Umkehrung aller Verhältnisse steht. Die Produkte der menschlichen Hand und des Kopfes herrschen über die Menschen, die damit vom Subjekt in ein Objekt der Verhältnisse verwandelt werden. Die Propheten des Kultmarketing ziehen daraus ihre Konsequenzen. Das Geheimnis der Ware zeigt, dass nicht ihr Gebrauchswert, sondern ihr Tauschwert entscheidend ist. Darüber hinaus verkörpern die Waren als Fetische die Erfüllung von über den unmittelbaren Konsum hinausweisenden Sehnsüchten. Im Konsum wird das Übersinnliche als ansonsten unfassbarer Überschuss sinnlich greifbar und kann körperlich angeeignet werden. Die Vertröstung auf das Jenseits verwandelt sich in Erfüllung im Diesseits. Das Parfum Eternity for men lässt grüßen. Gleichzeitig wird das Sichtbare, der zweckdienliche Gebrauchswert der Ware, ihre Funktionalität, unsichtbar und verschwindet immer mehr aus der Werbung und damit aus dem öffentlichen Bewusstsein.

Als letzte Täuschung entlässt der Fetischcharakter der Ware aus seiner Zwiespältigkeit die Verheißung einer potenziellen Unendlichkeit. Indem er den Hunger nach mehr wachhält, stellt er sich selbst auf Dauer und verspricht, dass es immer so weiter geht.

Dies alles läuft letztlich auf eine zynische Affirmation der Entfremdung als höchstem Stadium menschlicher Glückseligkeit hinaus. Der fröhliche Einmarsch in die unwiderrufliche Konsumwilligkeit und der Zusammenschluss in Kultgemeinden unter dem Fetisch von Nike oder Kevin Klein könnte allerdings wirklich das oft herbeischwadronierte Ende der Geschichte bedeuten, weil es auch das Ende jeder Erlösungshoffnung wäre.

Dass der Kapitalismus als hemmungsloses Streben nach Profit gewaltförmig ist und ganze Völker dem Hungertod preisgibt, bedarf keines neuerlichen Nachweises. Dass er als Götzenreligion der Raffgier global präsent ist, sehen nicht nur die Globalisierungskritiker. Dass die Mehrung des Shareholder-Values das erste Gebot dieser Gierreligion ist, wird täglich durch das bekannte Band der Aktienkurse dokumentiert, das die Nachrichten begleitet. Bedeutsamer ist allerdings, dass er sich in letzter Instanz gerade dort als Gewaltverhältnis und in doppeltem Sinne – physisch und geistig – als tödlich entpuppt, wo er das erfüllte Leben, eine diesseitige Stillung der transzendenten menschlichen Sehnsüchte, verspricht, also gerade in seiner religiösen Funktion den Tod statt der Auferstehung bringt. Die biblischen Propheten würden den Kapitalismus als Religion direkt und unverblümt als Götzendienst brandmarken und klarstellen, dass Fetische töten. Dieser Vorwurf dürfte den modernen Warenanbeter kaum stören.

Der Kapitalismus ist daher konstitutionell dazu gezwungen, ein Bündnis mit der Religion einzugehen. Dies wird besonders in Zeiten der Krise deutlich sichtbar, weil dort seine prinzipielle Exklusivität öffentlich greifbar wird. Die Unfähigkeit des gegenwärtigen Kapitalismus, eine menschenwürdige Existenz für alle Menschen auf der Welt zu garantieren, und der sich abzeichnende Erdrutsch in die Armut in den reichen Gesellschaften Europas, könnten den Kapitalismus in eine allgemeine Legitimationskrise stürzen, der er dadurch zu begegnen sucht, dass er sich religiöse Potenzen borgt und instrumentalisiert. Er setzt daher gerade in der Gegenwart religiöse Strömungen bewusst in jene sinnstiftende Rolle, die zu spielen er momentan überfordert ist.

Gerade weil die Erkenntnis allgemein und öffentlich geworden ist, dass der ökonomische Erfolg vielen Menschen versagt bleibt, bekommt die Auffassung Anziehungskraft, dass dagegen in der Religion jeder seine Erfüllung finden kann; dazu wird vor allem die Einwanderung in die Innerlichkeit angepriesen. In Zeiten der Prosperität bedarf der Kapitalismus dieser Hilfe nicht, da er auch selber die seligmachenden Funktionen des Überbaus wahrnehmen kann. Dies steht nicht in Widerspruch zu der Tatsache, dass unabhängig davon auch das Sinnangebot der traditionellen Religionen auf dem Markt der Möglichkeiten präsent gehalten wird. Nur dort, wo dieses den Kapitalismus als Religion stört, kommt es zum Konflikt. Die Austragungsformen des Konfliktes hängen davon ab, wieweit die traditionelle Religion (oder die traditionellen Religionen) auch unter den Bedingungen des Kapitalismus ihre Fähigkeit unter Beweis stellen kann, Aufgaben der Infrastruktur wahrzunehmen, d. h. einen Orientierungsrahmen für neue Formen der Produktion und Reproduktion des Lebens anzubieten. Folgt man dem Ansatz von Godelier, so wäre es ein Fehlschluss, dass Religion aufgrund der Verfasstheit des Kapitalismus dazu prinzipiell nicht in der Lage ist. Wie dies im Einzelfall aussehen könnte, lässt sich allerdings nicht vorab ausdenken, sondern muss praktisch erprobt und ausgehandelt werden.

Die neuen religiösen Bewegungen (die Pfingstler in Lateinamerika, die Gemeinden der Fernsehprediger, Esoterik, Instantvarianten der Mystik oder Abwandlungen der großen fernöstlichen Religionen) zeitigen oft gerade in den kapitalistischen Zentren auffällige Erfolge dadurch, dass sie das Legitimationsdefizit des Kapitalismus als Sinnangebot ausgleichen und dadurch ihren Marktwert gewinnen. Was sich als erfolgreiche Selbstvermarktung der neuen Pseudo-Religionen darstellt, ist jedoch in Wirklichkeit nichts anderes als der Übergang von der wahren Religion zur Religion als Ware. Da sie nicht bemerken, dass sie ihre gestiegenen Verbreitungschancen der Kapitallogik verdanken, löst sich ihr eigenständiger Gehalt auf und verkommt zur bloßen Anpassungsleistung und Kontingenzbewältigungspraxis. Weil gerade Esoterik, New-Age-Bewegung usw. nie begriffen haben, dass Sinn per se nicht verkäuflich und Erlösung als solche nicht bezahlbar ist, stehen sie angesichts der brennenden Menschheitsfragen ebenso hilflos wie betrügerisch da.

Wie allerdings die traditionelle Religion sich gleichzeitig den Marktkräften verweigern und angesichts von deren Dominanz trotzdem überleben kann, ist eine Frage, deren Beantwortung auf eine revolutionäre Veränderung der ökonomischen Verhältnisse hinausläuft. Eine im Sinne von Christentum und Judentum verstandene Religion kann daher nur überleben, wenn es ihr gelingt, sich mit all jenen Kräften zu verbünden, die unter Fortschritt heute eine Überwindung der Destruktionslogik des Kapitals und der Beendigung seiner ideologischen Allmacht verstehen.

Um dieses Problem zu bewältigen, muss aber im Sinne der Fromm'schen Typologie das traditionelle Christentum und seine kulturelle Form als abendländische Christenheit transformiert werden in eine humanitär-revolutionäre Religion oder – besser gesagt – in eine messianisch-prophetische Praxis der Nachfolge.[99] Eines aber muss dabei gelten: Nur die Abkehr vom Opfer- und Vergeltungsdenken macht aus der Religion ein friedfertiges Unternehmen. Der Kapitalismus allerdings ist zu solcher Gewaltfreiheit nicht fähig.

10.8 Versöhnung statt Rache. Die Zukunft einer universal humanitären Religion

Nach den Angriffen auf das World-Trade-Center am 11. September 2001 stand plötzlich das Stichwort «Religion» auf jeder Tagesordnung. Zwei Fragen drängten sich dabei auf: Wie verhalten sich Religion und Gewalt zueinander? Was ist aus der Säkularisierung unserer westlichen Gesellschaften geworden?

Ungeklärt ist, ob hinter den Vorfällen vom 11. September 2001 wirklich ein islamischer Fundamentalismus als Drahtzieher stand. Fest steht, dass damit eine archaische Form von Religion wieder ins Licht der Weltöffentlichkeit rückte, die durch eine schicksalhafte Verquickung mit Gewalt geprägt ist. Die Vorstellung von einem Heiligen Krieg schlägt schon länger traditionelle Widersacher in

99 Vgl. hierzu insbesondere die bereits mehrfach zitierten und erwähnten Arbeiten von Hinkelammert und Eigenmann.

ihren Bann – das US-Imperium und seine Gegner im Nahen und Ferneren Osten, die Regierungen Israels und die palästinensischen Intifada-Gruppen. Wie einst die Rettung des wahren Glaubens die Verbrennung der Ketzer rechtfertigte, so muss auch heute eine heilige Mission erfunden werden, die den Gegner zu dem Bösen, zum westlichen Teufel oder zum östlichen Terroristen macht, um sein Menschsein ideologisch und physisch auslöschen zu dürfen. Die bange Frage drängt sich auf: Liegt in einer strukturellen Gewaltverfallenheit das geheime Verbindungsstück zwischen den monotheistischen Religionen wie Judentum, Christentum und Islam und ihrem designierten Konkurrenten, den angeblich säkularisierten westlichen Gesellschaften? Auch die Aufklärung ging über Leichen (Französische Revolution), ihre bürgerlichen Erben ebenso. Gibt es einen Ausweg aus dieser beängstigenden Spiegelbildlichkeit?

Blicken wir auf die Geschichte und auf die theologische Entwicklung zurück. In Auseinandersetzung mit der erkennbaren Verschränkung von Religion und Gewalt fand in langen Zeiträumen im Rahmen der jüdisch-christlichen Tradition ein Prozess der fortschreitenden Reinigung des Gottesverständnisses und des Gottesglaubens von seinen archaischen Gewaltbezügen und Opfervorstellungen statt, der historisch in Praxis und Lehre des Jesus von Nazareth zu einem, wie ich glaube, bisher nicht überbotenen Höhepunkt gelangte. Gleichzeitig endet damit aber auch eine bestimmte Form von Religion.

Die biblische Auseinandersetzung mit der als unverfügbar erfahrenen Schicksalsmacht, Gott genannt, ist von Anfang an als Differenzierungs- und Lernprozess angelegt, der als «Befreiung von einem Gott der Gewalt», alle drei großen monotheistischen Religionen einbeziehend, beschrieben werden kann. Einige Stationen dieses Prozesses sollen kurz angesteuert werden.

Die Paradiesgeschichte, die den Ursprung des Bösen erklären will, ist geprägt von einer in der Doppelung des Gottesnamens in Jahwe und Elohim enthaltenden Spannung zwischen der liebend umsorgenden Schicksalsmacht des «Ich bin da (für euch)» einerseits und der älteren Vorstellung des gewalttätigen herrscherlichen El, einer titanenhaften, dem Kronos ähnlichen Allgewalt andererseits, die zudem im Gottesnamen als Plural «Elohim» auftritt. Im Garten Eden dominiert Jahwe, außerhalb davon regiert Elohim. Die todbringende List der Schlange besteht darin, dass sie die fürsorgliche Warnung

Jahwes («Tut es bitte nicht!») in ein Gebot Elohims zu verwandeln vermag, das zur Übertretung, zum Übertritt und Austritt reizt. Der Mensch ahmt die Elohim nach und wird damit zum Götzen. Die Ursünde der Stammeltern geschieht als Machtergreifung. Sofern diese durch den Bruch mit Jahwe nicht mehr von innen, vom Paradies her, legitimiert ist, wird sie zum todbringenden Fluch der Jahwe-Ferne, deren Früchte Zwietracht und Brudermord sind. Der erste Anlauf zu einer Befreiung von den Elohim ist misslungen. Wie Gott sein zu wollen, ist die regressive Fixierung auf ein mythologisches Gottesbild. Daher gibt es in Israel im strengen Sinne keine Hybris, sondern nur Abfall in die Idolatrie.

In der Geschichte von Abraham, dem Stammvater der drei großen monotheistischen Religionen, wird in der Verhinderung der Opferung des Isaak (bzw. Ismael in bestimmten Überlieferungen des Islam) ein Schlusspunkt unter die brutale Praxis der Menschenopfer gesetzt. Fürderhin darf kein Mensch mehr geopfert werden, um die Götter gnädig zu stimmen. Überdeutlich sind in dieser Geschichte die Bemühungen um eine Tilgung aller Bindungen an den Typus der Raubtiergottheit, des Molochs, des Baals und anderer gefräßiger Urgottheiten der Israel umlagernden Hochkulturen.

Mose, der Vater der Thora, und damit der eigentliche (fiktive?) Begründer des spezifisch israelitischen und später jüdischen Gottesverhältnisses, ringt in direkter Auseinandersetzung mit seinem Gott diesem ab, dass er sich an menschliche Gesetze – im doppelten Sinne – zu halten hat. Der Dekalog ist ein Kontrakt. Israel unterwirft sich nicht der Schicksalsmacht, sondern geht auf sie zu, in dem festen Glauben, dass Gott sich im Dialog ändert. Auch das ist nicht Hybris, es ist eine in der Tiefe des Gottesglaubens waltende Zuversicht, Anspruch auf Gleichberechtigung. Größeres wurde in der Religionsgeschichte nirgendwo gedacht. Diese dem Judentum eigene Dialogorientierung durchzieht auch die Schriften der Propheten bis hin zu dem Rabbi Jesus aus Nazareth.

Es darf hier nicht unterschlagen werden, dass auch das Prinzip «Auge um Auge, Zahn um Zahn» in der jüdischen Religion eine Rolle spielt. Gesicherte Erkenntnisse sprechen dafür, dass in ihm eine Domestizierung maßloser Rachegedanken und ihrer Generationen begleitenden Aufrechterhaltung vorliegt und es daher zu Recht in die Bibel gelangte. Auf die Dauer aber führt auch diese Regelung dazu, dass alle blind und zahnlos werden, was nicht als vernünftig anzusehen ist. Jesus hat die tödliche Logik des Vergeltungsdenkens in den Maximen der Bergpredigt überwunden. Auch wenn nur wenige in der Geschichte der Kirche und des Abendlandes die neue Logik der Gewaltüberwindung zu einer gültigen Praxis werden ließen, führt kein Weg an der Einsicht vorbei, dass die schier unüberwindlich scheinende Aggressionsbereitschaft des Menschengeschlechts nur so eingedämmt und schlussendlich überwunden werden kann.

Die Deutung des Kreuzestodes Jesu als Sühneopfer wirft die Frage auf, ob ein blutiges Opfer die endgültige Versöhnung bringen kann. Sie muss nach einigem Nachdenken als Fehl-Interpretation verworfen werden. Jesus lässt sein eigenes Leben los und damit alle Gewalt der Selbstbehauptung hinter sich. Er zeigt uns damit exemplarisch den Weg der Erlösung als Befreiung vom Zwang, das zerstören zu müssen, was unsere Identität bedroht. Wer Jesus auf seinem Weg nachfolgt, wird ein höheres Leben gewinnen, weil er es nicht als Ich-AG krampfhaft bewahren will.

Mit Tod und Auferstehung Jesu konstituiert sich endgültig das letzte Stadium der Transformation der Schicksalsmacht in einen menschgewordenen und leidensfähigen und leidensbereiten Gott. Gott verhängt nicht Gewalt, sondern erleidet Gewalt, um die Gewalt für immer zu beseitigen. Wenn die unmenschliche Gewalt nach dem Tode Jesu trotzdem bleibt, heißt dies nicht, dass dieses Gottesbild falsch ist, sondern dass das, was ist, noch nicht alles oder das Ende ist. Eine der unaufgebbaren Errungenschaften der jüdisch-christlichen Tradition ist eine Vermittlung von Glauben und Denken, die eine neue Qualität des Wissens geschaffen hat: das leidvolle Wissen. Damit tritt ein neuer Typus von Religion auf, der es nun schwer macht, weiterhin univok von Religion zu reden. Dieser neue Typus ist gekennzeichnet durch die Negation des Bestehenden, durch den Protest gegen das Elend, durch die «Unterbrechung» des ewigen «Es geht immer so weiter».

In der Jesusbewegung hat sich lange das Bewusstsein erhalten, dass es keinen Kompromiss mit den Gewaltstrukturen des römischen Reiches geben darf. Kriegsdienst und Todesstrafe wurden einhellig abgelehnt. Nach den Zeiten der Verfolgung und der berühmt-berüchtigten Konstantinischen Wende wurde das Christentum staatstragend und damit – im engeren Sinne – erst zu dem Typus von Religion, der damals wie heute mehrheitlich nachgefragt wurde und wird. Gemeint ist Religion als ritualisierter Umgang mit unverfügbaren Mächten.

Priester gelten ursprünglich als Experten im Umgang mit solchen Mächten. Sie wissen, was man tun muss, um diese Mächte gut zu stimmen, zum Beispiel wie sie durch Opfer zu besänftigen sind. So antwortete auch das Christentum der vergangenen Jahrhunderte ziemlich erfolgreich auf die Grundfragen: Was muss man tun, um dem als Herrn über Leben und Tod, über Natur und Geschichte begriffenen Gott zu dienen und um Unheil zu vermeiden? Wo diese Fragen verstummen, werden auch die Antworten obsolet. Wie soll es weitergehen?

Gerade im Kontext der unverhohlenen Gewaltbereitschaft der Religion des amerikanischen Imperiums und seines Widersachers sowie des sie verbindenden Glaubens an die gewaltsame Durchsetzung des Guten erhalten die Überlegungen von Dietrich Bonhoeffer zur Möglichkeit eines «religionslosen Christentums», die er wohl nicht ohne Grund in einer gewaltverseuchten Zeit entwickelte, neue Brisanz und eine zusätzliche Bedeutung. Thomas Ruster[100] hat gezeigt, dass das Christentum als Religion gegenwärtig nicht mehr zu leisten vermag, was das Publikum seit jeher von Religion erwartet: den Umgang mit unverfügbaren Mächten zu regeln, das heißt sie verfügbar zu machen. Diese Aufgabe erfüllt der Kapitalismus besser. Er zeigt uns, wie man mit dem neuen Gott/Götzen, der alles bestimmenden Macht des Geldes, umzugehen hat. Im Umgang mit dieser Macht versinkt das Christentum immer mehr in sprachloser Ohnmacht, seitdem es nach dem Scheitern des Zinsverbotes darauf verzichtet hat, seinen Machtbereich einzugrenzen.

Misserfolg und Chance des gegenwärtigen Christentums hängen daher davon ab, ob es zu lernen imstande ist, ein in dem Sinne religionsloses Christentum zu sein, dass es einer endgültigen Entflechtung von Glauben und gewaltförmiger weltlicher Macht zustimmt. Das Christentum, für den Islam kann ich keine analoge Prognose formulieren, hört dann zwar auf, eine Religion des dominanten Typus zu sein, wird aber unter Vergewisserung seiner jüdischen Wurzeln zur Verkündigung eines «unverwechselbaren Gottes», der nicht ein Begriff ist, sondern einen anrufbaren Namen hat, weil er für eine Befreiungsgeschichte steht.

Der Kapitalismus als Religion vollendet das Verhängnis der Neuzeit und erweist sich als die inverse Größe zum jesuanischen Liebes-

100 Ruster, Th.: Der verwechselbare Gott. Theologie nach der Entflechtung von Christentum und Religion, Freiburg, Basel, Wien 2000.

gebot. Der Raubtierkapitalismus spielt im Kapitalismus als Religion die Rolle, die der Fundamentalismus in den alten Religionen spielt. Die Rachegottheit kehrt zurück, zum einen als der Moloch des totalen Marktes, zum andern als fundamentalistischer Rückfall der traditionellen Religionen in ihre Vorgeschichte eines von Strafe, Opfer und Vergeltung geprägten Gottesverständnisses.

TEIL IV: ANHANG

11. Ein methodologischer Anhang zur Interpretation des Werkes von Karl Marx

Viele Fehlinterpretationen des Werkes von Karl Marx und die sich daran anschließenden erbitterten Diskussionen unter seinen Anhängern sowie wiederum mit seinen Gegnern sind dadurch bedingt, dass der wissenschaftstheoretische Charakter der von Marx selber – allerdings erst im Kontext seiner Kritik der politischen Ökonomie – formulierten und zugleich auch sehr knappen methodologischen Reflexionen falsch eingeschätzt wurde.

Obwohl diese Publikation nicht die wissenschaftstheoretische Diskussion der Methoden von Marx zum Gegenstand hat, war ich bemüht, mich bewusst an ihnen zu orientieren. Deshalb sollen wenigstens *drei der zentralen methodologischen Texte* hier zur genaueren und überprüfenden Lektüre angeboten werden.

Text 1: Aus dem Vorwort zur Kritik der politischen Ökonomie

In seinem Vorwort zur Kritik der politischen Ökonomie, geschrieben in London, im Januar 1859, verweist Karl Marx kurz auf den Gang seiner Studien vom Fachstudium der Jurisprudenz bis zur Beschäftigung mit ökonomischen Fragen und der Begegnung mit den Strömungen des französischen Sozialismus und Kommunismus, was ihn zur Klärung seiner eigenen Position antrieb. Dazu schreibt er:

> Die erste Arbeit, unternommen zur Lösung der Zweifel, die mich bestürmten, war eine kritische Revision der Hegelschen Rechtsphilosophie, eine Arbeit, wovon die Einleitung in den 1844 in Paris herausgegebenen «Deutsch-Französischen Jahrbüchern» erschien. Meine Untersuchung mündete in dem Ergebnis, dass Rechtsverhältnisse wie Staatsformen weder aus sich selbst zu begreifen sind noch aus der sogenannten allgemeinen Entwicklung des menschlichen Geistes, sondern vielmehr in den materiellen Lebensverhältnissen wurzeln, deren Gesamtheit Hegel, nach dem Vorgang der Engländer

und Franzosen des 18. Jahrhunderts, unter dem Namen «bürgerliche Gesellschaft» zusammenfasst, dass aber die Anatomie der bürgerlichen Gesellschaft in der politischen Ökonomie zu suchen sei. Die Erforschung der letztern, die ich in Paris begann, setzte ich fort zu Brüssel, wohin ich infolge eines Ausweisungsbefehls des Herrn Guizot übergewandert war.

Der weitere, jetzt folgende Text von Marx, der keinesfalls eine geschlossene Theorie darstellt, wird, dem Beispiel von Per Frostin (Materialismus, Ideologie, Religion, S. 97–98) folgend, in *15 Leitsätze* gegliedert.

(1) Das allgemeine Resultat, das sich ergab und, einmal gewonnen, meinen Studien zum Leitfaden diente, kann kurz so formuliert werden: In der gesellschaftlichen Produktion ihres Lebens gehen die Menschen bestimmte, notwendige, von ihrem Willen unabhängige Verhältnisse ein, Produktionsverhältnisse, die einer bestimmten Entwicklungsstufe ihrer materiellen Produktivkräfte entsprechen. (2) Die Gesamtheit dieser Produktionsverhältnisse bildet die ökonomische Struktur der Gesellschaft, die reale Basis, worauf sich ein juristischer und politischer Überbau erhebt und welcher bestimmte gesellschaftliche Bewusstseinsformen entsprechen. (3) Die Produktionsweise des materiellen Lebens bedingt den sozialen, politischen und geistigen Lebensprozess überhaupt. (4) Es ist nicht das Bewusstsein der Menschen, das ihr Sein, sondern umgekehrt ihr gesellschaftliches Sein, das ihr Bewusstsein bestimmt. (5) Auf einer gewissen Stufe ihrer Entwicklung geraten die materiellen Produktivkräfte der Gesellschaft in Widerspruch mit den vorhandenen Produktionsverhältnissen oder, was nur ein juristischer Ausdruck dafür ist, mit Eigentumsverhältnissen, innerhalb deren sie sich bisher bewegt hatten. (6) Aus Entwicklungsformen der Produktivkräfte schlagen diese Verhältnisse in Fesseln derselben um. (7) Es tritt dann eine Epoche sozialer Revolution ein. (8) Mit der Veränderung der ökonomischen Grundlage wälzt sich der ganze ungeheure Überbau langsamer oder rascher um. (9) In der Betrachtung solcher Umwälzungen muss man stets unterscheiden zwischen der materiellen, naturwissenschaftlich treu zu konstatierenden Umwälzung in den ökonomischen Produktionsbedingungen und den juristischen, politischen, religiösen, künstlerischen oder philosophischen, kurz, ideologischen Formen, worin sich die Menschen dieses Konflikts bewusst werden und ihn ausfechten. (10) Sowenig man das, was ein Individuum ist, nach dem beurteilt, was sich selbst dünkt, ebensowenig kann man eine solche Umwälzungsepoche aus ihrem Bewusstsein beurteilen, sondern muss vielmehr das Bewusstsein aus den Widersprüchen des materiellen Lebens, aus dem vorhandenen Konflikt zwischen gesellschaftlichen Produktivkräften und Produktionsverhältnissen erklären. (11) Eine Gesellschaftsformation geht nie unter, bevor alle Produktivkräfte entwickelt sind, für die sie weit genug ist, und neue höhere Produktivverhältnisse treten nie an die Stelle, bevor die materiellen Existenzbedingungen derselben im Schoß der alten Gesellschaft selbst ausgebrütet worden sind. (12) Daher stellt sich die Menschheit immer nur Aufgaben, die sie lösen kann, denn genauer betrachtet wird sich stets finden, dass die

Aufgabe selbst nur entspringt, wo die materiellen Bedingungen ihrer Lösung schon vorhanden oder wenigstens im Prozess ihres Werdens begriffen sind. (13) In großen Umrissen können asiatische, antike, feudale und modern bürgerliche Produktionsweisen als progressive Epochen der ökonomischen Gesellschaftsformation bezeichnet werden. (14) Die bürgerlichen Produktionsverhältnisse sind die letzte antagonistische Form des gesellschaftlichen Produktionsprozesses, antagonistische nicht im Sinn von individuellem Antagonismus, sondern eines aus den gesellschaftlichen Lebensbedingungen der Individuen hervorwachsenden Antagonismus, aber die im Schoß der bürgerlichen Gesellschaft sich entwickelnden Produktivkräfte schaffen zugleich die materiellen Bedingungen zur Lösung dieses Antagonismus. (15) Mit dieser Gesellschaftsformation schließt daher die Vorgeschichte der menschlichen Gesellschaft ab.
Quelle: MEW 13, S. 8–9.

Text 2 aus: Das Kapital, Erster Band, Anmerkung 89

Schon vor ihm [Bezugnahme auf John Wyatt und seine Erfindung einer Spinnmaschine, K. F.] wurden, wenn auch sehr unvollkommene, Maschinen zum Vorspinnen angewandt, wahrscheinlich zuerst in Italien. Eine kritische Geschichte der Technologie würde überhaupt nachweisen, wie wenig irgendeine Erfindung des 18. Jahrhunderts einem einzelnen Individuum gehört. Bisher existiert kein solches Werk. Darwin hat das Interesse auf die Geschichte der natürlichen Technologie gelenkt, d. h. auf die Bildung der Pflanzen- und Tierorgane als Produktionsinstrumente für das Leben der Pflanzen und Tiere. Verdient die Bildungsgeschichte der produktiven Organe des Gesellschaftsmenschen, der materiellen Basis jeder besondren Gesellschaftsorganisation, nicht die gleiche Aufmerksamkeit? Und wäre sie nicht leichter zu liefern, da, wie Vico sagt, die Menschengeschichte sich dadurch von der Naturgeschichte unterscheidet, dass wir die eine gemacht und die andre nicht gemacht haben? Die Technologie enthüllt das aktive Verhalten des Menschen zur Natur, den unmittelbaren Produktionsprozess seines Lebens, damit auch seiner gesellschaftlichen Lebensverhältnisse und der ihnen entquellenden geistigen Vorstellungen. Selbst alle Religionsgeschichte, die von dieser materiellen Basis abstrahiert, ist – unkritisch. Es ist in der Tat viel leichter durch Analyse den irdischen Kern der religiösen Nebelbildungen zu finden, als umgekehrt, aus den jedesmaligen wirklichen Lebensverhältnissen ihre verhimmelten Formen zu entwickeln. Die letztere ist die einzig materialistische und daher wissenschaftliche Methode. Die Mängel des abstrakt naturwissenschaftlichen Materialismus, der den geschichtlichen Prozess ausschließt, ersieht man schon aus den abstrakten und ideologischen Vorstellungen seiner Wortführer, sobald sie sich über ihre Spezialität hinauswagen.
Quelle: Das Kapital, I. Band, MEW 23, S. 292–293, Anmerkung 89.

Anmerkung: Meine Hypothese ist, dass es Marx in erster Linie nicht um den ontologischen Gegensatz von Materialismus und Idealismus ging, sondern um den Gegensatz zwischen einer wissenschaftlichen und einer unwissenschaftlichen Vorgehensweise. Seiner Auffassung nach genügt nur der Materialismus den Ansprüchen an eine wissenschaftliche Methode, wobei unterstellt werden darf, dass sich Marx hierbei an den Naturwissenschaften und der Mathematik (vgl. Marx, K.: Die mathematischen Manuskripte, deutsche Erstveröffentlichung, Kronberg/Taunus 1974) orientierte, was näher zu beweisen wäre.

Text 3 aus: Nachwort zur zweiten Auflage des «Kapital», Erster Band

Meine dialektische Methode ist der Grundlage nach von der Hegelschen nicht nur verschieden, sondern ihr direktes Gegenteil. Für Hegel ist der Denkprozess, den er sogar unter dem Namen Idee in ein selbständiges Subjekt verwandelt, der Demiurg des Wirklichen, das nur seine äußere Erscheinung bildet. Bei mir ist umgekehrt das Ideelle nichts andres als das im Menschenkopf umgesetzte und übersetzte Materielle.

Die mystische Seite der Hegelschen Dialektik habe ich vor beinah 30 Jahren, zu einer Zeit kritisiert, wo sie noch Tagesmode war. Aber grade als ich den ersten Band des «Kapital» ausarbeitete, gefiel sich das verdrießliche, anmaßliche und mittelmäßige Epigonentum [11], welches jetzt im gebildeten Deutschland das große Wort führt, darin, Hegel zu behandeln, wie der brave Moses Mendelssohn zu Lessings Zeit den Spinoza behandelt hat, nämlich als «toten Hund». Ich bekannte mich daher offen als Schüler jenes großen Denkers und kokettierte sogar hier und da im Kapitel über die Werttheorie mit der ihm eigentümlichen Ausdrucksweise. Die Mystifikation, welche die Dialektik in Hegels Händen erleidet, verhindert in keiner Weise, dass er ihre allgemeinen Bewegungsformen zuerst in umfassender und bewusster Weise dargestellt hat. Sie steht bei ihm auf dem Kopf. Man muss sie umstülpen, um den rationellen Kern in der mystischen Hülle zu entdecken.

Quelle: Nachwort zur zweiten Auflage des ersten Bandes des Kapital, MEW 23, S. 27.

12. Literaturverzeichnis

Die Originaltexte von Karl Marx werden aus den folgenden Quellen zitiert:

MEW = Karl Marx/Friedrich Engels: Werke (hrsg. vom Institut für Marxismus – Leninismus beim ZK der SED, Bde.1–44), Berlin 1956 ff.

Marx, Karl: Grundrisse der Kritik der politischen Ökonomie (Rohentwurf), Berlin 1974 (zitiert als «Grundrisse»).

Karl Marx/Friedrich Engels, Werke. Ergänzungsband I (Schriften – Manuskripte – Briefe bis 1844), Berlin 1974.

MEGA = Marx-Engels-Gesamtausgabe, Berlin 1975 ff.

Marx, Karl: Die Frühschriften, hrsg. v. Siegfried Landshut (Kröners Taschenausgabe, Bd. 209), Stuttgart 1964.

Marx, Karl: Texte – Schriften. Ausgewählt, eingeleitet und kommentiert von Bruno Kern, Wiesbaden 2015.

Weiterführende Literatur

Vorbemerkung: Nicht alle angezeigten Werke werden in den Fußnoten explizit zitiert. Sie haben mich jedoch über 50 Jahre hinweg beeinflusst. Denn sie repräsentieren relevante Beiträge für die Auseinandersetzung mit der Thematik «Christentum und Marxismus», in der meine Überlegungen seit 1967 beheimatet sind.

Agamben, Giorgio: Homo sacer. Die souveräne Macht und das nackte Leben, Frankfurt a. M. 2002.

Ders.: Die Macht des Denkens. Gesammelte Essays, Frankfurt a. M. 2005.

Ders.: Die Zeit, die bleibt. Ein Kommentar zum Römerbrief, Frankfurt a. M. 2019.

Althusser, Louis: Für Marx, Frankfurt a. M. 1968.

Ders.: Elemente der Selbstkritik, Westberlin 1975.

Ders.: Die Krise des Marxismus, Hamburg 1978.

Ders.: Ideologie und ideologische Staatsapparate (1. Halbband), Hamburg 2010.

Ders.: Über Reproduktion (Ideologie und ideologische Staatsapparate, 2. Halbband), Hamburg 2012.

Althusser, Louis/Balibar, Étienne/Establet, Roger/Macherey, Pierre/Rancière, Jacques: Das Kapital lesen. Vollständige und ergänzte Ausgabe, Münster 2015.

Assmann, Hugo u. a. (Hg.): Die Götzen der Unterdrückung und der befreiende Gott, Münster 1984.

Bahr, Hans-Eckehard (Hg.): Religionsgespräche. Zur gesellschaftlichen Rolle der Religion, Darmstadt und Neuwied 1975.

Barthes, Roland: Mythen des Alltags, Frankfurt a. M. 1964.

Ders.: S/Z, Frankfurt a. M. 1976.

Ders.: Elemente der Semiologie, Frankfurt a. M. 1979.

Ders.: Die Sprache der Mode, Frankfurt a. M. 1985.

Bataille, Georges: Der verfemte Teil, in: Ders.: Das theoretische Werk, Bd1, München 1975

Bauer, Otto: Proletariat und Religion, in: Ders.: Eine Auswahl aus seinem Lebenswerk, Wien 1961, 177–181.

Bedenbender, Andreas: Frohe Botschaft am Abgrund. Das Markusevangelium und der jüdische Krieg, Leipzig 2013.

Belo, Fernando: Das Markus-Evangelium materialistisch gelesen, Stuttgart 1980 (deutsche Übersetzung von Kuno Füssel), französisches Original, Paris 1974.

Benjamin, Walter: Kapitalismus als Religion, in: Gesammelte Schriften, Bd. VI, 2. Aufl., Frankfurt a. M. 1986, S. 100–103.

Bloch, Ernst: Das Prinzip Hoffnung, 3 Bde., Frankfurt a. M. 1959.

Ders.: Atheismus im Christentum. Zur Religion des Exodus und des Reiches, Frankfurt a. M. 1980.

Boer, Dick: Erlösung aus der Sklaverei. Versuch einer biblischen Theologie im Dienst der Befreiung, Münster 2008.

Buchbinder, Reinhard: Bibelzitate, Bibelanspielungen, Bibelparodien, theologische Vergleiche und Analogien bei Marx und Engels, Berlin 1976.

Casalis, Georges: Die richtigen Ideen fallen nicht vom Himmel (deutsche Übersetzung von Kuno Füssel), Stuttgart, Berlin, Köln 1980.

Casalis Georges u. a. (Hg.): Bibel und Befreiung, hrsg. v. den Tübinger Theologischen Fachschaftsinitiativen, Freiburg (Schweiz), Münster 1985.

Castillo, Fernando: Evangelium, Kultur und Identität. Stationen und Themen eines befreiungstheologischen Diskurses, Luzern 2000.

Castillo, Fernando (Hg.): Theologie aus der Praxis des Volkes. Neuere Studien zum lateinamerikanischen Christentum und zur Theologie der Befreiung, München, Mainz 1978.

Clévenot, Michel: So kennen wir die Bibel nicht, München 1978 (deutsche Übersetzung von Kuno Füssel), französisches Original: Approches matérialistes de la Bible, Paris 1976.

Ders.: Geschichte des Christentums, 12 Bde., Freiburg (Schweiz) 1987 – Luzern 1999 (deutsche Übersetzung von Kuno Füssel), französische Ausgabe: Les Hommes de la Fraternité, Paris 1981–1993.

Crossan, John Dominic: Der historische Jesus, München 1994.

Ders.: Jesus. Ein revolutionäres Leben, München 1996.

Crüsemann, Frank: Der Widerstand gegen das Königtum, Neukirchen-Vluyn 1978.

Ders.: Die Tora. Theologie und Sozialgeschichte des alttestamentlichen Gesetzes, München 1992.

Dhoquois, Georges: Pour l'histoire. Essai d'histoire matérialiste comparative, Paris 1971.

Douglas, Mary: De la Souillure, essai sur les notions de pollution et de tabou, Paris 1971.

Dies.: Ritual, Tabu und Körpersymbolik, Frankfurt a. M. 1981.

Dies.: Reinheit und Gefährdung, Frankfurt a. M. 1988.

Duchrow, Ulrich: Alternativen zur kapitalistischen Weltwirtschaft. Biblische Erinnerung und politische Ansätze zur Überwindung einer lebensbedrohenden Ökonomie, Gütersloh, Mainz 1994.

Ders.: Weltwirtschaft heute – Ein Feld für bekennende Kirche?, München 1986.

Ders.: Gieriges Geld. Auswege aus der Kapitalismusfalle. Befreiungstheologische Perspektiven, München 2013.

Dussel, Enrique: Herrschaft und Befreiung. Ansatz, Stationen und Themen einer lateinamerikanischen Theologie der Befreiung, Freiburg (Schweiz) 1985.

Ders.: Las metáforas teológicas de Marx, Estella (Navarra) 1993.

Eder, Klaus (Hg.): Klassenlage, Lebensstil und kulturelle Praxis. Theoretische und empirische Beiträge zur Auseinandersetzung mit Pierre Bourdieus Klassentheorie, Frankfurt a. M. 1989.

Engels, Friedrich: Zur Geschichte des Urchristentums, in: Marx, Karl/ Engels, Friedrich: Über Religion, Berlin (Dietz) 1958, S. 255–279;

Ders.: Bruno Bauer und das Urchristentum, ebd. 155–163.

Ders.: Das Buch der Offenbarung, ebd. 164 –170.

Eigenmann, Urs: «Das Reich Gottes und seine Gerechtigkeit für die Erde». Die andere Vision vom Leben, 2. erweiterte Auflage, Luzern 2022.

Eigenmann, Urs/Füssel, Kuno/Hinkelammert, Franz J. (Hg.): Der himmlische Kern des Irdischen. Das Christentum als pauperozentrischer Humanismus der Praxis, Luzern, Münster 2019.

Farner, Konrad: Marxistisches Salz für christliche Erde. Christliches Salz für marxistische Erde, Aufsätze (Polis 44), Zürich 1971.

Farner, Konrad/Post, Werner: Marxistische Religionskritik, Freiburg (Schweiz) 1972.

Fetscher, Iring: Karl Marx und der Marxismus. Von der Philosophie des Proletariats zur proletarischen Weltanschauung, München 1967.

Fetscher, Iring/Machovec, Milan (Hg.): Marxisten und die Sache Jesu, München 1974.

Feuerbach, Ludwig: Das Wesen des Christentums, Stuttgart 2005.

Fleck, Ludwik: Denkstile und Tatsachen. Gesammelte Schriften und Zeugnisse, hrsg. Von Sylwia Werner und Claus Zittel, Frankfurt a. M. 2019.

Fromm, Erich: Das Menschenbild bei Marx. Mit den wichtigsten Teilen der Frühschriften von Karl Marx, Frankfurt a. M. 1963.

Ders.: Haben oder Sein. Die seelischen Grundlagen einer neuen Gesellschaft, Stuttgart 1976.

Frostin, Per: Materialismus, Ideologie, Religion. Die materialistische Religionskritik bei Karl Marx, München 1978.

Fülberth, Georg: G-Strich. Kleine Geschichte des Kapitalismus, Köln 2005.

Füssel, Kuno: Zeichen und Strukturen. Einführung in Grundbegriffe, Positionen und Tendenzen des Strukturalismus, Münster 1983.

Ders.: Materialistische Lektüre der Bibel. Bericht über Entwicklung, Schwerpunkte und Perspektiven einer neuen Leseweise der Bibel, in: Pfammatter Josef/Furger, Franz (Hg.): Methoden der Evangelien-Exegese, Zürich, Einsiedeln, Köln 1985, S. 123–163.

Ders.: Drei Tage mit Jesus im Tempel. Einführung in die materialistische Lektüre der Bibel, Münster 1987.

Ders.: Im Zeichen des Monstrums. Zur Staatskritik der Johannes-Apokalypse, Freiburg (Schweiz) 1987.

Füssel, Kuno/Segbers Franz (Hg.): «... so lernen die Völker des Erdkreises Gerechtigkeit». Ein Arbeitsbuch zu Bibel und Ökonomie, Luzern, Salzburg 1995.

Füssel, Kuno/Füssel, Eva: Der verschwundene Körper. Neuzugänge zum Markusevangelium, Luzern 2001.

Füssel, Kuno/Ramminger, Michael (Hg.): Kapitalismus: Kult einer tödlichen Verschuldung. Walter Benjamins prophetisches Erbe, Münster 2021.

Füssel, Marian: Zur Aktualität von Michel de Certeau. Einführung in sein Werk, Wiesbaden 2018.

Ders.: Wissen. Konzepte – Praktiken – Prozesse, Frankfurt/New York 2021.

Garaudy, Roger/Metz, Johann Baptist/Rahner, Karl: Der Dialog. Oder ändert sich das Verhältnis zwischen Katholizismus und Marxismus?, Reinbek b. Hamburg 1966.

Garaudy, Roger: Marxismus im 20. Jahrhundert, Reinbek b. Hamburg 1969.

Geitzhaus, Philipp/Ramminger, Michael (Hg.): Gott in Zeit. Zur Kritik der postpolitischen Theologie, Münster 2018.

Dies.: Ereignis, Freiheit, Transzendenz. Auseinandersetzungen mit Alain Badiou, Münster 2020.

Godelier, Maurice: Rationalität und Irrationalität in der Ökonomie, Frankfurt a. M. 1972.

Ders.: Ökonomische Anthropologie. Untersuchungen zum Begriff der sozialen Struktur primitiver Gesellschaften, Reinbek b. Hamburg 1973.

Ders.: Natur, Arbeit, Geschichte. Zu einer universalgeschichtlichen Theorie der Wirtschaftsformen, Hamburg 1990.

Gollwitzer, Helmut: Die marxistische Religionskritik und der christliche Glaube, München 1967.

Gottwald, Norman: The Tribes of Yahweh. A Sociology of the Religion of liberated Israel, Maryknoll, N. Y. 1989.

Gottwald, Norman Karol/Horsley, Richard A. (ed.): The Bible and Liberation: Political and Social Hermeneutics, Mary Knoll, N. Y. 1993.

Gramsci, Antonio: Gefängnishefte. Kritische Gesamtausgabe in 10 Bänden, Hamburg 1991–2002.

Greimas, Algirdas Julien: Strukturale Semantik. Methodologische Untersuchungen, Braunschweig 1971 (französische Originalausgabe: Paris 1966).

Gutiérrez, Gustavo: Von Gott sprechen in Unrecht und Leid – Ijob, München/Mainz 1988; spanische Originalausgabe, Lima (Peru) 1986.

Ders.: Gott oder das Gold. Der befreiende Weg des Bartolomé de las Casas, Freiburg, Basel, Wien 1990.

Ders.: Theologie der Befreiung, 10. erweiterte und neu bearbeitete Auflage, München, Mainz 1992 (Erstausgabe 1973).

Haug, Wolfgang Fritz: Pluraler Marxismus (3 Bde.), West-Berlin 1985/87.

Ders.: High-Tech-Kapitalismus. Analysen zu Produktionsweise, Arbeit, Sexualität, Krieg, Hegemonie, Hamburg 2003.

Ders.: Neue Vorlesungen zur Einführung ins «Kapital», Hamburg 2006.

Ders.: Das «Kapital» lesen, aber wie? Materialien, Hamburg 2013.

Heinrich, Michael: Die Wissenschaft vom Wert. Die Marx'sche Kritik der politischen Ökonomie zwischen wissenschaftlicher Revolution und klassischer Tradition, Münster 1999.

Ders.: Karl Marx und die Geburt der modernen Gesellschaft. Biografie und Werkentwicklung, Band I: 1818–1841, Stuttgart 2018.

Hinkelammert, Franz J.: Die ideologischen Waffen des Todes. Zur Metaphysik des Kapitalismus, Freiburg (Schweiz), Münster 1985.

Ders.: Kritik der utopischen Vernunft. Eine Auseinandersetzung mit den Hauptströmungen der modernen Gesellschaftstheorie, Luzern, Mainz 1994.

Ders.: Das Subjekt und das Gesetz. Die Wiederkehr des verdrängten Subjekts, Münster 2007.

Ders.: Die Dialektik und der Humanismus der Praxis. Mit Marx gegen den kollektiven Selbstmord, Hamburg 2020.

Ders.: Gott wird Mensch und der Mensch macht die Moderne. Zur Kritik der mythischen Vernunft in der abendländischen Geschichte, Luzern 2021.

Jacob, Willibald/Moneta, Jakob/Segbers, Franz (Hg.): Die Religion des Kapitalismus. Die gesellschaftlichen Auswirkungen des totalen Marktes, Luzern 1996.

Kadenbach, Johannes: Das Religionsverständnis von Marx, München, Paderborn, Wien 1970.

Kahl, Brigitte: Toward a Materialistic Feminist Reading, in: Searching the Scriptures: A Feminist Introduction (ed. Elisabeth Schüssler-Fiorenza, W. Shelly Matthews, Ann Graham Brock), New York 1993, S. 225–240.

Kautsky, Karl: Der Ursprung des Christentums, Stuttgart 1908.

Kellner, Erich (Hg.): Christentum und Marxismus heute. Dokumente der Paulus-Gesellschaft, München 1966.

Kern, Bruno: Theologie im Horizont des Marxismus. Zur Geschichte der Marxismusrezeption in der lateinamerikanischen Theologie der Befreiung, Mainz 1992.

Ders.: Zur Religionskritik von Karl Marx – ein solidarisches Streitgespräch, Ostfildern 2017.

Ders.: Karl Marx. Ökonom – Redakteur – Philosoph, Wiesbaden 2018.

Kolakowski, Leszek: Die Hauptströmungen des Marxismus. Entstehung – Entwicklung – Zerfall, 3 Bde., München 1981.

Löschke, Eberhard: Auf dem Weg zur Religion des Lebens. Christen im Befreiungskampf Nicaraguas und die marxistische Religionstheorie, Bochum 1988.

Löwy, Michael: Marxismus und Religion. Die Herausforderung der Theologie der Befreiung, Frankfurt a. M. 1990.

Luxemburg, Rosa: Kirche und Sozialismus (1905), in: dies, Internationalismus und Klassenkampf, hrsg. v. Jürgen Hentze, Neuwied, Berlin 1971, S. 44–77.

Machovec, Milan: Jesus für Atheisten. Mit einem Geleitwort von Helmut Gollwitzer, Stuttgart 1972.

Maduro, Otto: Religion und gesellschaftliche Auseinandersetzungen, Freiburg (Schweiz) 1986.

Marx-Aveling, Eleanor: Karl Marx. Lose Blätter, in: Mohr und General, S. 269–297.

Miranda, José Porfirio: Marx y la biblia, Salamanca 1972.

Metz, Johann Baptist: Glaube in Geschichte und Gesellschaft. Studien zu einer praktischen Fundamentaltheologie, Mainz 1977.

Ders.: Memoria passionis. Ein provozierendes Gedächtnis in pluralistischer Gesellschaft, Freiburg i. Br. 2006.

Ders.: Gott in Zeit (Gesammelte Schriften, Bd. 5), Freiburg i. Br. 2017.

Mohr und General: Erinnerungen an Marx und Engels, hrsg. v. Institut für Marxismus-Leninismus beim ZK der SED, Berlin 1982.

Monz, Heinz: Karl Marx. Grundlagen der Entwicklung zu Leben und Werk, Trier 1973.

Ders.: Gerechtigkeit bei Karl Marx und in der Hebräischen Bibel. Übereinstimmung, Fortführung und zeitgenössische Identifikation, Baden-Baden 1995.

Neffe, Jürgen: Marx. Der Unvollendete, München 2017.

Post, Werner.: Kritik der Religion bei Karl Marx, München 1969.

Quante, MichaelSchweikhard, David P. (Hg.): Marx-Handbuch. Leben – Werk – Wirkung, Stuttgart 2016.

Ragaz, Leonhard: Von Christus zu Marx – von Marx zu Christus (1929).

Ders.: Die Gleichnisse Jesu. Seine soziale Botschaft (Furche Verlag), Hamburg 1971.

Rahner, Karl: Marxistische Utopie und christliche Zukunft des Menschen, in: Garaudy, Roger/Metz, Johann Baptist/Rahner Karl: Der Dialog. Oder ändert sich das Verhältnis zwischen Katholizismus und Marxismus?, Berlin 1965, S. 9–25, (wiederabgedruckt in: Rahner Karl: Schriften zur Theologie, Bd.VI, 1968, S. 77–88.

Ders.: Experiment Mensch, in: Schriften zur Theologie Bd. VIII, 1967, S. 260–285.

Ders.: Immanente und transzendente Vollendung der Welt, in: Schriften zur Theologie Bd. VIII, 1967, S. 593–609.

Ramminger, Michael/Segbers, Franz (Hg.): «Alle Verhältnisse umzuwerfen und die Mächtigen vom Thron zu stürzen». Das gemeinsame Erbe von Christen und Marx, Hamburg 2018.

Rehmann, Jan: Einführung in die Ideologietheorie, Hamburg 2008.

Rolfes, Helmut: (Hg.): Marxismus und Christentum, Mainz 1974.

Rottländer, Peter (Hg.): Theologie der Befreiung und Marxismus, Münster 1986.

Ruster, Thomas: Der verwechselbare Gott. Theologie nach der Entflechtung von Christentum und Religion, Freiburg. i. Br. 2000.

Saussure de, Ferdinand: Grundfragen der allgemeinen Sprachwissenschaft, Berlin 1931, 2. Aufl. 1967.

Schirmer, Dietrich (Hg.): Die Bibel als politisches Buch, Stuttgart 1982.

Schneider, Erich: Die Theologie und Feuerbachs Religionskritik, Göttingen 1972.

Schottroff, Luise: Lydias ungeduldige Schwestern. Feministische Sozialgeschichte des frühen Christentums, Gütersloh 1994.

Schottroff, Luise/Wacker, Marie-Therese (Hg.): Kompendium Feministische Bibelauslegung, Gütersloh 1998.

Schottroff, Luise/Bieler, Andrea: Das Abendmahl. Essen, um zu leben. Gütersloh 2007.

Schottroff, Luise: Der erste Brief an die Gemeinde von Korinth (ThKNT Bd.7), Stuttgart 2013.

Schüssler Fiorenza, Elisabeth: Brot statt Steine. Die Herausforderung einer feministischen Interpretation der Bibel, Luzern 1991.

Dies.: Gerecht ist das Wort der Weisheit. Historisch-politische Kontexte feministischer Bibelinterpretation, Luzern 2008.

Dies.: Rhetorik und Ethik. Zur Politik der Bibelwissenschaft, Luzern 2013.

Segbers, Franz: Mit der Bibel und Karl Marx auf der Suche nach Gerechtigkeit, in: Jahrbuch der religiösen Sozialistinnen und Sozialisten, Bd. 1, 2022.

Senn, Felix (Hg.): Welcher Gott? Eine Disputation mit Thomas Ruster, Luzern 2004.

Sperber, Jonathan: Karl Marx. Sein Leben und sein Jahrhundert, München 2013.

Stedman Jones, Gareth: Karl Marx. Die Biografie, Frankfurt a. M. 2017.

Stegemann, Wolfgang/Stegemann, Eckehard: Urchristliche Sozialgeschichte. Die Anfänge im Judentum und die Christusgemeinden in der mediterranen Welt, 2. Aufl., Stuttgart, Berlin Köln 1997.

Steinfeld, Thomas: Herr der Gespenster. Die Gedanken des Karl Marx, München 2017.

Sugitharajah, Rasiah S.: (ed.), The Postcolonial Biblical Reader, London (Blackwell) 2005.

Sutter Rehmann, Luzia: Wut im Bauch. Hunger im Neuen Testament, Gütersloh 2014.

Taubes, Jacob: Die politische Theologie des Paulus, 3. Aufl., München 2003.

Theißen, Gerd: Die Religion der ersten Christen. Eine Theorie des Urchristentums, 4. Aufl., Gütersloh 2008.

Trummer, Peter: Die blutende Frau, Wunderheilungen im Neuen Testament, Freiburg, Basel, Wien 1991.

Ders.: Dass meine Augen sich öffnen. Kleine biblische Erkenntnislehre am Beispiel der Blindenheilungen Jesu, 2. Aufl., Stuttgart, Berlin, Köln 1999.

Ders.: Auferstehung jetzt – Ostern als Aufstand, Freiburg, Basel, Wien 2016.

Ders.: Den Herzschlag Jesu erspüren, Freiburg, Basel, Wien 2021.

Veerkamp, Ton: Die Vernichtung des Baal. Auslegung der Königsbücher, Stuttgart 1983.

Ders.: Im Lehrhaus. Von der Einheit der heiligen Schrift, in: Texte und Kontexte, Heft 22 (1984) 4–38.

Ders.: Autonomie und Egalität. Ökonomie, Politik und Ideologie in der Schrift, Stuttgart 1993.

Ders.: Die Welt anders. Politische Geschichte der Großen Erzählung, Berlin 2012.

Ders.: Art. Gott, in: Historisch-kritisches Wörterbuch des Marxismus (HKWM), Bd. 5, Sp. 917–931.

Wittfogel, Karl August: Die Orientalische Despotie, Frankfurt a. M., Berlin, Wien 1977.

Zademach, Wieland: Marxistischer Atheismus und die biblische Botschaft von der Rechtfertigung des Gottlosen, Düsseldorf 1973.

Kuno Füssel, Gesammelte Schriften

Hg. Maria Klemm, Odilo Noti, Michael Ramminger

EDITION EXODUS, Luzern und Edition ITP-Kompass, Münster 2021

«Im September wird unser Freund, Lehrer, Spiritus Rector und Genosse Kuno Füssel achtzig Jahre alt … sein Werk: Bewahrung der Leidenschaft, Theologie zu treiben und praktisch werden zu lassen …
Die Arbeit an den Gesammelten Schriften hat uns die Stringenz und Ernsthaftigkeit von Kunos wissenschaftlich-theologischem Denken vor Augen geführt und zugleich seine tiefe Gläubigkeit verdeutlicht.»

(Aus dem Vorwort von Michael Ramminger, Maria Klemm und Odilo Noti, Münster/Basel/Luzern im Juli 2021)

Band 1: Materialistische Bibellektüre und Bibelexegesen, ISBN 978-3-905577-81-5, 252 Seiten, CHF 31.00; € 28.00

Band 2: Materialistische Bibellektüre und Bibelexegesen, ISBN 978-3-905577-82-2, 384 Seiten, CHF 39.50; € 36.00

Band 3: Erkenntnis- und wissenschaftstheoretische Schriften, ISBN 978-3-905577-83-9, 312 Seiten, CHF 35.00; € 32.00

Band 4: Erkenntnis- und wissenschaftstheoretische Schriften, ISBN 978-3-905577-84-6, 352 Seiten, CHF 35.00; € 32.00

Band 5: Beiträge zu Befreiungstheologie und Politischer Theologie, ISBN 978-3-905577-85-3, 384 Seiten, CHF 39.50; € 36.00

Band 6: Beiträge zu Theologie und Marxismus, ISBN 978-3-905577-86-0, 328 Seiten, CHF 35.00; € 32.00

Band 7: Beiträge zur Religionskritik und zur Religion des Kapitalismus, 196 Seiten, ISBN 978-3-905577-87-7, CHF 31.00; € 28.00